重庆市社会科学规划项目："区块链+"技术背景下电子
编号：2017QNGL61
湖北省教育厅：湖北省省属高校大学英语教学中中国文化缺失的成因及对策研究
编号：2016261

功能翻译论视域下的商务英语翻译研究

黄晶　著

中国水利水电出版社
www.waterpub.com.cn
·北京·

内 容 提 要

　　商务英语是专门服务于商务活动的一种专门用途的英语体系。由于商务文本涉及各方的经济利益，所以对商务文本的翻译要求很高。本书将商务英语置于功能翻译的视域下进行研究，全书共分为三大部分。第一部分主要对商务英语的问题特征、商务英语翻译研究以及商务翻译中的文化因素进行了系统讨论；第二部分对功能翻译理论进行了阐述，从功能翻译理论的基本概念、功能翻译的发生与要素、商务文本功能与翻译策略分析等方面进行梳理与探讨，构建出功能翻译理论与教学的基本框架；第三部分是应用笔译研究，论述了功能翻译理论与笔译教学研究，并主要探讨了 IT 术语问题、商务广告、化妆品文本、旅游文本与其他类型的商务体裁中的翻译问题，以及功能翻译理论在笔译教学中的应用。

图书在版编目（CIP）数据

功能翻译论视域下的商务英语翻译研究 / 黄晶著
. — 北京：中国水利水电出版社，2018. 6（2025.4 重印）
　ISBN 978 - 7 - 5170 - 6474 - 9

　Ⅰ. ①功… Ⅱ. ①黄… Ⅲ. ①商务－英语－翻译－研究 Ⅳ. ①F7

中国版本图书馆 CIP 数据核字（2018）第 111932 号

责任编辑：陈　洁　　　封面设计：王　伟

书　　名	功能翻译论视域下的商务英语翻译研究　GONGNENG FANYILUN SHIYU XIA DE SHANGWU YINGYU FANYI YANJIU
作　　者	黄晶　著
出版发行	中国水利水电出版社
	（北京市海淀区玉渊潭南路 1 号 D 座 100038）
	网址：www. waterpub. com. cn
	E-mail：mchannel@ 263. net（万水）
	sales@ waterpub. com. cn
	电话：(010) 68367658（营销中心）、82562819（万水）
经　　售	全国各地新华书店和相关出版物销售网点
排　　版	北京万水电子信息有限公司
印　　刷	三河市同力彩印有限公司
规　　格	170mm×240mm　16 开本　19.5 印张　356 千字
版　　次	2018 年 6 月第 1 版　2025 年 4 月第 2 次印刷
印　　数	0001—2000 册
定　　价	78.00 元

前　言

　　随着经济全球化和世界各国经济的快速发展，中国与世界的商贸联系日益密切，商务英语已经逐渐成为跨文化商务活动中重要的交际工具以及人与人之间沟通的桥梁。商务英语是服务于商务活动的一种专门用途的英语体系。由于商务文本涉及各方的经济利益，所以对商务文本的翻译要求很高。并且，由于商务英语服务对象的特殊性，决定了商务英语在用词、句法以及文体等方面与传统英语有许多不同之处，因此，随着国际经济的高速发展，以及世界文化的快速融合，翻译界对商务英语翻译标准的讨论也越来越深入。

　　面对当前的教育发展形势和社会对人才的时代需求，传统翻译理论严重制约着翻译教学的发展，商务英语翻译教学的革新已成必然之势。功能翻译理论形成于 20 世纪七八十年代的德国。功能翻译理论颠覆了传统意义上人们对翻译和翻译性质的界定，认为翻译应从交际理论和行为理论出发，指出翻译是一种互动行为，是基于原文本的目的性的跨文化人际互动交往行为。功能翻译理论强调翻译的跨文化性和交际互动性，是一种涉及委托人、译者、接受者多方专业人士集体参与的整体复杂行为。功能翻译理论的提出在翻译研究历史上具有里程碑意义，在该理论的指导下，人们对于商务翻译尤其有了更客观、更全面和更系统的认识。

　　本书共分为三大部分。第一部分主要对商务英语的问题特征、商务英语翻译研究以及商务翻译中的文化因素进行了系统讨论；第二部分对功能翻译理论进行了阐述，从功能翻译理论的基本概念、功能翻译的发生与要素、商务文本功能与翻译策略分析等方面进行梳理与探讨，构建出功能翻译理论与教学的基本框架；第三部分是应用笔译研究，论述了功能翻译理论与笔译教学研究，并主要探讨了 IT 术语问题、商业广告、化妆品文本、旅游文本与其他类型的商务体裁中的翻译问题，以及功能翻译理论在笔译教学中的应用。

另外，本书还有以下两个方面的特点值得一提。第一，内容丰富。作者在对功能翻译理论进行阐述的同时，还加入了翻译评价驱动MTI教学实践与创新、功能翻译的应用以及翻译实例分析，进一步丰富和完善了本书的内容。第二，论述科学、严谨。书中的绝大部分观点都是在功能翻译理论、实践和教学中反复论证、检验而得出的，力求科学、严谨、实事求是。其中许多想法也是在实践的基础上经过认真、深入地思考，并多次求教于专家后提出的。

本书仅是翻译研究与实践这一巨大工程中的一粒沙石，且囿于作者研究能力，难免有不足之处，期望读者予以批评指正，以便在今后研究中予以完善和改进。

作　者
2018 年 3 月

目　　录

第一章　商务英语语言的定性分析

商务英语是在商务活动中所使用的英语，是商务交流最重要的语言之一，对商务英语的深入研究具有很重要的现实意义。商务英语具有几大特点：专业性强、句式规范、结构复杂、语篇规整、用语精准完整、语言礼貌、格式化等。基于以上商务英语特点的商务英语翻译必须忠实原文和内容统一，商务英语翻译对词语、句子、篇章、语用等几方面的处理则是商务英语翻译过程中的基本分析要素。

第一节　商务英语语言的内涵

商务英语（Business English），顾名思义是指在跨文化商务交际过程中所使用的英语。商务英语是服务于商务活动的一种具有专门用途的英语体系。随着世界各国经济的快速发展，以及越来越明显的经济全球化趋势，商务英语已逐渐成为跨文化商务活动中重要的交际工具以及人与人之间沟通的桥梁。其服务对象的特殊性，决定了商务英语在用词、句法以及文体等方面与传统英语有许多的不同之处。

在我国，商务英语主要应用于国际贸易与交流，因此也被称为"外贸英语"（Foreign Trade English）。商务英语在大学教育中指的是商务英语专业下的商务英语学科知识体系，主要用来传递知识与信息，能够突出反映国际商务学科领域的特征和发展情况，具有明显的学科性。

从字面意义上理解商务英语，可以发现其包含"英语"和"商务活动"两部分。但是商务英语的含义决不是这两部分的简单相加，而是这两部分的互相融合，两部分互相渗透，缺一不可。

商务英语是一种职业语言，有其使用的特定语言环境。同时，商务活动和语言是密不可分的，商务活动顺利进行需要商务活动参与人对语言进行合理运用，以及对词汇语法资源的适当掌控。

第二节　商务英语语言的特征

一、商务英语的词汇特点

商务英语的主要特点在于其专业化和较强的针对性。它注重的是商务沟通中口语与书面语表达的准确、简练、规范。① 这就对商务英语的翻译提出了更高的要求。商务活动的性质决定了语言的使用特点，其词汇特点见表 1-1。

表 1-1　商务英语的词汇特点

词汇特点	具体阐释
使用单一词汇	商务英语常选用词义相对单一的词，而不采用那些词义丰富灵活的词，这样做的目的是使行文更加准确、庄重和严谨
使用缩略语	缩略语是商务英语词汇的重要组成部分，它们是人们在长期的商务实践活动中约定俗成，逐渐演变而成的。商务英语中的缩略语主要有三种形式：首字母缩略词、谐音缩略词、截短缩略词
使用专业术语	商务英语是专门用于英语中的一种，在商务活动和跨文化交际过程中涉及国际贸易、金融、营销、保险、法律、物流等多个学科领域，具有很强的综合性和应用性特点。因此，商务英语中会出现大量的专业性很强的术语和词汇，这些术语体现了鲜明的行业特征
使用古词语	在商务英语中古词语经常出现，为的是体现其庄重严肃的文体风格。商务英语中使用的一些古词语多为复合副词
使用正式词汇	商务文书通常具有严谨性、规范性和约束性等特点，正式的词汇、规范的句型和复杂的长难句确保了商务英语文本的准确性和严谨性，并增强了文本的可信度。因此，商务英语文本通常使用较正式的规范词汇，避免过分口语化和较随意的俗语和俚语表达方式
使用新词	由于语言是随着社会的发展而不断变化的，社会政治、经济、文化等方面的发展变化也会通过词汇反映出来，商务英语也不例外。商务交流过程中使用的新词充分体现了商务文本与时俱进的时代性
使用成对同义词	商务英语中经常会使用成对的同义词或近义词，以确保行文的准确，避免产生歧义

---

① 安岩. 商务英语语用翻译简论［M］. 北京：中国社会科学出版社，2016：10.

二、商务英语的句法特点

商务英语的句法特点见表 1-2。

表 1-2 商务英语的句法特点

句法特点	具体阐释
使用套语	在商务活动中，不同的商务语类形成了固定的套语。固定的套语语言严谨、紧凑、表达规范，高度程式化，具有较强的模仿性，是国际商务英语句式的鲜明特征之一
使用复杂句	商务英语中的句子有的很长，句式结构比较复杂，句中常常用插入语、从句等限定、说明成分，形成冗长而复杂的句式结构，往往一个句子就是一个段落
使用被动句	商务英语的一大语言特点是被动语态，被动句表述客观、正式，具有表达委婉、言语礼貌的功能。使用被动句既可以减少主观色彩，还可以避免句子"头重脚轻"，同时还能减轻交际对象的反感，体现礼貌得体的原则
使用带 shall 的句子	在商务英语中，经常使用带有 shall 的句子，目的是增强语气。尤其是在一些合同类的材料中，shall 不仅表示将来时，还表示业务双方的职责和义务，通常带有"应当""必须"等强制意味
使用定语从句	商务英语中经常使用定语从句，以准确地指出在何种情况下，何时、何地、以何种方式来接受和完成商务业务

三、商务英语的修辞特点

商务英语的修辞特点见表 1-3。

表 1-3 商务英语的修辞特点

修辞特点	具体阐释
商务英语中的比喻	商务英语中的比喻大多为隐喻，它不仅是对语言的修饰，还能折射出交往者看问题的角度或认知方式，甚至能映射出商务活动的发展方向和宏观态势
商务英语中的借代	商务英语中常用一个具体形象的词来指代一种概念或一种属性，通过人的联想，将具体词的词义引申出来，从而使表达更加生动、轻松
商务英语中的拟人	拟人就是用描写人的词语来描写事物，以使物具有人的言行、思想和情感。在商务英语中，通过运用拟人的修辞手法，可使所述内容更加生动亲切，增强语言的感染力

续表

修辞特点	具体阐释
商务英语中的委婉语	在商务活动中，经常会出现对方所提要求不合理、不能接受的情况。如果采用直接的方式表示拒绝，就很容易损伤对方的面子，也使得双方没有回旋的余地，甚至会造成商务交际的失败。而使用委婉语修辞既可以达到否定的目的，又可以顾全对方的面子和心理
商务英语中的反复	反复是通过对某个词语或短语的重复来强调本体、表达情感的一种修辞手法。商务英语中适当地使用反复能够强调所表达的内容，引起话语接受者的注意
商务英语中的夸张	商务英语中经常使用夸张的修辞手法，因为适当使用夸张手法有助于增强语言的感染力，从而引发读者联想，加深读者印象

四、商务英语的文体特点

（一）格式规范统一

商务英语是国际上处理各类商务事宜时使用频率最高的语言之一，来自不同国家、不同地区的人都以英语为媒介来协商与处理相关事务，从而实现各自的预期目的。这就要求商务英语采取统一、规范的格式，尤其是在一些具有重要意义的法律文件中。只有采用了统一、规范的文本，才能使交易双方的权利、义务用文字明确下来，确保来自不同国度、使用不同语言的贸易双方的权益不受侵害，为双方顺利开展贸易合作打下坚实的基础。

（二）条理清晰固定

商务交际具有复杂性与高效性的特点，这就要求商务英语的表述方式必须做到主次分明、条理清晰。具体来说，商务英语应使用相对固定的表达形式，极力避免逻辑混乱、态度暧昧或者观点不清等问题，必要时还可附上范例、说明、图示等，这样才能使交际伙伴在最短的时间内把握核心内容，并做出回应。下面以商务说明书为例进行分析。

商务说明书常常通过对产品的性能、原材料、功能等方面的介绍来达到宣传产品、吸引消费者的目的。为此，商务说明书往往是在对顾客心理进行了深入分析的基础上，按照顾客的思维逻辑组织语言的，其目的在于吸引顾客的注意力，促使顾客驻足购买。概括来说，商务说明书通常遵循"标题—正文—落款"的表述条理。

1. 标题

标题既可以直接使用"产品简介""操作说明"等，也可以直接以商品名称为标题。为凸显商品特色，还可在商品名称之后增加副标题。此外，标题还可向消费者表明商品的注册商标、生产厂家等信息。

2. 正文

作为说明书的核心部分，正文通常包括以下几个方面的内容，见表 1-4。

表 1-4　商务说明书正文内容

商务说明书正文内容
（1）商品概况（名称、发展史、产地、制作方法等）；
（2）商品的性能、规格、用途；
（3）安装和使用方法；
（4）保养和维修方法；
（5）附件、备件及其他需要说明的内容。

由于类别与功能的不同，正文的内容可对以上几项有所取舍。

3. 落款

在落款部分，通常需要注明生产厂家和（或）经销单位的名称、地址以及联系方式等，以便于消费者咨询。

（三）措辞婉转礼貌

为了创造和谐、友好的交际环境，营造良好的交际氛围，商务英语通常使用一些礼貌、委婉的表达方式，这对于交际双方避免尴尬与冲突，妥善处理矛盾与纠纷具有不可估量的作用。概括来说，商务英语的委婉、礼貌通常有以下几种方式。

1. 使用过去时

使用一般过去时来表达现在的愿望、请求、建议等，既可以创造出一种时间距离，又可以表达商量的语气，从而给对方留有足够的余地，促进交际的顺利进行。

2. 使用进行时

由于进行时常表示暂时进行的动作，因此商务英语常通过进行时的使用来表达观点，这就意味着请求不是深思熟虑的结果，而更像是一时的想法，从而使双方都保全了面子。此外，使用进行时还可以礼貌地使对方也参与到对话中来。例如：

We were discussing the terms of payment and the shipment.

（我们讨论了付款方式和装船事宜。）

本例使用了进行时，这就使听话人感觉交流尚未结束，自己可以随时加入，因而形成了良好的谈话氛围。

3. 使用虚拟语气

国际商务活动常涉及交易价格、保险、装运、索赔等与利益相关的敏感内容，双方在交际过程中常常会提出自己的意见，当不能得到满意答复时，甚至会提出请求乃至命令。为将交际中"威胁对方面子"的负面影响降至最低，商务英语常使用虚拟语气。

4. 弱化肯定语气

一些具有弱化功能的表达方式，如 I think，I hope，I regret，please 等可使建议更加容易被接受，从而有利于商务交际目的的实现。

5. 委婉否定

当交际一方不能接受对方的请求、建议时，如果直接使用否定句 "I can not accept at all." 或 "I don't agree."，既会损害对方的面子，也不利于取得满意的沟通效果。此时，应使用一些固定的委婉拒绝表达法。例如：

We presume that there must be some reason for your having trouble with this article.

（我们认为你们在这款项上一定有什么困难之处。）

本例没有直接使用否定句，而是从对方角度出发来进行分析，其礼貌度和可接受度比直来直去要大得多。

（四）语言简练清晰

随着社会的发展与科技的进步，人们的生活节奏逐渐加快，越来越多的人重视商务活动的交际效率。具体来说，商务活动的参与者越来越希望在更短的时间内处理更多的问题，实现更大的交际效益。因此，在交际过程中，商务英语的表达必须简练明了，避免模棱两可、拖泥带水，甚至繁冗重复。试比较下面几组句子。

第一组：

（1）We will write to you at an early date.

（2）We will write to you soon.

（我们会马上给您回复。）

第二组：

（1）I am afraid I am not in the position to grant your request unless you inform me of the reason why you need this information.

（2）I am afraid I cannot provide this information unless you tell me why you need it.

很抱歉，如果你不能告诉我你为何需要此信息我就不能告诉你。

每组中的（1）均存在用词啰嗦冗余的问题，而（2）在保持原意的同时使用了简洁的方式，从而使语句内容更加清晰，行文更加流畅。

此外，为使表达更加简练，商务英语还常省略 that、which 等关系代词或连接词。例如：

（1）We are pleased that we have received the catalogue that you sent us on January 1.

（2）We are pleased to have received the catalogue sent to us on January 1.

（我们很高兴收到了 1 月 1 日寄来的目录表。）

在上面句子中，（2）既保留了原意，又通过省略 that、which 等词，使表述更加简洁明了。

五、商务英语翻译策略

商务英语翻译的技巧有很多，归纳起来主要有以下几个方面，见表 1-5。

表 1-5　商务英语翻译策略

翻译策略	具体阐释
直译	直译法多用于翻译商务英语中的专业词汇、简单句或者带有修辞的语句。很多国际机构为了得到最原始的资料，尤其要求译文采用直译法
顺译	英汉语言在表达顺序上存在的共同点使一些英译汉或汉译英基本不用调整语序。顺译法多用于翻译句式较简洁的英汉语句或用来反映、介绍客观情况的语句。商务英语翻译中有些句子虽然看起来很长，但句子所表述的内容基本上是按照动作发生的时间先后顺序或内在逻辑关系来安排的
意译	意译法就是按照词语的意义进行翻译的方法。在翻译商务英语文本的过程中，如果采用直译法无法将原文的意义传达出来，即可采用意译法。意译法可以尽可能忠实地再现原文的内容与风格
转译	商务英语中的转译主要涉及词类的转译，最常见的是名词、动词、形容词、介词的转译，即动词在商务英语翻译中主要转换为名词；商务英语中的介词有时可以转换成动词；形容词转换为名词；形容词转换为动词；名词转换为动词；名词转换为形容词；名词转换为副词等
逆译	英汉语言在思维模式与表达方式方面存在不同，因此从句子成分的角度来说，翻译时要重新调整语序，译文的表达顺序通常不同于原文
反译	反译法是指在保持原文内容不变的情况下，将原文的肯定形式译成否定形式或者把否定形式译成肯定形式，从而使译文的表述尽量符合译入语读者的思维习惯。商务英语中的反译主要有两种情况，即用变换语气的方法将原文的肯定式译成否定式，或使用变化语气的方法将原文的否定式译为肯定式
省译	有时候，原文中有些词在译文中不必译出来，因为译文中虽无其词而已有其意，或者其意在译文中是不言而喻的。商务英语翻译中有时会用到省译技巧。需要注意的是，省译并不意味着要将原文的思想内容删去，而是在不改变原文意义的前提下将句中某些成分省略不译
增译	所谓增译法是指在译文中增补一些表示介绍、说明或范畴性的表达方式，以更准确、恰当地表达原文的意义。商务英语中时常用到增译技巧
不译	在商务英语翻译过程中，不译的情况主要出于两个原因：①一些词的意义并不能从字面上表现出来，其含义已经融入具体的语言环境，翻译时，这些词语可以不译；②一些词汇或者专业术语的知名度很高，不翻译也不会影响读者的理解，这些词语也可以不译

第三节　商务英语翻译研究

一、翻译的意义和价值

（一）翻译的意义

从翻译的历史来看，翻译就是一部政治经济与文化交流史。从远古时期，翻译工作就已经开始了，世界各民族之间相互往来、开展文化交流、互通商业贸易、进行宗教传播。与我们的文学史和文化史一样，我国有着两千多年的翻译史，这是我国文化的瑰宝，为我们积累了宝贵的文化财富。对于优秀的译者来说，首先要了解翻译的意义，这样才能加强对翻译事业的了解，做好翻译这份工作。

对于翻译工作，大家有着不同的见解，可谓仁者见仁、智者见智。有人说一句话译出来，有褒有贬，吃力不讨好。从古至今对于翻译的认识，大家都有着不同的看法，有弘扬赞美的，有贬低讽刺的，各家之言，十分精辟也十分有趣。

翻译大师鸠摩罗什说："翻译犹如嚼饭喂人，不但失去真味，还带上我们的口水和爪齿的污秽。"

鲁迅说："翻译是从别国窃得火来，本意却在煮自己的肉的，以为倘能味道较好，庶几在咀嚼者那一面也得到较多的好处，我也不枉费了身躯。"

意大利有句谚语：翻译者就是叛逆者。塞万提斯通过堂·吉坷德的口说："阅读译本就像从反面看花毯。"歌德则把翻译比作"下流的职业媒人"。

翁显良曾说："翻译本来就是为他人作嫁衣。"普希金说："翻译是矛盾而辉煌的悲剧。"郭沫若也比喻："创作为处女，翻译不过是媒婆。"

以上这些观点，都是从贬抑的方面对翻译进行评价的，这些译者结合自己的切身感受与时代特征，对翻译的地位进行了一个个具有时代意义的评价。那么翻译果真像他们这些译者所述的那样吗？翻译能够成为一项让我们为之奋斗的事业吗？从哲学的观点来看，任何事物都是一分为二的，翻译也不例外。

毛泽东就十分重视翻译，他曾经说："没有翻译就没有共产党。"他还曾指出："鲁迅是民族化的。但是他还是主张过硬译，我倒赞成理论书硬译，有个好处——准确。"，"我们要熟悉外国的东西，读外国书。但是并不等于中国人要完全照外国办法办事，并不等于中国人写东西要像翻译一样。"因为所处的时代不同，翻译所带来的地位与作用不同，那么，译者对于翻译的认识肯定就会有所变化。也许有人会说，特定的时代特征使得当时的翻译有了与众不同的意义，翻译才会受到肯定。

这些译音又视路译为伟大的事业，是需要优秀的人才为之努力奋斗的。此外，随着经济的发展，国与国之间的交流日益加深，大家也深切地体会到翻译在当今社会的重要性，而且这种重要性还有进一步加强的趋势。每年市场需求的新译者数量都在不断增加，各个行业各个领域都需要翻译人才。意识到翻译的重要性之后，才能更好地在翻译领域作出努力，才能更好地看到自身的价值体现。

（二）翻译的价值

1. 美学价值

意境为语言艺术作品通过形象描写所表现出来的境界和情调。它是所描述的景象和所表现的情意相交融的产物。意境的追求和创造，是修辞上获得最佳表达效果所必须的。在文学翻译中，译者以追求原作的意境为己任，以再创造等同的意境为目标，以实现翻译之美学价值。具体而言，译者不仅要动笔，而且要动情。莎士比亚的"和泪之作"，与曹雪芹的"一把辛酸泪"，同是文情相生，挥笔挥泪！创作是如此，翻译也应该如此进行再创作。译者要通过翻译走进创造者的创作过程，了解他们的心理活动、心理状态和个性，甚至追求自己的艺术思维，获得其美学形象。成功的美学作品，永远是能够真正反映出人格特质的灵魂的创造者。翻译者从作品中学习作者，知道作者，甚至成为作者，和作者达成共识，这是一个从浅到深的理解过程。作者在认识工作的过程中，指导作者反过来更好地了解工作；进一步了解工作，深化翻译，同时进一步了解作者。传统心理学将人们的知识定义为"知识""爱""意义"和精神运动，即通过逐渐和广泛深入的理解（感性），然后具有相应的输入情感体验（情感混合），然后随着意识行为的意志（主体意识）。在艺术欣赏和创作的过程中，翻译者的心理活动也是一个从有意识到无意识的过程。

翻译者计划了解作品和作者在不知不觉中与作者以及作品心物交融，然后翻译者脱离作品本身，回到自我意识的信息加上生产从感知形象到抽象思维，与作者达成了美的共识，然后实现艺术再创造。这是一个渐进的形象过程在认知过程中，翻译者在心理上不断地整合各部分的作品。翻译者通过对作品的不断整合形成美学形象，感受到审美形象，这是一种较高层次的感知，与感知开始的感觉不同。新的感觉将进一步作用于意向的心理综合，直到形成整体意向。

文学翻译的艺术再现活动是"超然的"，其中译者所操作的不是有形结构，而是超越时空的物象。因此，作者通过直觉和形象整合抽象地总结形式结构的含义是必要的。在译者和作者之间达成默契的共识。根据从作品中获得的感性信息，译者构建与作者相似的审美形象，并与作者的思想达成共鸣，以"看"原创的艺术境界，达成心灵的共鸣。随着这种共鸣，音译将跟随作者的想象力，按照作者的想法进入原作的审美意境。

2. 社会化价值

翻译的价值还主要体现在社会文化层面，社会的变革、文化的发展往往和蓬勃开展的翻译活动有关。翻译可以引发对特定文化乃至社会制度的变革，也可以推动不同文明向前演进。古罗马的希腊文学翻译导致了拉丁文学的诞生，"五四时期"的西学东渐及大规模翻译活动促进了现代白话文的形成和发展，这些无疑都是翻译的社会文化价值的最佳佐证。再者，从社会文化的角度来考察翻译现象，可以使不同时期的翻译文学得到更为合理的解释。

3. 理论价值

翻译本身并非理论，所谓理论价值，并不是指它作为理论的价值，而是指它对于翻译研究和翻译理论有价值。换言之，翻译作为翻译理论的直接研究对象，是翻译理论赖以发生和发展的"物质基础"，因而它对于翻译理论有价值。翻译理论乃至翻译学作为独立学科的健全和发展，在很大程度上都依赖于翻译这一"物质基础"的存在和发展。离开了这个基础，翻译理论的存在和发展就无从谈起。反过来，翻译理论通过翻译的描写和总结，又可以给这个活动提供指导，带动翻译实践的更好发展，使它在人类文明向前发展中不可或缺的作用得到更好的彰显。在这个意义上，翻译实践是前提，它不会因为翻译理论的存在而存在，但因为有了它的存在，翻译理论的存在才能成为可能。同时又往往因为它的发展，翻译理论的发展才成了有源之水、有本之木。翻译对于翻译理论的价值也在于此。

20世纪下半叶，西方将翻译学作为真正独立的学科来探索和发展，翻译学的探索可以简略划分为两个阶段。第一阶段是以结构主义语言学为基础、以语言文本对比研究为中心的阶段。翻译学被看作应用语言学的一部分；第二阶段是以语用学、交际理论为基础、以语言交际过程研究为中心的阶段。翻译学摆脱了语言学的束缚，成为独立的综合性学科。

二、翻译学的探索与研究

（一）翻译学探索的第一阶段

乔姆斯基的生成转换语法和翻译语言学对翻译学发展第一阶段具有重大影响，它们共同的基础是结构主义语言学。

1. 生成转换语法——普遍性要素研究和翻译

可译性的讨论基于对语言与思维关系这一基本问题的不同认识。乔姆斯基的生成转换语法研究也涉及这一基本问题。由其引发的结构语义学（structural semantics）又将普遍的语义要素引入结构主义的语言理论。这是对现代翻译研究影响很大的理论之一。

生成转换语法有两对重要概念：

（1）说明语言双重性的概念：深层结构（deep structure）和表层结构（surface structure）。

（2）说明语言使用者能力的概念：语言能力（competence）和言语能力（performance）。

第一对重要概念中的深层结构表示一句话在所有语言中共通的语义内容。表层结构表示经过转换规则体现在各种语言中的同样语义内容的不同形式结构。深层结构和表层结构的概念、它们之间的转换规则以及结构语义学似乎为语言的可译性提供了理论基础：一种语言的表层结构可以通过源语转换规则的分析，回归为所有语言共通的深层（语义）结构，再通过译语转换规则的综合，生成译语的表层结构。生成转换语法理论甚至推动了计算机辅助翻译的模式化研究，激发起研究者们用机器翻译取代人工翻译的梦想（最早的研究起于1945年，主要在20世纪60年代），但这种尝试最后以失败告终。

第二对重要概念中的语言能力是指人类普遍具备的、理想的、以内化的规则和有限语音和词汇为基础的语言知识。言语能力是指基于主观经验、受社会文化制约、在语言知识的基础上无限"生成"正确语句的语言运用能力。

生成转换语法和普遍性要素研究没有为翻译学带来更多的成果，原因在于：

1）这些研究虽然克服了早期结构主义的某些缺陷，但其主要研究对象仍然是语言的系统结构和语言能力，语言的运用即言语能力的研究仅扮演了极次要的角色，语言的交际功能几乎没有得到考虑。

2）把翻译仅仅理解为按照既定规则的译码过程，是导致计算机翻译模式化研究失败的直接原因。

3）乔姆斯基对语言深层结构的句法描述，以及之后的结构语义学又将普遍的语义要素引入结构主义的语言理论，在很大程度上都是以英语为主的西方语言为基础的研究，在汉语研究上就遇到了很多障碍。迄今为止，并没有得出各种语言共通的普遍认可的深层结构模式。

尽管如此，结构主义语言学和生成转换语法、普遍性要素的研究和机器翻译可行性的研究对翻译学的发展还是带来了不可忽视的重要影响。机器翻译的理论和应用研究在克服了早期的完全替代人工翻译的困难之后，仍在继续发展。但它不再是对人工翻译的威胁，而是一种极有用的新辅助手段。对机译文本的预处理（pre-editing）和后处理（post-editing）为人工翻译开辟了新的工作领域。

2. 翻译语言学——等值理论

以翻译语言学（translation linguistics）为导向的翻译学，力图以语言学的手段来描述源语及其与译语的关系。它认为，翻译是对信息的解读，这种信息由信息"发出者"用源语编码发出，由翻译者接收并转换为译语编码之后发送给译语"接收者"。此过程中，信息内容不变，这一内容的"不变量"（invariance）作为源语语段和译语语段之间可比较的第三者（tertium comparationis），是评判翻译质量的决定性的标准。其翻译的可能性基于各个双语的最小片断之间潜在的"等值关系"或"等价关系"（equivalence），翻译时，它们可以互相替代，被称为"最小翻译单元"。可以说，"等值论"是翻译语言学的中心概念。

翻译语言学极其重视对这种双语之间潜在的"等值体"的描写和分类研究，使其在一段时期内与对比语言学（contrastive linguistics）异曲同工，虽然出发点不同，但研究内容和方法相似。

翻译语言学研究从语料分析（corpus analysis）入手，即寻找源语的元素与其公开发表的译语中的对应体。这种主要为演绎式的研究（stylistique compare）得出了一系列潜在的词汇及句法等值体的对照清单。这些成果常常成为传统翻译教学的主要内容和评价翻译质量的主要标准。

"等值论"最初涉及的等值层面主要包括词汇意义等值和语法形式等值，并概括出四种等值体的对应关系，即一对一、一对多、多对一、一对零的对应关系。

坚持翻译语言学方向的学者，面对早期模式（"最小翻译单元的等值"）的缺陷，对等值体的概念进行了修正和细化，提出了不同语言层面的等值要求，从概念义等值、附加义等值、语篇规范等值、语用义等值，直至美学形式等值。但是，在实际翻译过程中，要在各个层次上都实现等值是不可能的。同时，人人都明白，实际翻译中存在着大量"不对等"的翻译。在不能同时全面顾及不同层次的"等值"关系时，以什么原则来确定翻译的方法？如何解释"不对等"的翻译现象？"等值理论"没有能够给予满意的回答。

翻译语言学存在如下问题：

（1）仅仅注意到翻译的结果（译文），没有注意到翻译的过程。

（2）以记录、描写方法获得的"等值体"对照清单成为教科书上要求遵循的、规范式的"翻译规则"和"翻译技巧"，实际上混淆和抹煞了语言（langue）和言语（parole）的区别。因为，潜在的等值体属于语言系统层次，而翻译者却始终是在和言语（即语言系统在具体语篇中的实际运用）打交道。

（3）现实中经常能见到同一源语语篇的若干种相互"不等值"，但均被普遍认可的译语版本，就很难用这种语言的规范系统来解释，更不用说来论证了。几乎所有的翻译者在无法进行逐词翻译时，都会毫不犹豫地抛开翻译教科书提供的"标准译法"，即潜在的等值体，而采用大相径庭的其他翻译方法。

（4）即便是同一个翻译任务，不同的翻译者对源文的理解、对译文读者的估量以及个人的翻译水平（不仅是语言水平）等各个方面也肯定有所不同。这些不同自然会反映在翻译的结果上。

（5）仅就"翻译单元"的切分而言，因为翻译教科书一般不考虑整个语篇，更不考虑具体的翻译任务要求和读者群体的期待，所以以教科书提供的做法可能与实际翻译工作中的做法完全不同。

3. 翻译理论的转向

为了找到翻译语言学无法给出的答案，翻译学研究开始逐步转向强调语用、功能、过程、语篇研究的新方向，逐步脱离结构主义语言学的、规范化的等值要求。这也是大势所趋。

维尔斯的"语篇语言学"——维尔斯虽然仍在语言学基础上研究翻译，但大大超出了传统的翻译研究领域，他于1980年提出"与翻译相关的语篇语言学"，其任务是：通过"语篇表层的语言学分析，从语篇语义、语篇功能和语篇语用等方面重构语篇形成的条件，以此作为前提去发展具有不同语篇种类特点的翻译方法论。"

因为不同语言具有不同特点，源语语篇和译语语篇在语言形式上不可能完全一致，最佳的情况是达到功能的一致。这就要求在翻译时注意，应优先考虑什么。最重要的是，场景和动态的一致比词句和形式的一致更重要；照顾译语接受者的文化比模仿源语文化更重要。在这个意义上，奈达可以算作后来产生的功能翻译学的先驱。

奈达的研究成果对于现代翻译学的发展具有重大意义。当然，他在清晰说明语篇整体和具体"翻译单元"的关系方面做得还不算成功，也没有彻底摘掉套在"等值体"概念上的神秘光环。他虽然强调了动态或功能，但仍然在讲"对等"，仍然没有摆脱"等值理论"的范式。

由于奈达专长的是圣经翻译，目的是最好地完成教会传播圣经的任务，需要将读者的易接受性放在首位，因此，追求译语语篇与源语语篇的功能等值（动态等值）是很自然的。他还没有意识到，译语语篇与源语语篇功能相异的翻译也可能是重要而"合理合法"的翻译类型。

无论如何，由于他考虑到了译语的文化背景，因而在实际上考虑到了翻译者本人，更由于他考虑到译文的目的，因此也考虑到了译文的接受者。所以，虽然他没有完全克服，但至少冲破了语言学对翻译理解的束缚。

（二）翻译学探索的第二阶段

20 世纪的最后 20 年，翻译理论和翻译学逐步剪断了与语言学相连的脐带，建立起独立学科的形象，翻译学不再是语言学众多分支的一支。国际上产生了不同的翻译新理论，为功能翻译学的最终诞生奠定了基础。

1. 翻译学的语篇语言学和语用学

在奈达之后，翻译学研究与语篇语言学（text linguistics，也称篇章语言学）研究几乎同步发展，一方面更重视语篇及其特征的研究，另一方面重视了与翻译者相关的研究。赖斯、梯尔（C. Thiel）以及后来的诺德和贺尼西（H. G. Henig）有关语篇类型和语篇分析的研究成果都给我们带来了重要的启示。

处在发展中的言语行为理论（speech act theory）带来了对交际功能和语言形式相互关系的新认识。受其影响，翻译学领域发生了"语用学转向（pragmatic turn)"。此时，除了语言和语篇的因素之外，在各个场景中的语言行为者，即语篇作者、译者、语篇接受者都进入了科学考察的视野。翻译实践家早就知道的（至少是揣摩到的）东西，现在也得到了翻译学的承认：译语语篇的场景适宜性（situational adequacy）比源语和译语在词汇、句法以至形式上的等值更重要。

豪斯（J. House）认为："作为研究语言运用的语言学分支，语用学研究语言使用者在具体场景中以整体经验为基础的语言运用的条件。语用的理论，即与场景和语言运用相关的语言理论对于翻译理论来说特别重要，它将翻译首先看作实践活动，具体说，是运用语言的行为，是（可一般化、约定俗成的）言语事件，是（更倾向于个体化的、心理语言学的）言语能力。关于翻译的这种观点，主要以莱比锡学派〔尤其以诺易伯特（Neubert）〕为代表。"

贺尼西和库斯茅尔在 1982 年即对这种翻译的语用观点作了很有说服力的阐述，出发点是把翻译看作"翻译者和可确定的接受者之间的、受语篇约束的交际"，突出了语篇的交际功能。

翻译学的语篇语言学和语用学的最大贡献，是将语篇与接受者的关系划分为四种基本的语用类型。这种划分得到实际翻译工作者的强烈赞同，因为这符合他们自己的职业经验。这四种基本类型如下：

（1）源语语篇和译语语篇所面向的接受者基本相同（如阅读专业语篇的专业读者），也就是说，源语语篇和译语语篇的朝向一致。这种情况下，译语语篇自然容易最佳地适应译语接受者的期待。

（2）源语语篇是专为源语的交际群体写的（如国内政策报道），也就是说，源语语篇面向源语的接受者。这样的语篇如果要翻译出来，无论如何都会使译语语篇的读者感觉陌生，除非通过变通或补充使之接近第一种类型。

（3）源语语篇主要面向源语接受者，潜在地也面向译语接受者（如畅销书）。这类语篇的翻译一部分按照第一种类型（作工具式、以接受者为导向地）处理，部分按照第二种类型（作文献式、陌生化地）处理。

（4）源语语篇直接面向译语接受者，因为它本来就是为译语接受者拟就的（如某些广告语篇，以及所有为口译拟定的语篇）。这些语篇可称为"信息的建议"（information offered），可以由翻译者自由调整和利用，以期在译语语篇中实现应有的功能。

2. 描写翻译学

自 20 世纪 70 年代出现的所谓操控学派（manipulation school）的描写式翻译研究（descriptive translation studies）也是翻译新理论之一。他们强调译语语篇的重要性，坚决反对语言学对翻译的束缚，并反对翻译理论标准化和规范化倾向。当然，他们的研究主要集中在文学翻译上。

描写式翻译研究也预示了功能翻译学的主要特征：强调译语文化和语言的交际群体，译语语篇的功能要在它们之中实现，要为了它们而实现。描写翻译学认为，为了语篇功能的实现，必然或多或少地要对源语语篇进行操控，并提出一个论断："能够由译语的交际群体作为译文接受的每一语篇，都与源语语篇处于某种等值关系之中。"这种说法实际上是不再把传统的等值概念当作翻译学的中心概念。

3. 跨学科的研究

决定 20 世纪最后 20 年翻译学发展的是跨学科倾向。最著名的是斯奈尔贺比（M. Snell-Hornby）于 1988 年提出的层级模式（stratification model）。也正是这位斯奈尔贺比还将菲尔默（Fillmore）的场景与框架理论（scenes and frames theory）引进了翻译学研究，它引发了翻译学的"认知学转向（cognitive turn)"。

斯奈尔贺比的层级模式绝不是提倡规范化、标准化。这种模式的本质是描写式的，因为只有这样才能适当地把握住翻译的多面性的本质。这种将翻译学视为"交叉学科"（interdiscipline）的观点认为，翻译作为具体交际场景中的具体行为总是受到多重的、互补的制约。翻译完全不是一种单质的现象，对翻译的研究可以而且应当引入不同的学科。从这种观察角度来看，因为翻译是"跨文化的交际"，所以文化的概念所获得的地位比在以往的翻译语言学论述中重要得多。通过细致地考察源语语篇和译语语篇的场景框架，以及由此而得出的译语语篇的功能定位，源语语篇和译语语篇建立起新的相互关系。"神圣的源文"终于被摘掉了桂冠。

4. 功能翻译学——综合性学科

最终，翻译的目的或功能成为了一种与跨学科层级模式大约同时产生的新翻译理论关注的中心：赖斯和费尔梅尔的目的论（skopos theory），即功能翻译学。

赖斯和费尔梅尔论述功能翻译学的著作名为《普通翻译学基础》，他们认为找到了能说明所有翻译种类的"普适理论"。实际上，功能翻译学是对从奈达以来的众多研究成果的综合。

功能翻译学将翻译定义为翻译者（翻译者应有的重要角色终于在这里得到了承认）复杂的（即不仅是语言的）、跨文化交际的行为。翻译的质量不应以对源语语篇的忠实来衡量，而是以译语语篇的功能适宜性（functional adequacy）来衡量。

奈达已经在译语语篇的功能问题上提出了与功能翻译学类似的观点。虽然他只谈了一致的功能，未涉及相异的功能，但在他从事的《圣经》翻译事业中，译语语篇功能适宜性主要体现为源语语篇和译语语篇之间功能的一致性。贺尼西和库斯茅尔、从事描写翻译研究的学者以及莱比锡学派的"语用学派"都已经将其当作论述翻译问题的前提条件。

功能翻译学的研究对象包括所有的广义及狭义的翻译种类，这意味着，所有类型的"加工和处理"都可能是"具有充分价值的翻译"。非常典型和引人注目的是，这种对传统翻译概念的扩展，获得了翻译实践家的真心赞同，而部分理论家尚持有异议。

费尔梅尔和他的学生发表了一大批进一步细化功能翻译学的论文，其中一部分也引起了热烈的讨论。这并不奇怪，因为功能翻译学本质上是对从奈达以来，包括贺尼西和库斯茅尔、诺易伯特、卡德、斯奈尔贺比直至威尔斯等众多研究成果的综合。

功能翻译学理论很快得到了其他翻译学家的支持和补充。这些研究更多面向实践、面向应用，尤其是面向教学，例如，芬兰的霍兹·门塔利（J. Holz-Mfint-tfiri）、德国的诺德（语篇教学）、贺尼西、科尼西（翻译教学法）和库斯茅尔。贺尼西和库斯茅尔更是从 1982 年起就在他们的教科书中提出了很多与费尔梅尔类似的主张。

（三）翻译学的现状与评价

1. 翻译学现状

功能翻译学的产生推动了翻译学的发展，就费尔梅尔功能翻译学理论和观点所进行的直接或间接的学术讨论，给翻译学带来了新发展。

从 20 世纪 80 年代以后，很有希望带来新成果的是一批翻译学家如科尼西、克林斯、库斯茅尔、略舍尔，他们以心理语言学为基础、以翻译过程为中心开展研究工作。他们使用的研究方法为经验归纳式的调研、记录和分析。其主题是"翻译者思考的是什么？"研究的目的是描述翻译过程，不是为翻译制定规范或建立翻译模式。具体做法是：让翻译者用口语或书面语，以独白或对话的形式，大声说出想法来，使用心理学研究中开发的"大声思考的记录"这一方法，记录下他们是如何思考和工作的，他们是怎样最后确定了自己的译语语篇版本。威尔斯论述了这种过程研究的可能性和局限性。

另外，人工智能研究的发展也促使人们重新认识翻译过程。人们希望未来的人工智能研究能为实现计算机辅助翻译提供新的可能性。

迄今，对翻译过程的研究成果在数量上和质量上还很不够，自然不可能使翻译学普遍注意到翻译过程的研究。总的来说，20 世纪末期，翻译科学呈现出多元的、不统一的景象。

翻译学的建构与发展之所以异常困难，其主要原因在于研究对象的复杂性。

总的来说，人文科学领域内建立学科理论就比自然科学领域困难得多，翻译领域更是如此，情况更为复杂。它不仅涉及不同的语言，还涉及不同的文化和交际群体。在翻译场合中相互交际的个人有着不同的兴趣、意图、表达和理解的可能性，同时又只能以间接的方式——通过翻译者——进行交际。更何况，笔译或口译者本身也是相互不能替代的各自独立的个人。如果说，研究语言的现实就够难的了，要科学、明确、完整地把握笔译或口译过程中各种各样重要的非语言因素，并使之系统化，简直就是一项让人望而生畏的任务。

　　虽然现代科技尤其是计算机技术的迅速发展，给机器翻译的可能性又带来了新的机遇，但是，机器能翻译的也仅仅是一些极狭窄的专业领域里有意标准化了的语篇（如加拿大的英—法文天气预报），或逐词的翻译。机器翻译不仅没有代替人工，还为人工翻译开辟了新的工作途径，即机译的源语预处理和译语后处理工作。在绝大多数场合下，仍然要由翻译者靠个人对源语语篇的理解来完成译语语篇。

　　翻译者在工作时要遵守哪些标准和原则？回答这个问题不容易。前面说过，因为各个翻译者的认知能力和诠释能力不同，译语表达能力也不同。实际上只有一句话：翻译者只能依照他力所能及的标准进行翻译。或者说，他只能会多少，翻译多少。尽管有了"大声思考"的记录，但在具体情况下，译者是以什么为指导进行翻译，也就是他在自己大脑"暗箱"内是如何操作的，对此，理论家迄今尚未达到能得出普遍结论的认识。

　　如果越来越多的学者能够努力从整体上全面考察翻译这一复杂现象，肯定会使翻译理论建设获得进步。固执某种"模式"的做法应该过时了，这些"模式"是对复杂现象的不恰当的简化，因此一直以来都受到了翻译实践家的怀疑，而这种怀疑不无道理。

　　原来主要由语言学（包括社会语言学、心理语言学、语篇语言学、符号学及行为理论）为翻译科学标记的领域扩大了。人们把重要的相邻学科，例如交际学、文化理论和文化发生学、诠释学、跨文化学、国情对比研究、行为研究和人工智能研究、社会学、美学、逻辑学等融合在一起对翻译进行跨学科的考察。此外，近年来，翻译学对翻译教学法问题更看重了，虽然这方面的研究还亟待进一步改进。

　　所有这些，可能给翻译学带来一次大变革。同时，人们逐渐认识到，研究方向或学派相互间的是非之争不会带来任何好处。相反，面对笔译和口译这种复杂的对象，正是翻译学研究方向和研究方法的多样性共存才更有利于学科的发展。

　　对于现代翻译学来说，当前的任务是，少给一些所谓"正确"笔译和口译的

"处方"，多增强翻译者的自我意识，让他看到他的工作像万花筒，看到他在带有各种矛盾因素的具体交际场合中享有巨大的可选择性。方法是研究和描述交际行为的认知过程，使之成为可教可学的东西。用这种方法，翻译学可以为翻译者提供一种导向，帮助他对自己的实践进行理论的反思，以此为基础，使他自己的行为符合交际场景的要求。同时，他可以获得必要的自信，在需要时，他能够说明理由，为什么自己选出的方案是最佳的解决方案。

如果翻译者能够自觉认识到自己到底是做什么的，也就能够通过不断地扩展知识去适应不断变化的要求；理解外行的立场，建设性地与他们讨论译文的质量；向委托人和最后的使用者说明：他们可以合理地期待什么，以及他们可以做些什么事，才能使翻译产品符合实际需要；判断他人的翻译质量；现实地评价和有效地利用辅助手段（特别是计算机辅助手段）；培训、指导其他共事者，评价他们的成绩；判断和利用计算机翻译的可能性（必要时参与有关软件的开发）。

当今翻译学学术研究范围的扩大，也有其负面的影响。新的发展加强了翻译学"不精确"和"无法重现"的特点。但"精确性"和"可重复性"是对自然科学的要求，而非对人文学科的要求。我们不能用它来要求人文学科，更不能用它来要求以语用学、交际理论为基础的翻译学。尽管如此，建构新翻译学所面临的任务，比其作为语言学、文学或语文学的一个分支的时候更加任重而道远，这一点是无法否认的。

2. 翻译学的评价

虽然当前在新的基础上建构翻译学的任务更为困难，但新的翻译学理论，尤其是功能翻译学理论受到了翻译的实际工作者，包括翻译教师和翻译家的热烈拥护。

直到翻译学发展的第二阶段新理论出现以前，无论是翻译教师和翻译专业的学生，还是笔译和口译实践家，大多对翻译学发展第一阶段的理论兴趣不大，因为它脱离实际。尤其是那些既不统一又常常过于复杂的翻译学专业词汇更使人望而却步。而翻译学的研究摆脱纯语言学的或以语言学为主的导向，使翻译教学者和翻译实践者感到，这是朝正确方向迈出的重要一步。

翻译教学者和翻译实践者认为，"旧"翻译学是规范化的，以教条地寻求源语语篇和译语语篇的等值体为主旨，这样做既不实际又不重要。而相比这样的"旧"翻译学来说，翻译学理论发展的第二阶段出现的"新"的现代功能翻译学是跨学科的，并以实践经验为根据，也包容了教学问题，更具有说服力，便于指导实践。因为新翻译学不把制定最佳状态下理想的、全面的翻译模式作为主要任务，而是从基础入手：综合考虑所有与翻译（笔译和口译）相关的要素，以此出发来探讨翻译问题。

至此，我们可以得出以下结论：尽管当前翻译学研究成果没有自然科学那样"精确""成型"，但新的翻译学仍然应当成为较为系统的翻译专业教育和翻译职业培训的必修课。笔译和口译教学作为一种"应用翻译学"，需要翻译学研究的成果和知识。因为，要深刻地理解什么是口译和笔译，要在翻译领域中自主地、负责地工作，只有在方法论知识的基础上才能做到。而方法和对策又都植根于一个理论的框架之中。

三、商务英语翻译的派别

在对翻译进行研究的过程中，不同的学者由于观点不同形成了不同的派别。对这些翻译派别的了解对于商务英语的翻译将有着重要的借鉴作用。[①]

（一）语文学派

英语翻译的语文学派（the philological school）是西方最早出现的翻译学派。这个学派认为翻译是一门艺术，因此将翻译作为原作者使用译入语进行的再创造，其研究方法主要是语文的。语文学派认为译文应该和原文一样将美的享受带给读者，翻译过程中应该注意译文的神韵，不应该死译、强译，保持译文的美学效应。语文学派在发展过程中比较著名的代表人物有德莱顿（JohnDryden）、泰特勒（Alexander Fraser Tytler）和塞弗瑞（TheodoreSavory）等。

17 世纪，著名的翻译理论家德莱顿主张翻译应该以原文和原作者作为着眼点，尊重原作的思想，最大限度地使用译入语对原文进行表现。同时德莱顿对翻译的另一大贡献在于其提出了翻译的三大类别：逐字翻译、意译和拟作。这种分类方法打破了当时二分法的束缚，对于西方翻译理论史的发展有着重要的推动作用。

西方语言学派的另一代表人物是泰特勒，在其著作《论翻译原则》中，他指出，"对译者来说，在忠实和谨慎以外，也没有其他要求。但既然不得不承认语言的特性不同，于是一般人都普遍认为，译者的职责只是洞悉原文的意义和精髓，透彻了解原文作者的思想，以及用他认为最适当的文字传达出来。"由此，

---

① 李波阳．商务英语汉英翻译教程［M］．北京：中国商务出版社，2005：46．

泰特勒提出了西方翻译中重要的三原则。塞弗瑞对西方语文学派的贡献则在于其提出了著名的六对翻译原则。

综上所述，我们不难看出，西方语文学派在研究过程中关注的重点是译文的忠实性。他们认为原文对译文有一定的主导作用，因此翻译时应该时刻以原文为标准，最大限度地追求原文和译文的契合性。需要指出的是，语文学派过分重视原文对译文的指导作用，在很大程度上限制了译文的创造性的发挥。

（二）解构学派

解构学派于 19 世纪 60 年代后期出现在法国。这种翻译理论是对传统翻译理论的质疑，其通过哲学问题、怀疑的态度去审视存在的翻译理论与标准。

沃尔特·本雅明（Walter Benjamin）、雅克·德里达（Jacques Derrida）、麦克·福柯（Michel Foucault）等人是解构学派的代表人物。这些学者将解构主义的思维带入了翻译研究的过程中，并采用怀疑与批评的态度对翻译理论的问题进行研究。因此可以说，解构主义的出现为翻译研究带来了崭新的视角与研究方向。

解构学派的代表人物沃尔特·本雅明提出，翻译中译文和原文没有忠实可言。他指出，译文并不是去再现原文的含义，而应该是对原文的补充与延伸。雅克·德里达认为，翻译的过程是不断对原文进行播撒和延异的过程，译文虽然可以接近原文，但是却不能等同于原文。这主要是因为意义的不确定性，因此译文的中心是无法被完全体现出来的，译文只是对原文的重新理解与创造，因此对原文并没有忠实可言。译者在翻译过程中应该对原文的观点进行解构，从而使译文具有延续和创新性。解构主义的观点是对传统翻译观点的颠覆，这种逆向的思维模式为翻译研究带来了新的方向。需要注意的是，解构并不是翻译的目的，它只是翻译的手段，因此不能完全取代传统的翻译理论。解构学派的观点能够对传统翻译观点进行改进，目的是为了更好地指导翻译工作，因此对其的理解不能舍本求末。商务英语翻译也是翻译的重要组成部分，因此这些翻译流派的观点对于指导商务英语翻译有着重要的作用。

（三）语言学派

英语翻译的语言学派产生于 20 世纪中叶。著名语言学家雅各布逊在 1959 年发表的《论翻译的语言学问题》中，从语言学的角度对语言和翻译的关系、翻译的重要作用、翻译中存在的问题进行了论述，从而为语言学派的翻译研究作出了开创性的贡献。

尤金·奈达也是语言学派的重要代表人物，他提出了"翻译的科学"这一重要概念。在语言学研究的基础上，将信息论应用到翻译研究过程中，并提出了著名的"动态对等"和"功能对等"翻译原则。

纽马克在前人研究的基础上，提出了交际翻译与语义翻译的方法，对翻译研究也有着重要的影响。

从对语言学派翻译家们的不同观点的介绍中可以看出，这个时期学者们关注的核心问题是语言转换过程中的变化规律，也就是"对等"问题。

但是由于过分追求对等，翻译在一定程度上也因此成为了语言学研究的附庸，无法真正体现出其科学价值。因此，很多学者在研究过程中开始从翻译的目的着手，对翻译进行探究。

从整体上来说，翻译学中的语言学派主要从对等、功能、认知的角度进行翻译研究，通过使用语言学中的重要理论，如功能理论、认知理论、转换生成理论，对翻译的系统性和规范性具有一定的指导作用。同时语言学派的翻译研究涉及语言的不同层面，并且也关注到了翻译中的功能与认知等因素，因此增加了翻译研究的系统性，是西方翻译理论发展的重要阶段。

（四）阐释学派

由于个人思维方式的差异、语言使用习惯的不同以及认识世界角度的不同，因而在翻译实践过程中，对于语言的理解层面也存在着一定的差异。在这种情况下，作为研究意义的一门学科——阐释学应运而生。

阐释学在研究过程中主要的着眼点是语义，也就是要探索理解与解释之间的本质和联系。在理解与解释的过程中，文本和解释者是不可或缺的两大要素，因此在研究过程中，最根本的任务是探究文本和解释者的本质特征。

英国的神学家汉弗雷提出了"翻译即解释"的命题，这种观点在一定程度上受到了阐释学观点的影响。在翻译学的研究过程中出现了很多著名的阐释学家，如海德格尔，他的观点引起了很多学者的关注。

阐释学派在翻译研究过程中十分重视阐释学和接受美学。其主要原因有以下两个方面：翻译研究的成果能够为阐释学和接受美学提供充分且有力的例证；阐释学与接受美学可以为翻译研究提供丰富的理论依据。

综上所述，阐释学派对翻译的贡献主要体现在以下几个方面：

（1）翻译阐释学派认为译者在翻译过程中是信息的接受者，是处于主体性的地位。

（2）在翻译过程中应该重视读者的感受，应该以读者的反映为参照物。

（3）对翻译的本质进行了探究。

（4）通过阐释学和接受美学的相关原理，对翻译实践中的具体问题进行了分析。

（5）传统的翻译学理论认为要忠实于原作，而阐释学派的翻译对此进行了质疑，因此在一定程度上触动了传统翻译观点。

（五）目的学派

英语翻译的目的学派主要强调翻译行为的目的性，认为翻译目的决定了翻译过程和翻译策略的使用。这种观点在一定程度上能够提高译者的主动性。

自 20 世纪 70 年代以来，翻译目的学派是德国最具影响力的翻译学派，同时对于世界翻译理论的发展也有着重要的贡献，其代表人物有凯瑟林娜·赖斯（Katharina Reiss）、汉斯·威密尔（Hans J. Vemeer）、贾斯塔·赫兹·曼塔利（Justa Holz Manttari）和诺德（Christiane Nord）。

翻译目的指的是译文的交际目的，也就是说译者在翻译过程中应该首先考虑译文的功能特征。翻译目的学派主张翻译应该具有行为性和文本加工性。这种行为性主要体现在对不同语言转换而进行的复杂的设计与构思。翻译的加工性主张不应该将原文作为翻译的唯一标准，原文的作用是为译者提供翻译所需要的各类信息。译者在翻译中的任务不再是进行严格对等的语言之间的转换，而应该从原文中提炼符合翻译目的的信息进行翻译。

英语翻译的目的学派重视译文在译入语中的接受程度和交际功能，强调在翻译过程中译者应首先考虑译文的功能特征，而不是对等原则，在一定程度上解放了传统翻译观点中以原文为硬性标准的翻译传统，为翻译拓展了视野，有利于翻译理论与翻译变体的发展，同时也提高了译者的主动性与积极性。但是目的学派过分强调读者的主体性，否定了作者的主体性，因此其观点带有一定的主观性，难免有些极端，因此我们应该客观地认识它，不能主观臆断。

（六）文化学派

英语翻译中的文化学派主要以 1972 年霍尔姆斯发表的《翻译研究的名与实》为起源。在这个时期，很多学者主要从文化层面对翻译进行探索。在探索过程中，文化学派的翻译研究力图打破文学翻译中的陈规，试图在综合理论的指导下进行文学翻译研究。

霍尔姆斯对翻译中的文化学派的发展作出了突出的贡献。他首次将翻译作为一门学科的形式进行研究，并且对翻译学科的内容进行了详尽的阐述。他认为翻译学应该分为纯翻译学和应用翻译学。纯翻译学主要包括描写翻译研究和翻译理论研究。应用翻译学主要包括译者培训、翻译辅助手段、翻译批评，这一框架为翻译研究奠定了坚实的基础。

　　至 20 世纪 80 年代末 90 年代初，西方的翻译研究开始转向文化层面，并积极运用文化理论对翻译进行新的阐释，其主要理论有解构主义翻译理论、女性翻译理论、后殖民主义翻译理论。英语翻译中文化学派的出现是文化发展的必然结果，其对于促进翻译研究的活力与应用性发挥着重要的作用。

四、商务英语翻译的标准

　　因为商务英语翻译是一种科学性翻译，所以在翻译的过程中需要注意翻译原则和翻译标准，只有这样才能提高译文的准确性和适宜性。

　　商务英语翻译是翻译的重要分支，译者有必要熟知和掌握这些翻译理论，从而扩大自己的视野，提高自己的翻译能力。

　　由于中西方学者对翻译重点和方向的把握不同，所以形成了不同的翻译理论和观点，并对译者的思维模式提出了要求，它要求译者要同时具备中英两种语言的思维模式，在具体的翻译过程中进行思维模式的转换。

　　由于思维模式影响着语言的使用，译者需要在理解的基础上，对原文进行创造，从而使译文更加符合译入语的语言使用规范。商务活动带有很强的实用性和灵活性，这对译者的素质就有了很高的要求。对这些理论的介绍能够使译者在具体的商务英语翻译实践过程中注重检测自己译文的质量，提高译文的准确性。

　　需要强调的是，翻译是一门实践性学科，理论的介绍只能够指导译者的实践工作。翻译技能的提高还需要译者进行大量的训练，商务英语翻译尤其如此。

　　关于翻译的标准，国内外的学术界都没有统一的界定。商务英语翻译是翻译的重要分支之一，因此，其标准的界定也应该在总体翻译标准的范畴内。下面对中外学者的翻译标准研究进行总结，进而指导具体的商务英语翻译工作。①

---

　　①　曾利沙. 商务翻译探究［M］. 北京：外语教学与研究出版社，2016.

（一）中国商务英语翻译标准的研究

我国的文字翻译源远流长，从 2500 多年前就已经开始了。在漫长的翻译研究过程中，我国很多学者对翻译的标准都有着自己独到的见解。了解和掌握这些翻译标准，无论对从事商务翻译的工作者还是读者而言都有着重要的指导意义，见表 1-6。

表 1-6　中国商务英语翻译标准的研究

翻译家	简介	主要思想和主张
严复	清末著名的资产阶级启蒙思想家、教育家和翻译家	通过汲取古代佛经翻译理论的精髓，结合其实践经验，提出了著名的翻译三标准——信、达、雅。 在商务英语翻译实践过程中，"信"要求译文要忠实，"达"要求译文要顺畅，"雅"要求译文要符合具体的商务环境和语言使用环境。商务活动讲求效率，此三标准可以严格要求译者的翻译活动，因此有着重要的影响意义
梁启超	我国著名的思想家和文学家	主张翻译书籍务必让读者深刻了解原文含义，如果原文含义有所靡失，只保留原文部分含义或增减原文内容、颠倒原文顺序等都是有害的。另外，译者的学识专业必须和原作者接近，这样才能翻译出质量上乘的作品。 启示译者要多关注商务领域的知识。译者的翻译并不是单纯地对两种语言进行转换，其还需译者有一定的商务知识，才能正确理解商务活动双方的交际意图和交际话语。当译者的商务水平大致和交际双方接近时，才能有效保证译文的正确性和得体性
鲁迅	中国著名的思想家、革命家、文学家、评论家	翻译思想主要有：①翻译要"有用""有益"；②信为主，顺为辅；③直译为主，意译为辅。 此翻译理论在商务英语翻译实践中的作用十分重大。商务英语是一种交际性很强的翻译活动，交际双方的话语中可能隐含着自身的语用含义，因此译者需要用"直译为主，意义为辅"的标准来衡量自己的译文，从而做到译文的准确有效
郭沫若	中国现代著名诗人、文学家、戏剧家以及翻译家	翻译理论注重对译者素质的要求，认为主体性、责任心是译者必须具备的，同时译者主观感情的投入对翻译工作也十分重要。 要求商务英语翻译的译者要具备相当的商务活动知识，从而保证翻译的有效进行。同时在翻译活动进行之前，译者有必要了解交际双方的文化背景和工作背景，从而在翻译实践中更加游刃有余

续表

翻译家	简介	主要思想和主张
林语堂	中国当代著名学者、文学家和语言学家	翻译思想主要有：①把翻译视为艺术；②"忠实、通顺、美"。林语堂认为，在具体的商务英语翻译实践过程中，译者需要注意文字之美，把握语言的神韵。译者是商务交际中的重要媒介，肩负着沟通不同文化的作用，译者对美的标准的掌握能够提高翻译的文化性和传播性
傅雷	中国著名文学翻译家、文艺评论家	翻译要想"传神达意"必须做到以下三点：①中文写作；②反复修改；③重视译文的附属部分。该观点对商务英语翻译也有着重要的借鉴作用。在商务活动的英译汉中，译者需要根据中文的语言使用形式对译文进行反复推敲，从而使译文更加符合中文的表达习惯。同时，商务英语文本中还存在很多专业术语，对这些术语注解的翻译也能促进翻译活动的有效进行

随着全球化的发展，中国与世界的商贸联系更加密切，商务文本的翻译也越来越多。由于商务文本涉及各方的经济利益，对商务文本翻译的要求很高，译界对商务翻译标准的讨论也更加深入。

自20世纪80年代开始，西方译论被大量引入中国。以此为契机，人们对我国传统的翻译标准进行了重新审视，引进了西方的诸如"等值""等效""对等"等翻译新概念。但这些标准或原则均是基于语言文化习惯非常接近的西方语言文字之间的翻译而提出，若将它们直接用作语言文化差异较大的汉语同英语之间的翻译标准显然不合适。非文学翻译所涉及的范围、专业较广，商务英语翻译作为非文学翻译中的一种，有其自身的文体风格和翻译特点，为此，我们结合商务英语的特点和语用功能，参考哈贝马斯交往行为理论，提出了商务英语的翻译标准：忠实（faithfulness）、准确（exactness）、统一（consistency）、得体（appropriateness）。

（二）西方商务英语翻译标准的研究

西方对翻译的研究有着很长的历史，下面对其进行总结，从而为商务英语翻译带来一定的启示，见表1-7。

表1-7　西方商务英语翻译标准的研究

学者	主要思想和主张
皮亚杰	早期结构主义的代表人物，其翻译标准为：①翻译结构应具有自我调节的功能；②翻译结构应该具有动态性；③翻译结构应该带有整体性，这主要指的是构成这一结构的各要素相互依存。

续表

学者	主要思想和主张
泰特勒	译文应该具有以下特点： （1）译文应完整地再现原作的思想内容；（That the translation should give a complete transcript of the ideas of the original work.） （2）译文的风格、笔调应与原作的性质相同；（That the style and manner of writing should be of the same character with that of the original.） （3）译文应与原文一样流畅自然。（That the translation should have all the ease of the original composition.）
多雷	译者应注意如下事项： （1）译者必须完全理解所译作品的内容；（The translator must perfectly understand the sense and material of the originalauthor although he（she）should feel free to clarify obscurities.） （2）译者必须通晓所译语言和译文语言；（The translator should have a perfect knowledge of both SL and TL, so as not to lessen the majesty of the language.） （3）译者必须避免逐词对译；（The translator should avoid word-for-word renderings.） （4）译者必须采用通俗的语言形式；（The translator should avoid Latinate and unusual forms.） （5）译者必须通过选词和调整词序使译文产生色调适当的效果。（The translator should assemble and liaise words eloquently to avoidclumsiness.）
费道罗夫	提出了"确切翻译原则"，并认为： （1）翻译的目的是使译入语读者能够了解原文的内容与思想； （2）翻译就是用一种语言把另一种语言在内容与形式不可分割的统一中已经表达出来的东西准确而完全地表达出来。
哈贝马斯	提出的交往行为理论为我们从事翻译研究提供了新的视角。他认为： （1）在语言的认识式运用中，陈述内容的真实性居于显著地位； （2）在语言的相互作用式运用中，人际关系的正确性（或适宜性）居于显著地位； （3）在语言的表达式运用中，则是言说者的真诚性居于显著地位。
纽马克	提出了"文本中心论"的观点。他认为翻译的对象应该是文本，根据语言的功能，文本可以分为表达型、信息型和呼唤型三大类。纽马克把翻译方法分为语义翻译和交际翻译两种，前者强调忠实于原作"原作者"；后者强调忠实于译作"读者"，不同的评价标准有不同的"等效"要求

第四节　商务翻译经验与理论研究的特点

一、关于商务翻译经验研究

所谓经验研究，顾名思义，是指研究主体通过自己的主观认识，在对实践客体的本质特征、关系特征或价值特征作出合理辨析的基础上，提出自己对改造客体以期达到理想状态的认识，并给予一定的方法论说明，期待在一个更广范围内得到运用，使这种经验认识得到借鉴和参考，扩大学习者对实践对象的认识范围和视角，从而提高其实践能力和翻译水平。经验研究与实践直接相关联，反映的是实践主体对实践对象的一种观念性的把握；经验研究可以是针对翻译现象提出某些带有方法特征的概念，是对策性感性认识的反映，如传统翻译研究中最显著的就是"直译""意译""归化""异化"等，也包括英国翻译理论家纽马克的"语义翻译""交际翻译"等。就是说，能直译的直译，不能直译的就意译，能归化的归化，不能归化的就异化，主要的判断标准就是根据译者自己的主观感受认识。纽马克是从外延上对语义翻译和交际翻译进行划分的，他将某些语言形式或某类现象纳入语义或交际翻译方法操作的范围。有些研究者从某些文本或类型的翻译实践出发，针对性地提出一些散论式、主观印象式的经验总结认识，如有关对外宣传翻译的经验感性认识："双向理解与完美表达""译前处理""对原文适当增删""壮词淡化"等。还有的研究者提出比较具有方法论原则的感性认识，如许建忠（2005）在《工商企业翻译》中归纳了"轻化、浅化、淡化、虚化、弱化、等化"六种方法论原则并给予相应的说明；有的则从范畴化角度对经验感性认识进行拓展，如毛荣贵（2004）在《翻译美学》中总结的美感范畴：文化美、语言文字美、句法篇章美、语体美、思维美、逻辑美、形象美、情感美、意境美、形式美、音韵美、节奏美、口吻美、整饬美、朦胧美、灵感美、幽默美、和谐美、庄重美、丰腴美、含蓄美、反讽美、肃穆美、模糊美、精确美、婉约美、凝炼美、蕴籍美、涵隽美、简约美、创造美、活用美等。经验研究的特点是主观印象性比较强，侧重于对实践客体的主观性要求，一般都是研究者针对两三个实例，就事论事式地发表自己的见解、看法或观点和认识，常体现出一种散论性的评说方式。这种经验研究常见于许多讨论翻译技法和一般原则的翻译文章中。

传统翻译教材中总结的各种翻译技巧都属于经验研究范畴，如我国早期的翻译教材《英汉翻译教程》《汉英翻译教程》中列出了一系列方法：增词法、省略法、重复法、词类转换法、正反（反正）表达法、分译法、分句合句法、无主句译法、被动态译法、习语译法、拟声词译法、定语从句译法、状语从句译法、长句译法，等等。这些翻译"技法"都是编者在自己多年的翻译实践经验感性认识的基础上加以总结说明的，其主要理据在于协调处理双语词汇、语（句）法、语篇衔接、结构组织、文化和思维习惯等的差异，其目的在于提高学习者对翻译的形式与内容语际转换的认识，并从宏观原则理论"准确"和"通顺"或"信、达"等概念指导下"规范"他们的翻译实践行为。技法性经验研究的说明对象一般是从语篇或大语境中抽出来加以讨论的一些比较简单易懂的实例，有的典型，有的则欠典型。如有的教材在介绍"意译法"时也用隐喻的实例予以说明：

Every life has its roses and thorns.

人生都有苦有甜。

孤立地看，这些技法的运用说明一般具有合理性，编者提供的译文一般是可接受的，如上述例句的英语隐喻不宜译为"每个人的生活都有玫瑰和刺"，但是原文具有的隽语风格特征及其隐喻的美感形象荡然无存。翻译技巧的介绍必须具有典型性和反映出特定的原则认识，如"意译"也应遵循一定的原则性，即实例必须是那些因语言文化和思维差异显著，且又无法采用各种等效法予以直译的翻译现象。对于上述英语隽语的汉译，我们可采用"种—属概念置换法"，即将种概念"玫瑰"置换为属概念"鲜花"，而将"刺"置换为"荆棘"，从而等效地保留了英语的两种喻体形象，表达了人生都会有成功和失败的经历：

人生都有鲜花相逢，荆棘相遇。（种属概念置换法）

关于一般技法的介绍，此后二十多年里出版的数十种翻译教材都大同小异，只是用的实例有异，成为其主要的构成性内容。然而，随着社会的发展，相邻相关学科理论诸如语义学、语用学、认知语言学、语篇语言学、功能语言学、修辞学、社会语言学、跨文化交际学、文学、翻译美学、阐释学、接受美学等的发展，以及"等值"论、"等效"论、"功能—目的论"等国外理论的引进和普及，翻译研究者发现翻译实践并非如此简单，传统的技法性经验感性认识并不能解决一系列根本性的翻译问题，不能认识复杂的文本特征及其翻译问题，如"多义性、模糊性、语义嬗变性、陌生化、歧义性、不定性、隐喻性、缺省性、结构空白、连贯性、不可译性"等。① 这就是为什么上述《英汉翻译教程》在出版后不

---

① 曾利沙. 应用翻译学理论逻辑范畴拓展方法论——兼论译学理论创新的认识论和价值论［J］. 上海翻译，2013（3）.

久广受欢迎，几乎被所有高校作为翻译教材使用，而到了20世纪90年代末则出现了一系列批评该教材中翻译问题的文章，这说明后来的翻译教师从不同学科理论角度对其译文进行研究才认识到该教材中出现的翻译问题诸多。从这种现象看，技法性经验感性认识具有历时性、主观性、商讨性、建议性、可参性和主体间性特点，同时又具有局限性、片面性。近年来，翻译研究热点由经验感性研究进入理论感性研究阶段。然而，无论处于何种历史时期，经验感性认识都是必要的，但随着交叉学科和相邻相关学科理论的介入以及对翻译学理论研究的深化，经验感性认识是可以不断地提升的，其局限性也会不断地得到深化和拓展，并进一步为理论认识提供实践基础或依据。

（一）经验研究的特点与作用

从现有文献看，我国大多数翻译研究文章或编著都属于经验研究的范畴。《中国翻译》《上海翻译》《中国科技翻译》期刊上的文章基本上以经验感性介绍性为主，一些编著如《科技英语实用文体》（方梦之，2003）、《工商企业翻译实务》（许建忠，2005）、《跨文化交际翻译》（金惠康，2003）、《公示语汉英翻译》（王颖、吕和发，2007）、《旅游翻译与涉外导游》（陈刚，2004）、《英汉—汉英应用翻译综合教程》（方梦之、毛忠明，2004）等基本上都属于经验研究的范畴。又如美国学者平卡姆（2000）出版的 *The Transtators Guide to Chinglish*（又名《中式英语之鉴》一书，总结归纳了许多可操作性经验规则（manipulative norms），都属于经验感性认识。平卡姆曾在外文出版社和中央编译局工作8年，负责对中国译者的英语文字表达问题进行修订润色，她积累了大量的典型中式英语实例，从一个英语语法修辞学者和目的语读者的接受心理视角出发，对中外宣传材料的英译问题作了分析说明，并提出自己的改译。其中一个重要的理念就是中西语言文化和认知思维差异对译文质量要求的制约和规范性。不少实例并非属于正确或错误的问题，而是属于质量优劣和表达的效度问题。如"中国今年农业大丰收"不应译为"In China，there is a good harvestinagriculture."，平卡姆的说明是：since there is no harvest in industry in English. 由于英语中并无工业丰收的说法，因而也就没有必要译出介词短语"in agriculture"。这种说明显然是经验感性认识，并非理论认识。根据该书所提出的经验感性认识，笔者从中提炼出10条经验规则，作为"经济简明"策略原则的可操作性经验规则[①]：

（1）删略对基本信息不提供实质内容的文字；

---

① 曾利沙. 从对外宣传翻译原则范畴化看应用翻译系统理论建构［J］. 外语与外语教学，2007（3）.

（2）删略或简化不必要的解释性文字或读者已知的信息（即共享知识）；

（3）删略一般读者易于从文字中推出或概念相互蕴含的信息内容；

（4）删略复合型词组的语义重复性文字；

（5）若一名词或短语本身蕴含有其修饰性文字的语义内容，删略该修饰性文字；

（6）当范畴或属性词出现在具体或种概念词语之后，删略该范畴或属性词；

（7）当某下义词与上义词并列使用时，酌情删略其中之一；

（8）能用小一级语言单位传达的信息内容就不要用大一级的语言单位；

（9）当有多项描述或评价性文字出现说明某特定对象时，删略或简化其中内容比较虚的文字；

（10）当同一或相邻语段内出现两处以上的相同或相似的文字信息，酌情给予必要的信息压缩。

经验规则可使研究者据此对一些类似的实例作出举一反三、触类旁通的感性认识，使商务翻译实践的译文做到简洁美，使其质量进一步完善。

（二）经验研究交流的主体间性

我们知道，从实用性和社会效应或经济效益性看，商务翻译活动是一个群体性、主体间性的社会性行为。译文的出版或发行必须体现出较高的质量，并受到社会受众的积极反映，这样才能为委托方（企业或公司等）带来良好的经济效益。但事实是，商务翻译所涉及的行业非常广泛，受托的"译者"群体良莠不齐，有些经验丰富、知识面广博且又严谨认真的译者产出的高质量译文或译品会得到社会的高度好评；而有些译者具有英语专业的学历却无扎实的翻译知识和技能，还有些译者虽经过翻译专业的培训，却因知识面欠广或责任心不强，译出的"产品"不合格，出现不少错译或误译，有时仅仅是一个小小的误译却给委托方造成无可挽回的巨大经济损失。这就引出了社会性的翻译实践批评和经验交流的必要性，研究者针对种种翻译"问题"从自己的认识角度出发，指出问题的性质，提供解决问题的对策与方法。当然，就算是在整体质量都较高的译作中也难免出现一些值得商榷或有待完善的典型翻译问题，也会引出一些经验交流性探讨，以求将译文提升到一个更加完美的程度。也就是说，译文没有最好，只有更好，故翻译实践批评或经验交流的过程就是不断追求完美的过程。翻译实践批评或经验交流研究离不开经验感性（操作技法和理据等）认识和经验理性（原则或标准等）认识，这些认识一般都必须形成特定的主题性文章才能在有关期刊发表，或被接受在一些翻译研讨会上宣讲，其目的就是在一个更广的翻译研究共同体内得到共识，或征求专家同仁的意见，或引出商榷性的观点，从宏观理论和微观技术理论层面对社会性、广延性的翻译实践进行指导，以防止类似错译或误译问题继续出现在社会性的译文中。同时，这些公开发表的经验交流性研究成果，不仅能为翻译专业或方向的学生提供举一反三、触类旁通性的借鉴参考，而且为商务翻译系统理论研究提供客观基础。

　　翻译实践经验交流的主体间性具有一定的学术研究价值，不同译者主体之间的经验感性认识的交流或碰撞，能将不同译者的主观能动性激发出来，共同探讨某个或某些特定翻译现象，以期获得比较理想的译文。尽管译者主体面对复杂的翻译现象都有其认识上的局限性，但通过交流有助于深究问题的成因、认识问题的性质和获得解决问题的多维视角。某主体 A 所提出的译文自认为是较好的，但主体 B 能发现其中问题，并进一步提供较佳的译文来。也有可能另一主体 C 又认为主体 B 的译文存在"问题"，提出不同的看法，而且能提出更佳的译文来。总之，主体间性的经验研究交流是学术群体之间针对某个或某些译文质量问题表达自己的观点或看法，其出发点都是为了完善译文，共享经验成果。这种主体间性的经验交流常见于一些翻译批评或商榷性文章，针对出版物或一些翻译研究文章中译文的选词择义、句法结构、信息结构、语言习惯等提出批评和改译，这种经验交流可分为"译文纠错＋完善式"和"对策方法兼顾＋译文完善式"两大类型。"译文纠错式"经验研究交流的特点是，研究者指出问题，然后提供自己的译文后就点到为止，未能继续深入上升到理论层面讨论。

　　商务翻译经验研究中有许多值得相互交流的案例，不同译者可能从不同维度审视不同译文，或各有优点，各有长处，其宗旨就是从思维方式上探讨如何更进一步完善译文，上升为经验感性或理性认识，以期获得译界共识。但最重要的是译者们精益求精的态度和主客观相统一的理据性，既要实事求是地指出问题的存在及其观点，又要客观地说明各种影响因素和可能的接受效果，同时又要能提供更为可行的改译。如公司简介的撰写及其语言文字是一大特色，五花八门，各行其是，缺乏统一的行业规范。究其原因，就是这些简介有不少是由中文系毕业的公司秘书撰写的，其使用的文字内容和句式结构无疑烙上了时代的烙印和个性特征，其中不乏政治性的豪言壮语。在翻译时就要考虑英语受众的目的—需求特征和特定的接受心理，如许建忠（2002）提出的"轻化、淡化、虚化、简化"，以及周领顺（2005）提出的"淡化豪言壮语"，等等，都具有积极的参考意义，对商务翻译中译者主体性发挥也提供了理据。

二、翻译理论研究概述

（一）中国翻译理论发展概况

中国历史上曾经出现过三次翻译高潮：东汉至唐末的佛经翻译、明末清初的科技翻译和鸦片战争至五四的西学翻译。

东汉末年从月氏国来华的著名僧人支谦，是中国第一个探讨翻译理论和方法的人。他的《法句经序》是我国第一篇论及翻译的文献，涉及翻译原则，先要求"名物不同，传实不易"，再要求"因循本旨"，"实且径达"，主张译经"当令易晓，勿失厥义，是则为善"。据钱钟书考证，严复的"信、达、雅"三字，皆已见此。道安提出了著名的"五失本，三不易"的翻译理论，"五失本"指的是：①梵文倒置，译时须改从汉文法；②梵经术质，汉文华丽，为了接受，不得不略加润饰；③梵经同一意义，反复多次，不得不删削；④梵经结束时，要重述一遍，译时删去；⑤梵文说完某事，重述后再说其他，译时删掉重复。"三不易"指的是：①用当时的骈文译古代梵文，难得恰当；②古人的精微哲理，后人难以会通；③后人以今度古，任意揣测，随意翻译，难得正确。

鸠摩罗什在道安的理论基础上创立了意译派，是守国第一个全面主张意译的人，主张翻译不违原文本意，但对原文形式不必复制，只要能存其本，就不妨"依实出华"。

玄类反对鸠摩罗什的意译方法，改用直译兼意译的方法，以信为本，兼顾其他，确切表达佛经的原意，用近乎白话的文体译经，他提出的翻译标准后人归纳为"既须求直，又须合俗"，实为后世信达之先驱。此外，他还制定了音译的"五不翻"原则：佛经密语要音译；佛典的多义词要音译；无相应概念的词要音译；沿用约定的古译；为避免语义失真用音译。

两汉至明初翻译有"三多三少"的特点：独立翻译的多，合作翻译的少；外译中的多，中译外的少；编译译述的多，全文翻译的少。

1629年，明朝徐光启受命创设历局修历，这是我国历史上的第一个科学翻译机构，结束了此前无组织的个人翻译阶段，徐光启与李之藻、李天经及一些耶酥会士共同编译了西方天文学的历书图表等。

清末林则徐组织编译《澳门日报》，组织摘译《反鸦片论》，组织翻译国际法书籍，组织编译《四洲志》。1984年魏源写成的《海国图志》，其绝大部分的内容来自编译材料。

19 世纪初，传教士也在中国创办翻译机构，如"墨海书馆"，这是外国传教士在我国创办最早、影响较大的翻译出版机构，设于 1843 年。

　　出于外交的需要，清末创立了为清朝政府培养外交翻译官员的同文馆。出于洋务的需要，清朝政府还为近代军工产业配备了相应的翻译出版机构，其中最有名的是江南制造局翻译馆，著名的科学翻译家徐寿和华衡芳是制造局翻译馆的倡议者和创建者，该馆聘请过不少外籍翻译家。另一个较大的翻译机构是江楚编译局，建于 1901 年，设于武昌，张之洞主其局务。1896 年，清朝礼部在《议复整顿各省书院折》中，将翻译人才培养课程分为六科：经学、史学、舆地学、掌故、算学和译学。八国联军入京，同文馆并入大学堂，一度易名为翻译科，后更名为"译学馆"。

　　清朝末年，中国的外交官员、政府派赴国外考察和游历的官员以及自费出同考察人员和应邀外访学者，均曾奉命和主动收集并翻译一些国外有关的书刊资料。同时，清朝政府开始向国外派送留学生，许多人回国后成为中外翻译的主力军。如严复 1876 年受派赴英留学，学习军事，但他在国外兼顾西方哲学、社会学、进化论、法律、经济学等社会科学，回国后为中国译介了大量的国外社会科学文献。译论方面，严复将变通的艺术用以极致，成了变译集大成者。

　　1897 年梁启超撰《论论书》，指出译书的"二蔽"："徇华文而矢西义"，"徇西文而梗华读"，并提出对策："凡译书者，将使人深知其意，苟其意靡失，虽取其文而删增之，颠倒之，未为害也"，要求译者"条分缕析，庶易晓畅，省读者心力"。

　　民国时期，留学欧美日的学生纷纷回国，他们都是兼通中文、外文和科学知识的最佳译才，如杨杏佛、王普、马君武、周建人、张资平、王国维、鲁迅、王云五、丁西林、郑振铎等，其中不少人自发创立了早期的科学社团，几乎都把翻译外国科学书籍、统一译名及编纂学科词典作为活动内容之一：而留学法、德、苏人员中不少人译介了大量的马列著作，推动了中国革命的进程和社会科学事业的发展，如王一飞、刘仁静、任弼时、沈雁冰、李大钊、李达、李介三、张闻天、柳直荀、翟秋白、恽代英等一大批知名人士。民同政府设立了正规的图书编译机构，从 20 世纪 20 年代起教育部和大学院筹备并附设了国立编译馆，成为当时中国编译活动的主力军。

　　抗日战争和解放战争时期，中共中央为了外交开始做出努力。1940 年，在延安开办外语学校，为了新中国的建立开始着手培养大批的外交人才和翻译人才。解放战争时期，为了迎接全国的解放，在华北解放区成立外事学校，并将外事学校和华北大学二部外语系合并为现在的北京外国语大学。共产党在国统区和解放区均有自己的出版机构，翻译出版了大量的马列主义著作及其他科学著作。社会主义现代化的新时期，我国又出现了一次翻译高潮，为中国推行改革开放，走社会主义现代化强国之路提供了契机。这次翻译高潮不论在规模上还是在范围上，都前所未有地对我国社会发展作出了巨大的贡献。信息时代和市场经济，决定了这次翻译高潮最突出的特点是：信息量更庞大、涵盖面更广泛、题材体裁更丰富、理论研究更活跃。前三次翻译高潮都是外文译入中文为主，而这一次将逐渐改变中国在翻译上的"入超"地位，从而也对所有翻译工作者提出了更高的标准和要求。

（二）近代西方翻译理论发展概况

1. 西方翻译简史

公元前约 3000 年，古车亚述帝国出现了正式的文宁翻译，译者把国王的法令、宗旨翻译给庶民。公元前 3 世纪末至 1 世纪初，是希腊和古代欧洲科学史的黄金时代，也是人类历史上第一次翻译高潮，这一时期建立的亚历山大里亚科学文化中心大量吸收了东方的文化遗产。公元 1 世纪，罗马大量翻译希腊化时期的各种著作是人类历史上又一次较大规模的翻译活动。9 世纪中叶，阿拉伯帝国统治者专门设立了"智慧之馆"，鼓励阿拉伯学者直接翻译古希腊典籍及印度的科学著作，吸收小国科技精华，这是继盛唐佛经译场之后世界上最大的翻译机构，形成了中古时期世界翻译史上的又一个高潮。小古后期，《圣经》于 14 世纪首先译成英语，15 世纪译成德语，后来译成其他欧洲语言，对欧洲社会生活产生了广泛而深远的影响。中世纪的翻译主要为宗教势力把持，翻译思想受到禁锢。文艺复兴时期，翻译活动大增，译论研究向前迈进了一大步。20 世纪前后，人类社会的政治生活发生了巨变，20 世纪成了信息时代，也成了翻译世纪。1945 年联合国成立，英、法、中、俄、西、阿六种语言作为联合国工作语言，在此聚集了成千上万名翻译工作者，联合国可谓是"翻译之家"。据联合国教科文组织统计，从 40 年代末到 70 年代初，世界范围内科技译文的数量就增加了 4～5 倍，80 年代初为各机构工作的译者近 2000 人。在信息爆炸时代，各国都组织了大规模的翻译活动，国力的竞争实际上已经变成了信息获取与利用的竞争。

语言方面，从希腊语分化山来的古希腊文产生了罗马文，即古代拉丁语。18 世纪以前，欧洲外交普通使用拉丁文，中国与其他国家交往时也是使用拉丁文。随着法兰西、意人利、西班牙、葡萄牙等民族与国家的形成，中世纪后半叶原来各地使用的拉丁口语均与地方方言结合，形成了正式的法语、意语、西语和葡语。从东希腊文脱胎出来的拜占庭文字，后来则分化成英语、德语、俄语等。英语在外交上的地位逐步提高，几乎全世界通用。但在正式外交事务和谈判中，各国仍然使用本国语言，因此，翻译仍然是必不可少的。

2. 西方译论发展

译论方面，西方最早的翻译理论家是公元前1世纪的两塞罗，他说："我所注意的并不是字当句对，而是保留语言的风格和力量"，他主张翻译不应拘泥于原文语词，而应注重原文的思想，坚持不可逐字死译而要符合译文的语言规则与特性；其后，奥古斯丁提出详经要注重读者；第一个系统阐述翻译理论的法国学者艾蒂安·多莱，则提出了翻译五原则：理解原著内容，通晓原语和译语，避免逐字对译，采用通俗形式，讲求整体效应。

18世纪是西方翻译理论的重要发展时期，其中最具时代成就的有英国的坎贝尔和泰特勒。坎贝尔认为好翻译有三条原则：正确传达原意、遵守译语特点的同时尽量传达原作的风格、译文如原文自然易懂；泰特勒发表《论翻译的原则》一文，主要论述世界作品的翻译，也提出翻译三原则；译作应完整地再现原作内容、译作风格应与原作相同、译作应如原作自然流畅。泰特勒的《论翻译的原则》被认为是西方翻译史上第一篇较为完善的翻译理论文章。

而译学的奠基之作是1953年苏联语言学家、翻译学家费道罗夫的《翻译理论概要》，这是当代第一部专论翻译科学的理论性著作，首次阐明了可译性与确切性原则。

20世纪60年代最有影响的译论著作有1964年法国乔治·穆南的《翻译理论问题》和1965年英国卡持福德的《翻译的语言学理论》，前者运用结构主义语言学理论，分析了翻译的语言障碍，揭示了与翻译活动密切相关的词汇结构化、句法和语境、语言符号的蕴涵意义、言语交际行为、语言与人类文化的共性等问题，对可译性理论进行了系统而深入的阐述；后者从语言学和概率论角度，首次从系统功能语法角度，围绕"对等"概念，探讨了翻译的性质、类型、方法、条件和限度等问题，并运用层次、范畴以及阶级等语言学概念来论述语际转换的根据，认为翻译实践的核心问题是寻找对等成分，对行文对等与形式对应、形式关系与上下文关系、翻译的层次转换和范畴转换以及语言与文化的可译限度等作了深入分析，所提出的翻译的语言综合情境模式以翻译的所指功能或叙事功能为出发点，注重双语的同义替换与逻辑联系，具有很高的实用价值，运用了翻译理论研究的新途径。

1964年和1969年美国翻译学家奈达先后出版了两部代表性著作《翻译科学

探索》和《翻译理论与实践》，从语言的交际功能出发，将乔姆斯基的转换生成语法应用于翻译理论研究，试图建立最有效、最科学的三阶段翻译转换模式：①将源语句子简化为意义最清楚的核心句；②翻译核心句；③将译语核心句转换成译语表层句子。他明确提山了"动态对等"的翻译观，其核心是认为翻译应是"最接近原文的、自然的信息对等"，后来又修订为"功能对等"，并肯定这种对等必须以读者反应为据，其翻译风格的选用主要取决于读者的要求。

20世纪70年代中期至今，两方译界形成了如下主要的翻译学流派："多元系统"学派、"描写"学派、文化学派、"综合"学派、"解构"学派、"后殖民主义"学派等。其中文化学派的代表人物是英国人巴斯奈特和比利时人勒弗维，1990年，他们合编了《翻译、历史与文化》一书，提出了"翻译的文化学转向"口号，他们特别强调文化在翻译中的地位以及翻译对于文化的意义，指出翻译的目的是使译文在译语文化中起到原文在源语文化中同样的功能。而"解构"学派，则认为文本意义并不确定，不存在"核心"或"深层结构"，极力提倡异化翻译，认为这是对民族中心主义、种族主义、文化自恋主义和文化帝国主义的一种抵制；"后殖民主义"学派呼吁后殖民地的人民要正视"翻译话语权"问题的严重性，认为传统译学关于对原作忠实的观点阻碍了翻译理论去思考译本的力量。[①]

三、翻译理论的局限性与特点

翻译理论追求是系统性的理论建构，只有系统性才能从宏观到微观层面，从不同维度和深度逐渐揭示翻译客体的属性特征，深究实践对象的本质特征，全面认识改变实践客体的对策与方法。因而，"理论就是概括地反映现实对象的本质和规律性的概念和命题（原理）体系"[②]。将其有关理论的特点概述如下：

（1）理论是人们的思维对现实的一种反映，以语言概念、数学公式、图表等符号形式作表征和交流。

（2）理论是以概念、命题（原理）假说等形式所构成的有机体系，是系统化了的理性认识和知识体系，或是经过一定实践检验或逻辑证明的真命题体系。

（3）作为一个有机概念、命题（原理）系统，总是在某个具体的科学家的思维中，在他进行研究的某个具体历史环境中实现出来的，是精神实体，有其客观

① 安岩．商务英语语用翻译简论［M］．北京：中国社会科学出版社，2016：3.
② 彭漪涟．逻辑范畴论［M］．上海：华东师范大学出版社，2000：246.

基础。

（4）作为一定历史时期人类思维创造出来的精神实体，受到历史的制约和影响，总只能是历史地发展的，不能将其视为对对象的终极解释，并将其视为最终确立了的科学真理。

从历史发展的角度看，翻译理论具有实证性与扬弃性的特点。一个真正的科学理论必须能在实践和科学实验中得到证实或证伪。翻译理论基于实践，是对实践对象本质或规律的反映和认识，应在众多的群体实践中检验其正确的程度性。宏观层次的理论阐释应能在微观层次得到论证，微观层次的理论也应能给予相应的印证。理论的扬弃性要求实践主体对于理论中那些滞后的方面和因素加以改造、扬弃，做到吐故纳新，在实践中结合理论去发现一系列新的事实并且能自觉地保持其互动性，在不断反馈调节中使理论避免僵化和停滞。

从翻译理论的形态特征看，翻译理论概念讲求简明性和有效性：简明性是指理论概念的高度抽象和概括性，在表述形式上又具有简洁易懂的特点，如"信、达、雅""忠实""通顺""神似""化境""等效""等值""异化""归化"等；此外，理论概念的定义与表征也需简明性。所谓有效性是指理论概念所具有的理论职能的"度"，在特定范围内在多大程度上体现出其理论特性，理论的有效性具有相对性特征，对理论概念论域内事物的本质或规律的解释或说明具有效度性。理论概念具有自身的说明性和规约性所界定的范围和典型对象，超出自身所辖的范围，其理论的有效解释性则大大降低，甚至失效。如翻译的"神似"理论概念的有效性限于对文学作品中那些刻画人物外在形貌和内在情感活动，以及描写矛盾关系冲突等情节性场景的翻译对策，而对于一般性的语句翻译则无所谓"神似"可言；"等效"的有效性常见于文本中那些特殊表现形式或具有不同修辞审美功能的语言形式的翻译对策，超出了典型的语言现象，其理论概念的效度性则大打折扣，甚至不具有有效性。这就是为什么这些概念都受到过各种批评，从而引出翻译理论的局限性问题。

翻译理论的局限性特征主要体现在散论式的理论认识形成的概念。由于理论需要概念来表征，而概念又是对事物本质的反映，一旦形成概念就成了静态的观念构成，其概念的内涵规定性指向的可能是特定事物的某种本质特征，而并非全部。这是因为事物是发展变化的，人们的认识也随着认识工具和科学理论技术的发展而发展，因而特定的翻译理论概念也就暴露出其局限性。如传统理论概念中的"忠实"或取"信"作为一般原则一方面被人们所遵循，另一方面又由于翻译中的艺术创造性、译者主体性的发挥，使得人们对这两个原则概念的规约性及其合理性产生了质疑，提出要摒弃这些理论概念。那么，如何辨证地看待传统理论的局限性及其有效性，就需要从理论范畴体系建构上予以深化认识，对传统理论概念进行重构，赋予新的内涵规定。

四、商务翻译理论研究的目的与方法论

商务翻译理论研究的目的在于：一是从商务翻译实践或事实出发，通过经验总结上升为理论感性认识，并力求将理论普遍原理化、学科理论综合化，化理论为知识，化理论为方法。翻译理论本身不提供认识论和方法论，也不提供阐释视角，理论研究必须从相邻相关学科或交叉学科理论中寻求和吸收可行的理论资源，拓展认识论维度，如从语义学、语用学、语篇语言学、认知语言学、价值哲学、实践哲学等学科理论中吸收部分基础性理论概念：概念特征、内涵与外延、定义、前提、预设、蕴涵、种属、命题、范畴、属性、语用含意、含意推导、上下义关系、整体—部分关系、最佳关联、认知图式等。其方法论意义在于：在以特定概念或观念去解释或规范现实时，该概念或观念也就转化为方法。"方法的实质就是从一定角度、模型或框架（概念）出发进行的分析与综合，一切方法都只是这种分析与综合的特殊表现或特殊运用"（刘永富）。商务翻译属于应用翻译研究的范畴，研究的内容既有共性，又有殊性，其共性涉及普遍理念知识，包括原则、准则、规则、技法、主/客意识、价值、需求、目的、动机、策略、意图、认知、意识形态、主体（间）性、区间性规律等；其殊性涉及专门知识，包括文本类型、题材、体裁、主题、语言、文化、意义、形式、风格、关系、属性、结构、特征、连贯、语境、变异等。

商务翻译学研究的方法论就是运用辨证唯物主义的方法论以及相关相邻学科理论知识，通过对研究对象的直观和本质直观的洞察，进行比较、分析、综合、抽象、概括、归纳、演绎、阐释等，在各范畴内提升出能反映客体本质特征与规律并且具有指导意义的概念系统。"原则"是由人们社会实践活动的目的性决定的，是其价值观的体现，反映着客观事物的意义和作用；是人们对自己活动的目的和手段要从总的方向、前提和条件上加以规约的一种倾向性陈述，或者说是一种为一定社会群体所接受的"公理"，其形成过程是以人们公认的道理为依据进行推论的一种抽象过程，其特点是"坚持着固定的规定性和各种规定性之间彼此的差别"。理论与实践研究的统一是商务翻译研究追求的目标，脱离了具体形态的商务翻译实践就没了理论基础和依据，没有基础和依据的理论则是空洞无效的，或者说是没有方向和目标的理论。

第二章 商务英语翻译与文化差异

翻译是两种语言、文化之间的信息传达，不同的民族承载着不同的文化。商务英语翻译是翻译中的重要组成部分，也是跨文化交际的一种重要形式。了解文化差异是能够确保翻译准确的前提条件，翻译者能够忠实传达不同语言中所蕴含的不同文化信息有助于商务活动的顺利进行。

第一节 文化、语言与翻译的关系

一、文化与意义

（一）文化与意义相关概述

文化翻译的任务不是翻译文化，而是翻译承载或蕴含着文化信息的意义。意义始终是我们关注的中心：一般说来，它既是我们的出发点，又是我们的目的地。

根据这个前提，我们可以从两个维度来审视文化意义：宏观文化意义和微观文化意义；也可以从两个维度出发，将文化翻译分为广义文化翻译与狭义文化翻译。宏观的、广义的文化翻译涵盖承载一切文化信息的意义转换，其中包括语法意义。我们的理据是：语言本身是文化符号系统，其组织规律就是语法。语法规律（及范畴）具有语法意义，如动词的时、体、态、语气，代词的格、数、性，形容词的缀都是有意的，翻译时不能忽视它们的语法意义；还有些语用规律诸如主语与谓语的定位、形合与意合等，此类手段所涉及的语言文化异质性问题也与意义和意义表现式密切相关。语法意义的可译性限度很大。问题在于：可译性限度虽然很大（如印欧语某些人称代词和若干名词的性、格、数等是汉语中所没有的），但既然有意义，译者就不能熟视无睹。这里涉及两种异质性很明显的语法体系，二者各有其语法信息表达的独特方式或手段，因此可以在表达方式和手段上想办法。例如英语语法体系和汉语语法体系，就是两个不同的语言文化信息体系，蕴含两种不同形态的语法意义，这两个不同形态的意义系统之间的对应手段和方式转换就是广义的文化翻译。这时，我们采取的途径通常是以词汇手段替代形态手段，或者相反。正如雅可布逊说的：

If some grammstical category is absent in a given langusge , its meaning may be translated into this language by lexical means⋯

As Boas neatly observed, the grammatical pattern of a language（as opposed to its lexical stock ）determines those aspects of each experience that must be expressed in the given languague: "We have to choose between these aspects, and one or the other must be chosen. "

根据雅氏及其引述的鲍阿斯（F. Boas，1938）的见解，语法意义与词汇意义相对。人们可以选择词汇手段来表达自己的经验（意义），也可以选择语法手段来达到同样的目的。可见语法意义不仅在理解中起着思维组织者的作用，在表达上也大有文章，不能弃之不顾。因此，它是文化翻译不应回避的问题。但必须指出，它只是广义的文化翻译，其实质是个功能问题。

狭义的文化翻译是我们议论得最多的，指文化矩阵中各层次反映在语言中的意义，集中于词汇、词组、句子、语段（句子的有组织集结）、风格和语言文化心理等层面中。本书中所谓的意义，既关注这些层面中狭义的文化意义，也不忽视语法层面广义的文化意义——道理很简单，语法通常是意义的规约者、制约者，也是语言异质性的体现者。

总之，意义是语言中较复杂的问题，因此理所当然地成为语言学和翻译学关注的核心问题。归根结底，文化翻译研究必须围绕意义问题展开。

（二）文化意义的宏观视角：广义文化翻译

按上文所述前提，从大的方面说，意义有两个文化维度：宏观维度和微观维度，也可以说广义的文化意义和狭义的文化意义。先从宏观视角探访广义文化意义的双语转换问题。由于这方面的问题太广泛，只能择要而谈。

人类语言都有共性，语法都有共性，共性也就是同质性（homogeneity），这是问题的一面。另一面是异质性（heterogeneity）。由于文化母体不同，语言都表现出异质性，因此语言异质性问题的本质是语言文化问题。下面选择两个比较突出的议题来论述：一是汉语的主语异质性，另一个是虚词的语言文化功能转换问题。

1. 汉语的主语异质性：话题性

汉语的主语表现独树一帜，是汉语非常突出的语言文化特征。

首先是汉语主语的话题性远比它的施事性（或主语的使役性）广泛。试分析下列句子：

（1）李大妈死了四只鸡。（TR/TC）

（2）海水不可斗量。（TR/TC）

例子中"李大妈"和"海水"都没有施事性，与行为（动词）"死"和"量"无关：（1）中"死"的是"鸡"（鸡死了）；（2）中"量"的施事是隐含性逻辑主语"人"，"斗"在逻辑上是"用斗"，即表示方式或工具的状语词组中的宾语。与此类似的句子极多，如："村里死了人""一张床睡两个人""两个月挣七千元"等，这些句子的共性是：①（主位部分的）主语具有突出的话题性，它只是一个话题（T），而不是具备施事功能，但却统领全句，可见是信息中心；②逻辑主语隐含或被置于动词之后，形成了逻辑上的 VS 式，成了一个述题（rheme 或 comment），即表述成分，表述与话题有关的事。在说汉语的人的语言文化心理中个，言者关注的中心（话题）应该先表达出来（处于主体 thematic position），使听着一目（一听）了然，让述题在后面自然相接，形成 TR（theme＋rheme）两段式，这才符合"重意"而"不重形"的思维方式。而英语是"重形"的，英语句法 SV/SVO/SVO1O2/SVA/SVC 等都恪守以 SV 做主轴的形式程式原则，所以说汉语是以话题占优势的话题型（TR/TC）语言，英语是主谓型（SV）语言。以上（1）、（2）句英译后都从 TR 型变成了 SV 型：

（1）Four of Aunt Li's chickens died.（SV）

（2）The sea cannot be measured with a bushel.（SVA）

　　Sea water is immeasurable.（SVC）

主语话题化有极鲜明的文化意义，话题句在汉语中源远流长。楚文学中有很多例子。所以中国语法学界又将前者（T）称为"大主语"，后者（R/C）称为"小主语"，表面看来，两个主语是平起平坐，其实"大主语"是上位，"小主语"是下位。这都是汉语句法的异质性语言文化特征。这一特征在《离骚》中又有变体，但话题性实质仍是一样的。

（1）伏清白以死直兮，固前圣之所厚。

（2）忽驰骛以追逐兮，非余心之所急。

（3）謇吾法夫前修兮，非世俗之所服。

（4）不量凿而正枘兮，固前修以菹醢，

（5）鸷鸟之不群兮，自前世而固然。

（1）至（5）句中上段都是话题（T），下段都是述题（R/C），所以仍是 TR/TC 句式。汉语话题主语的语言文化特征可以设法反映在目的语中，有造诣的翻译家大都勉力为之。

汉语话题主语优势的文化意义是：第一，反映了以汉语作母语的人的文化心理：以说话者心目中的议题为信息交流中心，而不必首先顾及句子的形式程式，这就是说，主体意识的先导性可以超越形式程式的规约性；第二，这样就形成了以汉语作母语的人的思维方式特征：意念的主轴性。从汉语的宾语特征也可以看出汉语意念主轴的句法构形作用（"我吃大碗，你吃小碗"，吃的逻辑宾语应该是大碗、小碗中的内容，而不是碗本身）；第三，"话题述题"式（TR/TC）结构是二元（二项）并列（和合），反映了中国人的思维方式和风格，即二元和合之美；如天地（天大地大）、长短（三长两短）、东西（东成西就）、东山再起（东山＋再起）、立竿见影（立竿＋见影）、有情人终成眷属（有情人＋终成眷属）等。以上几点翻译语言审美都不应掉以轻心。

2. 汉语句法结构异质性：虚词的语言文化功能

汉语的句法结构机制独树一帜：在形态语言（inflectional language）中认为必不可少的句法形态变化或形式部件（如 be，being，been；have，having，had 等）在汉语中基本上是没有的，而代之以为数极有限的虚词。汉语句法结构就是凭借这些为数极有限的虚词，变化多端，左右逢源，变出了在形态语言中起句法结构功能作用的几乎所有的形式，包括语法范畴和句法序列。以《离骚》为例：屈原共写了 372 句，几乎每句都有一个虚字，从而使《离骚》句式散文化，对后世影响极深。除了"兮"字外，用得最多的虚词共 9 个。

通过对《离骚》的统计发现，"之"用得最多，其中 87 句属于标准用法，11 句属于变异用法；"其" 41 句，其中 33 句属于标准用法，8 句为该词的变异用法。以下各词的标准用法与变异用法之间的比例如下："以"：75 比 2；"而"：68 比 3；"于"：9 比 0；"乎"：11 比 5；"夫"：9 比 11；"此"：10 比 2；"与" 5 比 3。可见屈原的原则是以传承为主，创新辅之。这种态度也是很值得推崇的。

3. 英语句法形态的严谨性和规范性

英语语言文字也独树一帜。英语语法最突出的语言文化特征是它的句法形态（syntactic forms）的多样性、严谨性和规范性。多样性主要表现为形态手段和词汇手段并用、语序和语义并重。严谨、规范的具体表现如下：

第一，恪守动词语法范畴规范，时、体、态、数等均见之于形，而且一丝不苟。

第二，恪守句子的句法单元分布形式规范；S、V、O、A、C各单元分布均有形迹可寻，SV（主语加谓语动词）的提挈机制贯彻到每一句。

第三，恪守语段中的各级、各类应接手段（cohesive devices/ties）的用法规范，主、从层级分明，类属标志清晰可辨。

第四，恪守在严谨性、规范性的前提下的灵活性原则，同时又维护了句式配列和变化的开放性原则，始有英语文风的斗艳争芳。

英语以上四个语言文化基本特征表现在几乎每一个有造诣的英美作家的作品中。例如：James Joyce 的短篇小说《初恋》（Araby 中的一段）。

《初恋》不是作者的重要作品，但从英语语言文化特征的视角来看可以使我们认识到：作为以创新和变异闻名于世的作家，James Joyce 又具有非常严谨规范的一面。就像一位绘画大师，他那变幻莫测的潇洒风格原来——而且必须——建立在功笔精微的素描功底之上。这一点是不容我们误解或忽视的。

按照上面提到的雅可布逊的论述，我们必须在英汉转换中将原语段《初恋》中的英语语法范畴以汉语的词汇手段（助词、副词、关联词组等）表达出来；同时又有很多形态手段汉译时可以不作任何转换而略去。

由此可以明确：①英语语法范畴不仅具有"虚"的结构意义，而且也具有"实"的词汇意义；②凡是英语用形态手段体现语法范畴的地方，在不具备形态手段的语言（如汉语）中大抵可以用词汇手段取而代之。可见形态手段与词汇手段之间的区别只在于语言文化特征有异，不存在优劣之别。譬如，从上例可以看到，汉语中不存在"一般时态"，也不必用什么词汇手段来表示"一般现在时"和"一般过去时"，却仍然不会引起说汉语的人误解，而英语就必须一板一眼地标出时间段（借助时态）来，这就是语言文化心理差异。时态是汉英语言文化心理差异外化为结构差异的典型例证之一，而且几乎无处不显露出来。

广义的语言文化意义涵盖全部语言文字、语音和语法特征，内容非常广泛。本书取论纲体式，难尽其意，但求凸显要旨。实际上，任何一种语言的语言文化特征都是广义的语言文化特征和狭义的语言文化特征的"整合"（整体性结合）。苏轼有两句话可以概括汉语整个语言文化特征："出新意于法度之中，寄妙理于豪放之外"（《苏轼文集》卷七十）。叶斯帕森在论述英语时说，英语是一种理性化程度很高的语言，英语具有的是一种"阳刚之美"（"masculinity"，转引自 E. Patridge 著，*The World of Words*, Section 3, Chapt. I）。按苏、叶之说来看汉英双语的语言文化特征，也正体现宏观与微观的整体性结合。

（三）文化意义的微观视角：狭义文化翻译

文化意义的微观视角审视，就是在语言宏观结构的各语法范畴所蕴含的语法意义之外专注于词、词组、句、句段的表层、中介层及深层（文化心理）所蕴含的文化意义。可见，这种审视虽然是"微观"的，但其范围却很广，又深及心理层，"微观"只是相对于"宏观"而言。微观视角中的文化意义是我们的研究重点。下面将讨论文化意义获得的四种方式：映射、投射、折射和影射。

1. 映射

"映射"（reflecting）也可以称为"反映"或"映象"（mirroring），"象"生成于"映"。映射是词语获得文化意义最基本的方式，能比较直接地借助物象反映或勾绘出实体指称，可见相对直接性（directness）是映射的基本特征，也就是东汉许慎所说的"画成其物"，例如汉字中的"弓""刀""书"（书写）等字：古代的"弓"字就是大体按实物物象作出的提示性描绘书写式，"刀""书"是勾绘书写式。这种方式的局限性也在于此。映射成象，以象（象形）出字（符号）；在中国的"六书"中称为"象形"（pictograph）。许慎解释"象形"时说："象形者，画成其物，随体诘诎，日、月是也"（《说文解字·叙》）。"画成其物"指"弓""刀"是文化物象；"随体诘拙"主要指日、月、马、鸟等，都是些自然物象的大体勾结，不是文化物象词语（文化词语）。古汉语文化物象词语集中于《尔雅》后十六篇，其中有相当一部分象形词，它们的文化意义足以映射方式将文化意义"映"在字（词）上。这是从词源学来分析（etymological analysis），实际上今天的汉字已经很难看出来了。以映射获得文化意义说明符号的任意性是相对的，映射可以提供相当强的提示性文化意义（文化物象），如古代的皿、鼎、彤（古代的一种祭祀）；更多的自然物象词语，如森、手、心等也具有提示性自然物象意义。英语词汇系统（包括文化词汇和通义词汇）中不存在映射式获得的文化意义。

2. 投射

"投射"（projection）或称"投影"，已基本上或完全摆脱了文化物象，不是在"形"而只是在"意"的层面上进行非直接的文化意义投射（在"音"的层面也有投射，使之携带文化信息，但一般没有意义承载）。这是语言获得文化意义的主要方式之一。所谓"投射"指文化群体、地域、人种、阶层、种性（caste）、职业等的文化特征、特色或特异性（特质）间接作用于语言各层级使之产生"文化着色"（cultural colouring）（Massella, 1988）。文化可以通过投射对语音、语法、词汇产生广泛的"着色效应"，使之携带文化信息。我们先从语音谈起。以英语语音为例，美国黑人英语音位具有明显的文化特色，如"th"的发音在 the，then，that，those 等词中很接近（d），"th"在词尾时（如在 with，birth，both，fruth 中）又发作了（f）另一个音位是"r"。词尾音节中的"r"常被略去，于是 during 成了 duing，star 成了 sta。"r"在美国英语中的发音带有显著的文化特征，以下是社会语言学家拉波夫（W. Labov）所作的一次广为人知的调查。拉氏于 20 世纪 90 年代中期选择纽约曼哈顿区三家不同等级的百货公司作"r"的发音调查，结果如下：

"Labov 第一图"是按三家商店的等级分，如图 2-1 所示。

图中的 Saks 是一家高级商店；Macy's 是一家中级商店，S. Klein 是一家下层人士商店。

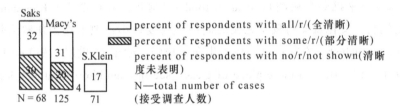

图 2-1　Labov 第一图

"Labov 第二图"是按三家商店中的职业群体分，如图 2-2 所示。

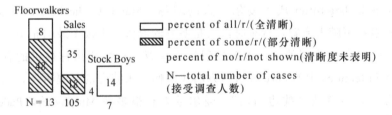

图 2-2　Labov 第二图

上述二图均表明：社会文化层级（在纽约曼哈顿地区）越高，发"r"的次数越多，清晰度越高。说明文化背景作用于语音使之产生文化着色。文字手段接受文化系统的投射而产生文化意义（语势）。

英美文艺作品在正式文件中常常出现斜体的拉丁文、希腊文、希伯来文、法文、荷兰文甚至东方语文拼音调语（如 yen 可能来自汉语的"瘾"，have a yen for 对……上了瘾；Alnaschar 阿拉伯文拼音，人名，Alnaschar's dream 意思是"如意算盘") 以增强文化语势。即便是英语，也可以借助文字形体（拼写式）之变增添文化着色，如爱尔兰和苏格兰英语、美国黑人英语等。

词语组合是文化意义投射的主要形式，词组也是文化意义最主要的内容载体之一，这是因为投射既可以相当接近文化物象或非文化物象（指称），也可能与物象或指称有相当的距离（distance）或曰"疏离度"（distancing）。这是文化意义附着于词语呈现出不同方式的关键，因此，"疏离度"是一个关键词。

映射表示文化意义的获得是以物象与词语最贴近的方式完成的，意在勾绘或描写"镜中物"。投射就不同了：不同之处在"疏离度"。疏离产生的文化意义与词语的基本概念之间若即若离：恰如光影投射到容载屏上时可能很清晰、完整，也可能不太清晰、不太完整，尽管影像都发自光源。以下例子表示疏离度很小，若即若离中"即"明显大于"离"：wall have ears（隔墙有耳：法国王后 Catherine deMedicis，1519—1589 年，建造 Louver 宫时在墙上安装了偷听装置，果然窃听到很多国家机要和秘闻）；cannon fodder（炮灰：源自德语）Kanonenfutter，futter 是饲料，文化意义与概念意义之间的疏离度很小：把士兵当作喂大炮的料草）；see through sb（看穿；这一成语生命力极强，始于 16 世纪，如 Ben Johnson 在 1599 年写道：He is a mere piece of glass，see through him…Cynthia's Revels），等等。

投射与映射二者的疏离度，前者远远大于后者，但投射性文化意义还是可以从字面分析出来。以下是文化意义投射于词语容载体的例子：bogtrotter，bog 是沼泽，特指"爱尔兰沼泽"，trot 是"走"，trotter 是"走过……的人"。爱尔兰多沼泽，所以 bogtrotter 成了爱尔兰人的俗称。March to the beat of a different drummer 意指不随大流者，行军时击鼓是西方的习俗，不按军鼓的拍节声走的人肯定是一个不随波逐流的人。很多投射性文化意义产生于指称提供的有趣的联想：curtain lectures 中的 curtain 指西方旧式床帏，床帏内的叮嘱再三，当然非妇道莫属了，可以译成"枕边训话"。爱尔兰人有很多姓 Murphy 的，Paddy 则是 Padrig 或 Padrick 的昵称，这样一来，as Irish as Paddy Murphy's pig（或 as Irish pigs Shudekill market，W. Hzalitt）意思就清楚了："地地道道的爱尔兰人"，上面提到 bog 是爱尔兰沼泽，因此，straight from the bog 意思也一样："货真价实的爱尔兰人（或物）"。投射性文化意义都比较容易从字面联想到指称，从指称析出有文化着色的概念的文化内涵。一般地说，投射的疏离度都不大：有文化着色，但仍不失明晓。

3. 折射

折射（refracting）的疏离度又大于投射的疏离度：由折射产生的文化意义已相当曲折，不易从字面分析出来，大抵需凭透视推衍、引申、演绎、点化等手段曲折地析义。例如爱尔兰人将素质上乘的男孩子叫作 broth of a boy，broth 是肉汤，肉汤富于营养，相当于"靓汤"。"靓汤童子"素质上佳。许多折射性文化意义产生于引申或典故，由典故衍生出比喻义。如爱尔兰英语中有一个引申性成语 paddy wagon，paddy 来源于爱尔兰人的常用名 Padrick，常用于泛指爱尔兰人，因为爱尔兰人的后裔在美国有不少人当警察，于是警察用的囚车就被称为 paddy wagon。有些词语的文化意义既来自比喻，又源于典故。the ghost walks 一语有人解释为"有钱使得鬼能行"，这是望文生义，其实意思比这更曲折、复杂，典出莎士比亚的 Hamlet，该剧中有"幽灵行走"，就是 ghost walks 的指称意义，但文化意义却是"发放薪金"。19 世纪英国（一说是在英国的曼彻斯特）某莎剧团一连几周欠发演员薪水，演员正酝酿罢演。酝酿中戏演到该幽灵行走的时候，扮幽灵的演员在舞台一侧喊道："No，I'm damned if the ghost walks any more until our salaries are paid。"（呸！不给我们发饷我他妈的让鬼魂现身才怪）。The World Book Dictionary（以下略称 WBD）举了一个例句：This is the day the ghost walks，相当于"今日发薪"或"今日出粮"。绝大多数的汉英形象比喻词组（成语、俗语）都有文化折射意义，如"死马当活马医""一竹杆打翻一船人""keep up with the Jones"，等等，难以数计。

4. 影射

影射（insinuating）的意思最隐晦，疏离度最大，意思指代和文化蕴含不明确，不知道文化底蕴的根本不知道在说什么。这时，所看到的文化表层的含义和深层的文化涵义就会相去甚远；它可以包含各种各样的情绪或态度，如蔑视、嘲弄、嘲笑、敌意、夸张等，模糊地，常常以非常规的方式表达，让人们觉得知其然不知其所以然，可见其疏离度之大。英语中大量存在着反映英国人对爱尔兰及苏格兰的负面心态的词语组合。

从映射到影射表明了文化意义附着于本义的一个疏离度递增的过程。一般来说，文化意义越偏离本义就越向心理层次倾斜。这时表现式就越值得译者掌握好分寸，在用词上多加推敲。

（四）文化意义的特征

文化意义是意义的文化维度，文化维度中的意义具有不同于一般意义的特征。

1. 文化意义的人文性

词（词组）的概念意义不一定具有文化意义，但是所有的概念意义都可以通过人文化（humanization）而获得文化意义。所谓人文化就是语言使用：人可以通过使用语言给不具有文化意义的词语蕴含文化意义。文化意义是由语言使用者赋予的，这是文化意义很重要的基本特征，符合维根斯坦关于"意义即使用"的观点（wittgenstein，1953）。

我们在讨论语言中文化信息分布时说过，语言中有许多词本身就是文化词语，它们的概念意义具有文化意义，这就是说，它们所蕴含的文化意义也就是它们的指称。例如某一个词（字）可能是文化现象或象征符号（如汉字"弓""刀"等）。在大多数情况下，词的文化意义并不是具象指称，而是某种观念或概念，可以称为观念指称（ideational reference）：它们都是非具象指称。在特定的情况下，语言使用者可以赋予非文化物象（非人文物象）以文化意义，这时，起作用的机制是文化心理。语言中的人名、地名、国家名等的文化意义就是这样产生的。

文化心理可能将非人文物象（概念）人文化，使之具有文化内涵，即 enculturalization（或 humanization）。专名的意义大抵得之于此。这里可能牵涉到一个"原汁原味"的构成因素问题，翻译时不容掉以轻心。"可译"或"不可译"容当后论。

在文艺作品中通过自然物象（现象）的人文化而获得文化意义的例子几乎比比皆是。James Joye 在他的自传体小说《青年艺术家肖像》中曾不断地提到大海和海鸟这两个动态形象，就是将二者从非人文物象推向人文物象，从而使前者含蕴了文化意义：爱尔兰是一个岛，终年有海鸟环飞。很明显，作家在这里寄寓了乡土情和萦思梦。

这是非常优美的自然景物人文化、意象化文化意义表现。这部小说中很多意识流技巧在其中已初露端倪。

2. 文化意义的动态性

文化意义的另一个基本特征是它的动态性。有一种误解认为语言的文化意义是静态的、不变的。这种误解的根源是将文化与意义"脱钩"引致的。

使用中的语言的意义永远是动态的,因为话语是一种行为(act,wittgenstein,1953),它伴随意向而获得一种语势(force),奥斯丁(J. L. Austin)称之为意向性语势(illocutionary force)。就意义本身而言,它可能是静态的(如字典中的词义),一旦由人来使用,意义就被赋予了意向,被赋予了一种动态性(或曰能动性),那就是语势,所以语势也是将意义人文化的结果。为说明这种动势,奥斯丁将意向性话语语句称为"实施性话语"(performative utterances)。

我们先从最粗浅的例子说起。常言说"水火无情","水"、"火"都是自然物态,是非文化词语,一旦它们进入下面这个句子,"水"与"火"不仅立即被人文化(水与火似乎马上成了人的敌人),而且立即被赋予了一种意向性,即意义动态性:"不要大意,水火无情啊!"这种意义动态性必定处在某种人文环境中,就称之为文化语势。

文化语势通常产生于两种机制。第一,转变或转换机制:在大多情况下是人文环境的转变以及在特定的人文环境下的话语(篇章)情景转变、话题转变、情态转变、句法结构转换、词语语用转换、语种(双语或多语)转换、文体或风格转变等引起的。语势(force)的获得一般不是在静态环境下无缘无故地产生的:事态或事物发展过程中产生某种转变或转换才能蓄积、集聚某种 force。第二,推进或发展机制:即在话语(篇章)铺叙或陈述过程中词语意义获得了新的文化意义动势。

话语发展也可以赋予原本平淡无奇的词语以强式文化语势。这是因为特定词语的意义在特定的文化环境下一步一步地累积了本来是无足轻重或模棱两可或根本不大明白的语义。

这里还有另外一个问题需要注意。这个问题涉及文化意义在使用中的内涵迁变现象,即双语转换中同一文化词语的指称在外语中不一定相同。(能指)的同一并不等于指称(所指)的同一,反过来也一样:引起变异的理据就是文化,不同文化可以使同一概念的文化符号的指称(所指)并不相同(如中国古代的弓与现代运动场上的弓,形状其实很不一样);或指称(所指)相同,实质不同。例如,汉语的"酱"不一定都是英语的 sauce,"酱"可以是 sauce,也可以是 paste;而英语的 sauce,也可以是汉语中的"油",如"蚝油"就是。oyster sauce 而不是 oyster oil,但是,"酱油"的"油"英语又不是 sauce,而是 soy。另外,咖喱酱和番茄酱在汉语中都是酱,而英语只有咖喱酱才是 paste(curry paste),番茄酱成了 catsup(tomato ketchup)了。语言文化与思维方式密切相连。汉语意义相对地重摹状累积;英语相对地重推衍重建。上例说的食用"酱"这个概念,英语缺少一个累积式概括词。汉语重"观物取象"，而且是"具象"，重"因物赋形"、"因形见义"，形象机制对汉语语言文字系统构建始终起着重要作用。英语是拼音文字，音位机制（功能）功过一切。由于重形与象，汉语语言文字在与义结合时的稳固性、执着性和不变性就比依仗音位的语言强得多。例如"闻"，汉语中的指涉可以累积耳（耳闻）、目（见闻）、鼻（闻其味）三种感官经验，这在英语中是不行。

3. 文化意义的层级性

文化意义之所以比较复杂，原因之一是它有层级性，而这个层级性又有三层意思。第一层意思是意义是一个多维结构，而这个结构又可以一分为二：通义词语的意义是一个层级，如山川日月、春夏秋冬（但四季的划分及节气定名，如秋分、冬至等则是人的文化行为）；文化词语的意义又是另一个层级，如亲（亲属）官（政制）器乐、衣食工耕等，这是体物类；还有阴阳五行、仁义礼智等，这是抽象类。这一层级划分是从名物的视角从理论上探讨文化辩义的类属性。

第二层意思是按语言中的文化信息分布，我们可以将文化意义分为物质形态层、典章制度层、行为习俗层、心智活动层四个大的层级。它们由表及里，从而形成一个层级性的结构短阵，这个层级划分有利于我们既从宏观的视角来审视及观照文化意义，又从微观的视角来分析及透视语言文化意义的内在格局。这种层级划分的理论意义是探究语言文化信息分布的结构性。

第三层意思是从理论上剖析词语获得文化意义的层级性方式，中心问题是"疏离度"。文化意义附着于词语或者说词语获得（或蕴含）文化意义的方式并不是如出一辙，有的与本义的疏离度大，有的与本义的疏离度很小及至于无。文化词语的文化意义获得的"疏离度递增模式"如图 2-3 所示。

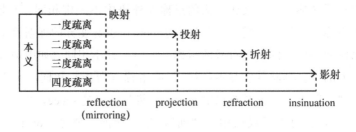

图 2-3 "文化意义获得"的疏离度（distancing）

"文化意义获得"从一度疏离（映射）到四度疏离（影射）是一个逐步脱离本义的梯式过程。这种剖析大大有利于我们研究文化翻译的对策性和表现法，有利于提高我们的文化翻译实践的质量。

文化意义的多维探索（视角、获得方式、特征）是文化翻译的外围课题，也可以说是基础性课题。我们之所以这样从外围到中心一步一步，目的在于贯彻"必先知之，而后治之"的学问之道。主体的盲目性（或半盲目性）也许是 20 世纪翻译实践的通病，也是翻译理论研究很大的缺陷。这里所谓主体的盲目性指：

第一，主体对本身的职能及职责缺乏清晰、全面的了解：首先，它与客体（原文文本）互为依存，不具有超越客体可容性［文本的具体"实在"reality)］的凌驾性，因此，单凭主体的悟性或主观认识制定主体的行为标准（所谓"翻译标准"）是不符合翻译科学的实际的。其次，客体可容性（文本的具体"实在"）的关键是意义，因此，应该对意义作深入系统的研究，翻译学应该有自己的意义理论和理解（文本解读）理论。当然，在保证上述二项的前提下，主体享有最大限度的、充分的酌情权。

第二，主体的盲目性还表现为"文化意识"薄弱，具体而言，包括未能充分认识到文化意义在"文本实在"中的存在形式以及它是如何产生的，我们又应如何把握它；未能充分认识到文化意义的特征，终致未能充分认识到全面把握文化的意义和途径，表现策略更是缺乏。

为此，我们有必要就第二点为一个世纪的实践和研究作一个总结，为的是巩固我们已取得的成绩、找出差距、为新世纪的征途跨出扎扎实实的一步。

二、语言的定义及其与文化的关系

语言是一个具有丰富内涵的概念，包括语音、词汇、语法等重要元素，在诸要素中，词汇是语言的主要元素，是语言的基础，甚至可以说是语言最重要的基础之一。另外，语言不是孤立存在的，它与人们创造的文化密切相关，作为语言重要元素的词语，自然也和文化有着最为密切的关系。这主要表现在词语本身直接反映了多姿多彩的文化；词语意义烙上了深深的民族文化的印记；词语的形式结构因素受到民族文化的深刻影响。语言的词汇忠实地反映了它所服务的文化。

（一）语言的定义

在人类历史发展的过程中，语言是一直存在的一种现象，语言是人与人之间交流的一种工具，语言的发展是人类文明发展的重要体现。另外，语言与人大脑中的思维有着密切的联系，是思维的一种工具，语言可以传达思想，使抽象的思维得以实现。正是由于语言的存在，人类与动物的界限愈加明显，人类的社会生活才能有序进行。

不同的民族和国家有着不同的语言形式，但是，从语言的结构上来说，不同的语言又是有着一致性：语言是集语音、词汇、语法为一个整体的结构体系，其中，语音是语言的物质外壳，词汇是语言构成的建筑材料，语法是语言内部结构的组成规则。

由于语言区域、民族的差异性，不同的学者对语言的认识不同。比如，美国著名的语言学家萨丕尔（Edward Sapire）关于语言的定义：语言是纯粹人为的、非本能的，凭自觉地制造出来的符号系统来传达概念、情绪和欲望的方法。它是一种文化功能，不是一种生活遗传功能。

《辞海·语言文字》与萨丕尔从不同的认识视角出发来论述语言定义，体现出其不同的研究对象和范围。

语言的定义可分为广义和狭义。从广义上来讲，语言是指人类用来交际、互通信息的所有的符号系统。可以说语言本身也属于文化范畴。从狭义上来说，语言是人类用于交流、表达的重要工具，也是文化传播的重要载体；同时，语言也是一种符号系统，可以用来谱写人类的发展史和文化史。

需要注意的是，从不同的角度可以有不同的关于语言的定义，但是，语言和文化的关系是任何定义都不可避免的。

（二）语言与文化

从语言的丰富内涵来看，语言作为一种社会现象，与文化有着密不可分的关系。语言是文化的一种形式，语言可以反映区域、民族的社会文化；文化需要以语言为载体进行传播，文化也可以影响语言现象的发展。

从整体上来说，语言是文化产生和发展的关键，同时又是文化存在的重要标志，语言是文化的一种形式，文化也是语言的另一种存在方式，语言和文化是相互影响、相伴发展的。文化的发展在很大程度上是依赖于语言和文字的，文化的产生离不开语言和文字的运用；文化的发展也是受语言和文字的发展影响的；文化的永存不朽也是得益于文字的记录功能和语言的蕴含作用。另外，语言和文字具有最大的包容性：物质文化、制度文化、精神文化，人类所有的生产、创造、教育等文化活动要靠语言记录、表达；语言可以以文字的形式被记录下来，具有历史的永久性和稳固性，语言中蕴含着人类的知识经验和各种文化活动，并使它们能够代代流传下去。总的来说，语言文字是历史的活化石。通过语言文字可了解考察历史、追溯历史文化的踪迹。

文化是语言的底座，没有文化，语言也就不可能存在。语言的地位无论怎样重要，但它毕竟是精神文化的一部分，语言在其产生、变化和发展中一直受到文化的制约和影响。是人类的文化创造活动产生了语言，没有人类起源过程所创造的原始文化，就不可能有原始的语言。文化是人类独创的，文化和人是同生同长的。语言文字和文化的关系因此至为密切，两者具有共生性和互依性。语言文字是一个民族的文化结晶，语言文字在文化中生存、贮存、留传。一个民族过去的文化依靠其语言文字流传，未来的文化也仰仗着它来推进。

可见，二者是密不可分的，下面对这二者的关系做具体阐述。

1. 文化因素对语言的影响

（1）文化因素是制约语言运用的决定性因素。

语言的运用会受到很多因素的制约，其中文化因素是决定性因素。语境是语言生成和理解的前提条件，而文化就是语境的最主要部分。文化的决定性作用可以避免语言实际运用中的很多问题，如语言误解、语言冒犯、语言无礼等，主要表现在以下两个方面。

第一，不同文化背景对语言的制约。如使用汉语的两个朋友见面常会说："上哪里去了呀？"或者"你去哪里了？"，在中国人眼中，这充其量也就是简单的问候语，表示关怀；但是用英语则会翻译成"Where are you going?"或者"Where have you been?"，这会让外国人感觉很不舒服，因为他们会认为你的问题侵犯了他们的隐私权，他们有权利选择回答或不回答，甚至他们还可能气愤地说："这不关你的事情"。可见，文化对于不同背景的实际语言运用来说多么重要。

第二，相同文化背景对语言的影响。在汉语中虽然有着相同的文化背景，但是也存在着语言的差异性，尤其体现在名讳上，如嫦娥，原名恒娥，为了避讳汉文帝而进行了修改，这样的例子在古代的名讳中有很多。

（2）文化因素是语言词汇象征意义的来源。

词汇是语言的基本结构，每一个词汇都有其自身的概念，而一种语言中所蕴含的词汇往往会反映出这个语言所在民族的文化环境。可以说，词汇对人类认识客观世界以及赋予人类世界的意义而言非常重要。词汇的意义分为概念意义和比喻意义。概念意义也称为"本义"，能够反映客观事物的特征；而所谓比喻意义，也可以称为"指称意义""引申意义"或者"象征意义"，这种象征意义的存在主要就是源于文化存在。由于各个民族文化的差异性，导致对待同一种事物而产生的认识也会存在差异甚至截然相反。例如，中国的"龙"和英语的 dragon，在中国，龙是尊贵、威严的象征，如"中国龙"、"龙凤呈祥"、"龙的传人"、"望子成龙"等，但是在西方，dragon 被认为是邪恶的，也被认为是相互争斗的根源，可见不同的文化代表的词汇意义也不相同。

（3）文化因素是语言形成和发展的基础。

文化因素是语言形成和发展的基础，没有文化，语言就不会存在。著名人类学家、语言学家萨丕尔在他的《语言论》（Language, 1985）一书中指出，语言是不能脱离文化而独自存在的，也不能脱离整个社会延续下来。语言在很多层面都会显示出文化因素，如句法结构、谋篇布局、词汇意义等，可以说，语言其实是文化的行为。

从中西方文化的对比中也可以体现出这一点。对于中国人而言，考虑任何事情、说任何话都需要依靠综合性思维，这就需要领悟能力；而对于西方人而言，主要以分析性思维作为主导，因此比较侧重理性。两种思维方式的差异导致汉语重意合而英语重形合。具体来说，就是中国人注重意念，重视直觉的效果，只要能够准确表达出意思，词语的形式可以不计较，这就是汉语的重意合。英语国家认为清晰合理的思想是由词语和句子决定的，只要句法完整，那么要表达的思想肯定也是完整的。所有这些都是由于中西方特有的文化背景和地理环境的差异造成的。

2. 语言对文化的作用

从本质上来说，语言是文化独特而重要的部分，也是文化的产物，因此语言实际上承担着文化的功能，主要有以下两种表现。

（1）语言对文化的影响作用。

对语言影响文化的论述不得不提及形成于 20 世纪 50 年代的"萨丕尔—沃尔夫假说"（Sapir—Whorf Hypothesis），这一假说自提出之日就颇受争议，主要包含两个层面的解释。

第一，语言相对论。

语言相对论也叫"弱势理解"，是指语言反映着人的态度、思维方式以及信念等。这和决定论相比就弱化了很多，语言不再起决定作用而是影响作用。因此，如果语言不同，那么它的思维方式也会存在着某些差异。

这一假说引发了很大的争议，支持者和反对者都提出了相关的证据，但关于这一假说的正确性至今也没有一个权威的说法。随着人们对语言学研究的不断深入，现今已经没有多少人可以完全接受"语言决定思维方式"这一思想。对于"语言影响思维方式"这一论调则受到很多国内外学者的追捧。总而言之，我们既不能完全接受这一假说，又不能全盘否定其正确性，我们可以探讨的是这一假说在某种程度上的准确性。

第二，语言决定论。

语言决定论也叫"强势理解"，是指语言决定着人的态度、思维方式以及信念等。如果语言不同，那么思维方式也就完全不同。

（2）语言对文化的反映作用。

语言是一种记录、表达的符号，它可以表达人们的态度、思维、信念、认识等，可见语言反映文化，这种反映主要体现在生存环境、风俗习惯、宗教文化以及民族心理上，下面对这四点进行着重介绍。

第一，语言反映生存环境的作用。文化的产生和受生存环境的影响，这是不争的事实。不同的生存环境造就了不同的地域文化，反映在语言上就是有不同的表达形式，并且这些表达形式是固定的。从宏观上来说，这些生存环境主要包含物质环境、地理环境、自然环境等，具体来说则包含海洋、船舶、动植物、气候、天气以及物产资源。

第二，语言反映民族心理的作用。语言是文化的载体，自然也是民族文化的载体，它可以反映民族心理。民族心理主要包含伦理道德、价值观等。在中国的伦理道德中比较重视亲属关系，尤其是对亲属关系的称谓特别注重，如汉语中的"嫂子"是指兄长的妻子，而且将长嫂比作母亲，表达对"嫂子"的尊重。但是英语用 sister-in-law 来对其进行翻译，实际上这是不对等的，因为英语中的 sister-in-law 兼有"嫂子"和"弟媳"两个意思，这便可以看出英语国家往往从法律程度上来看待亲属关系的民族心理。

第三，语言反映宗教文化的作用。宗教是文化的一种特殊形态，也是文化价值体系的内部核心，从宗教层面上来说，不同的语言能够表达所在文化的宗教观念，而且不同的宗教也会表达不同的文化，也能够反映出不同的文化背景和文化特点。例如，汉语国家主要信奉佛教，汉语语言中便有很多与佛相关的表达形式，如"佛是金妆，人是衣妆""拣佛烧香""放下屠刀，立地成佛""长斋礼佛"等。欧美国家以信奉基督教为主，而且基督教在社会生活中扮演着极为重要的角色，如《圣经》的语言和文体都反映了当时的社会文化。

第四，语言反映风俗习惯的作用。风俗习惯是特定群体在社会文化内共同创造和遵守的行为规范，简单来说就是一种社会文化的现象。这些风俗习惯主要体现在礼仪、生活方式、婚姻传统、习惯、信仰、迷信等。例如，英国人很注重场合，什么场合穿什么衣服，用什么样的礼节，这方面就非常看重，而中国就很随便。在表达上，中国人很看重自己的面子问题，并且非常在意自己在别人心中的形象，选择的语言也是非常谨慎的；而对美国人来说，这些都不太看重，他们总是习惯直率表达自身的观点和看法。

（三）词汇与文化

"实际上如同岩石中的化石一样，词中包含着最初形成语言并使用该语言的那个社会的思想和知识。如果人们能够通过比较的方法弄清它们的原始意义的话，人们将会知道产生这些词语的社会特点以及它们所表达的文明程度。古生物学家再现地球上古代动物生活的能力一点也不亚于语言学家再现以往被人们忘记的社团生活情况的能力。如果化石碎块能向人们讲述绝灭了的世界历史的话，那么只言片语也能向人们揭示古代社会各种斗争的情景，以及各种早已绝灭了的不同的观点和信念。"

——A. H. 索约《语言科学导论》

语言有三大要素，即语音、词汇和语法。语音是语言的外在表现形式，语法是语言的建筑规则，而词汇则是语言的要素，是语言的建筑材料。建筑业中盖楼房需要建筑材料，语言中如果没有词汇作为建筑材料，语言是不可想象的。没有词汇，哪有语言？词汇的性质和作用是：词汇是语言的建筑材料，是语言不可或缺的三个组成部分之一。

在语言的诸要素中，语音指的是语言的声音，是语言的物质外壳，承载着一定的语言意义；语法是语言的组合原则和规律，包括词法和句法两个方面；词汇在所有的语言系统中都占有很大比例，是词语的总和，其中，词语和文化的关系最为密切。一方面，词语反映文化，主要有两种形式，一种是词语对多姿多彩文化的直接反映；另一种是词语的意义带有民族文化的印记，间接地反映着社会文化。另一方面，文化对词语的影响最明显，不断发展的文化不仅可以影响词语的结构和形式，而且影响甚至决定了词语的产生、发展和消亡过程。总之，文化对语言词语的影响，或是说词语对文化的反映都是多方面的。正如萨丕尔在《语言论》中所说的：语言的词汇忠实地反映了它所服务的文化。举例来说，"皇后、皇贵妃、妃、嫔、贵人"等词的出现，很明显地反映了中国古代的宫廷文化；但是在英国却没有这样的词语，原因在于英国是一个按照爵位划分等级的君主制国家，英国的这种文化背景决定了英国的语言中有相对应的反映爵位名称的词语，比如 marquis（侯爵）、earl（伯爵）、viscount（子爵）、duke（公爵）及 baron（男爵）等。

（四）语言与文字

自从有社会存在的时候起，就有语言存在。语言是人类社会最重要的交际工具，战斗武器。但是，语言稍纵即逝，不能传于异地，留于异时。因此，社会发展到一定的阶段，就创造了文字，用文字来补助语言的不足。文字是记录语言的符号，把语言巩固在书面形式里。

1. 相同点

文字和语言的关系非常密切，二者有相同的地方。

第一，语言和文字都是人们重要的交际工具。

人们要把自己的思想告诉别人，可以用语言说出来，也可以写出来；说出来的和写出来的，即口语和书面语，同样都可以"交流思想，达到互相了解"。可见语言和文字都是作为人类的交际工具而为社会服务的。人类社会有了语言，又有了文字，就可以把生产斗争、阶级斗争和科学实验记载下来，流传开去。这样就对人类社会的进步、发展，起着很大的推动作用。

语言和文字一样，都不是上层建筑。上层建筑是随着基础的产生而产生，改变而改变的。在这一点上，语言、文字和上层建筑不同。拿汉字来说，汉字的形体在历史上有过好几次大的发展变化，例如从秦朝到汉朝的四百多年中，汉字的形体发展变化了三次，即从大篆发展为小篆，从小篆发展为隶书，又从隶书发展为楷书。而当时的经济基础并没有经过三次的改变。

总之，语言表达思想，但不等于思想，文字记载文化，也不等于文化。语言和文字不是上层建筑，不是随着经济基础的产生而产生，改变而改变的。语言、文字是许多时代的产物，是通过各个时代而日益丰富精炼起来的。

第二，语言和文字一样，都没有阶级性。

语言和文字是作为交际工具而为人类社会服务的，谁只要学会一种语言，学会一种文字，谁就可以使用这种语言、文字来表达思想，进行交际。语言、文字可以满足社会上一切成员的需要，既可以替统治阶级服务，也可以为被统治阶级服务。历代封建王朝，他们用语言、文字宣传封建道德，统治人民。但是，历代的农民运动，也同样用语言、文字宣传革命道理，反抗统治阶级。又如，解放前，汉语、汉字为半封建半殖民地的旧中国服务；解放后，汉语、汉字同样为社会主义的新中国服务。可见，语言和文字一样，是没有阶级性的。语言和文字没有阶级性，但是，各个阶级对语言和文字，并不是漠不关心的，他们极力利用语言、文字为自己的阶级利益服务。关于这一点，表现在文字方面尤其显著。文字是人民群众创造的，而历代统治阶级却利用文字作为统治人民的工具。他们还千方百计地垄断文字，剥夺劳动人民识字的权利。如清朝就明文禁止做理发、浴室等工作的劳动人民及其子弟读书，也不许他们参加科举考试。解放后，党中央十分关怀广大劳动人民识字、学文化，采取简化汉字等一系列措施，以利广大劳动人民以及青少年学习文化知识。

2. 不同点

语言和文字有以上相同的性质，可见二者的关系是非常密切的。但是，它们又有着本质的不同。

第一，从语言和文字产生的历史来看，语言产生的历史要比文字长得多。

从社会存在的时候起就有语言存在，语言是随着社会的产生而产生，发展而发展的。根据考古学、人类学的研究，人类社会的历史至少有一百多万年，也就是说人类社会语言的历史也有一百多万年。而文字的历史比起语言来要短得多，文字是社会发展到一定阶段的产物，"生产往前发展，出现了阶级，出现了文字，出现了国家的萌芽"。世界上古老的文字，如古埃及的象形文字，古巴比伦的楔形文字，中国的甲骨文，最多不过五千年的历史。

第二，语言和文字最本质的区别，就是表现在与思维的关系上。语言离不开思维，思维也离不开语言，语言是人类社会交际和发展必不可少的工具和武器。在这一点上，文字和语言不同，文字不是与思维直接联系的，思维是可以离开文字存在的。例如，在人类社会发展史上，在远古的时候，有很长一段时间，远古人类是只有语言而没有文字的。在今天的世界上，也还有极少数落后的民族，他们还没有自己的文字。新中国成立后，语言工作者才为一些兄弟民族创造了文字。就是在有文字的社会里，也还有不少不识字的人。这些只有语言而不识文字的人，他们同样能进行思维。这就说明文字和语言不同，它不是与思维直接联系的。

当然，有了文字以后，文字对语言的精密、丰富和规范化，起着极大的作用。文字对人类社会的发展、进步也起着极大的推动作用。不过，由于语言、文字和思维的关系不一样，因此，语言的历史发展只有逐渐的变化，从来没有突然的改变。而文字的历史发展，既可以有局部的逐渐的整理、改进，也可以有整个文字体系的彻底改革。世界上文字改革成功的实例是不少的。例如朝鲜先是用汉字，后来进行文字改革，采用了拼音文字。此外，土耳其也曾进行过文字改革。

总之，文字是记录语言的符号，为了让文字能更好地为人们服务，是可以加以改革的。

三、翻译的定义及其与文化的关系

（一）翻译及相关概念阐释

1. 翻译的涵义

从广义的角度看，翻译是指两种语言之间还有语言和非语言的基本信息的代码转换。例如，英语和汉语之间的相互转换，语言和语音、体势语之间的相互转换。

从狭义的角度看，翻译是以克服语言障碍和转变语言的形式来实现意思交流的一种语言手段，是一种语言和另一种语言的相互活动。我们把一种语言所要表达的内容，用另外一种语言的形式给表达出来，是一种形式上的转换，是意义的传递。

从"翻译"的定义来看，翻译即为言语的转换，使读者能够理解。《新华字典》解释为：用一种语文的内容形式依照原来的意义改变成另一种语文的形式；《现代汉语词典》解释为：通过一种语言文字的意义来转化成另一种语言文字并将其意义表达出来。翻译所要表达的基本涵义有两个：一是翻译是以忠实于原作的意义目的来进行的活动，二是翻译是两种语言之间相互转换的活动。

此外，国内还有范仲英教授"翻译是人类交流思想过程中沟通不同语言的桥梁，使通晓不同语言的人能通过原文的重新表达而进行思想交流；是把一种语言（即源语）的信息用另一种语言（即译语）表达出来，使译文读者能得到原作者所表达的思想，得到与原文读者大致相同的感受"的定义①；国外还有费道罗夫的"用一种语言手段忠实、全面地表达另一种语言表达的东西"说，奈达的"在接受语寻找源语信息尽可能接近的、自然的对等话语"说等。所有这些都道出了翻译的本质，即忠实地传达原义。因为语言不仅仅是交流的工具，它还是文化的载体，它本身也有意义。所以把翻译当成一个过滤装置，一经翻译只存意义，滤出语言形式（表达手段）的做法往往会使我们失去很多有价值的东西。极度的归化译法会抹去许多风格、艺术、文化的特征，从而影响译文的真正价值。

---

① 范仲英. 实用翻译教程［M］. 北京：外语教学与研究出版社，1994：13.

2. 翻译的通用标准

关于翻译的标准，确实可谓众说纷坛。其中国内译界流传、遵循最广的翻译标准至今仍应该是清末翻译家严复提出的"信、达、雅"三字说：

信——承用原作内容，取信于读者；

达——详文酣畅地道，为译文读者喜闻乐见；

雅——强调译语包装，增强译文的可读性。

按鲁迅先生所说，翻译就是"给洋鬼子化个妆"，但是"不必剜眼、割鼻"。即是说，翻译只是相当于为外国人融入本国做化妆、变装、换口音甚至教语言的工作。而不论他外表变得多厉害，人总还是原来那个完整的外国人，只是能够融入中国社会，可以与中国人沟通、共鸣了。这实际就从本质上肯定了翻译的第一要义——忠实。细思之，则也还有"达""雅"的意思蕴含在内。此论是笔者比较认可、推崇的简要精当而形象贴切的翻译标准。

3. 翻译审美的原则

关于翻译的原则也有很多论述，这里只想强调两条：一是必须确立翻译审美标准的相对性。不能简单地把一种语系之间的转换规律说成是另外一种语系之间的转换规律。由于语系转换规律具有相对适应性，因此，审美标准也就要具有相对性。比如同一语系之间的双语转换可以容许有较多的模拟式形式美，不同语系间的则应努力探求对应式或重建式的形式美。这点是针对当下理论界的"唯洋派"而说的。

二是必须确立翻译审美标准的依附性。翻译不是创作，不能不顾原文，一味臆造。译者必须选择与原文的审美构成相适应的审美再现手段。这点是针对当下理论界的"译者主体性""译作自创论"而说的。

4. 翻译审美的方法

一是模拟，即按照原文的语言形式美和文章气质美模仿复制译文。

二是对应，要求译者善于捕捉原文模糊性审美构成，还必须对目的语具有较强的审美意识，能在目的语中找到与原文的美相对应的表达方式。

三是重建，是高层次的审美再现手段，前提是审美生体必须充分发自己的审美功能，完全进入化境，才能对原文美重新加以塑造。

（二）异质文化为翻译活动提供可能

翻译与文化的关系从来都是双向的，一方面翻译由以不同的语言为载体的异质文化的存在为翻译活动的发生提供了可能性，因为不同文化背景、操不同语言的人们毕竟有相互沟通、交流的需要。需要产生运动，文化交流的需要催生了翻译活动。这种跨语言、跨文化的沟通和交流若不靠翻译则很难想象能得以完成。另一方面，翻译又参与建构新的文化。若就一个国家、一个民族的文化发展而言，翻译对其施予的影响不可小觑。翻译参与构建目的语文化、丰富和发展目的语文化。任何文化都是一个发展的过程，那为什么中华文化竟能够成为例外呢？这里面是因为翻译在起作用。笔者曾在一篇文章中说过，若拿河流来作比较，中华文化这一条长河，有水满的时候，也有水少的时候，但却从未枯竭。原因就是有新水注入。注入的次数大大小小是颇多的，最大的有两次，一次是从印度来的水，一次是从西方来的水。而这两次的大注入依靠的都是翻译。中华文化之所以能长葆青春，万应灵药就是翻译。翻译之为用大矣哉！在文化转型期，翻译与目的语文化之间的互动关系尤为突出。目的语社会的主流文化或因外族入侵，或因社会发生动荡而面临危机，出现相对意义上的文化真空。外族的优秀文化往往被介绍进来以填补真空，满足目的语社会对新文化的需要。翻译一方面推动了文化转型，而文化转型又从另一方面促进了翻译事业的繁荣。翻译作为一种跨文化的交际活动，自古以来就与文化发展和文化转型结下了不解之缘。

面对霸气的"西方中心论"，如果为了表现抵制，并提出了一个"东方中心论"，又以自高自豪的心态贬低西方文化，否认西方文化，也不是文化交流的态度。多文化共处今天已经成为现实，为了真正实现异质文化对话，交流与融合的形式，参与文化交流必须具有平等相互尊重的基本态度，这是不同的文化形式实现有效的文化交流，实现文化共处繁荣的前提。

（三）"求同存异"的文化交流策略

存在于中西方文化之间"求同存异"的文化交流策略，正好解决了跨文化交流过程中的异质性和沟通之间的矛盾："求同"突破了异域的接受者心理上的预存立场，破除了"异质"的壁垒，给真正异质的文化因素的相互交流铺就了较为平坦的道路；"存异"维护了文化之间的异质性，维护了文化之间的个性特色，丰富了接受者的文化视野。

如果只求同而不存异，就会抹杀异质文化之间的异质性，用一种文化取代另一种文化，用一种文化误读另一种文化；只存异而不求同，只会沦落为文化猎奇，异质因素就将是人们沟通的巨大障碍。因此，只求同而不存异和只存异而不求同这两种跨文化交流的方法都不能实现真正的文化沟通。

翻译者应坚持"非民族中心"的态度，因为这种态度可以更符合文化差异。由于翻译人员处于"原始文本的发起者的关键中心"，并且是消息传递的最终接收者，例如跨越文化界限的人类之间的连接——跨越文化界限的人类之间的联系，应该消除差异造成两种文化差异障碍的文化交流。今天，人类进入新世纪，不同民族和不同文化的和平共处，科技的飞速发展给了我们更多的机会相互交流。我们需要在历史上随时了解对方。为此，我们需要放弃民族中心主义和各种偏见。这样，翻译不仅是语言符号的解码和编码，而且涉及不同文化的交流，旨在促进不同民族之间的相互了解。

（四）翻译的文化功能

1. 翻译促进文化交流

从跨文化的角度看，翻译研究还有许多事情可做。跨文化交流为翻译工作者提供了一个全新的视角，能够使他们站在一个新的高度，从而把翻译研究向前推进。翻译使东西方文化交流成为可能。不幸的是，在中国的文化翻译方面极不平衡，外国文化的翻译数量远大于中国文化的翻译数量，其最简单的原因就在于中国人了解西方远多于西方人了解中国，因此译者有责任振奋精神把更多的中国文化介绍到国外以便让更多的外国人了解中国和中国文化。从这个意义讲，把中国文化介绍到西方世界并不意味着要消除外国文化，而是和外国文化在同一层面上共存。只有这样，翻译工作才能促进东西方民族之间的相互交流。

众所周知，翻译，特别是文学翻译的功能之一是促进文化交流，使人们通过译文了解他的民族文化。这就要求译者不仅要掌握两种语言，还要熟知两种文化，才能达到传播文化的目的。王佐良教授曾断言，不了解语言当中的社会文化，谁也如法真正掌握语言，也就搞不好翻译，因此，译者必须具备文化意识。译者要深入了解使用源语和目的语的人民的过去和现在，即详细了解他们的历史地理、哲学思想、宗教信仰、风俗习惯、思维方式、价值观念、政治经济、文学艺术等，并把两种文化加以比较，从而增强自身的文化敏感性，避免文化内涵的误译和缺失。

其实，作为一个第三世界国家，中国对于平等的要求更为强烈，反应也极为敏感。中国翻译界反文化霸权主义的体现就是翻译中由来已久的反归化倾向，只不过没有用反霸权主义这一名词而已，而且广大中国译者的实际行为也表明多数中国译者是反文化霸权主义的。

文本的功能也应在广泛的社会背景下进行审查，也就是文本如何检视文化语境的社会和社会功能。翻译使目标文化显示源语言文化，所以可以说翻译目标文化的影响深远。人们如何获取关于异国文化的知识？如何知道异国文化与自己的文化有所不同？人们可以来到外国文化，或者读外国文化背景下的原文，以获取有关外国文化的知识。除此之外，人们也可以通过这种方式来获得有关外国文化的知识。翻译最重要的作用是形成文化认同，翻译对外来文化建设有深远的影响。文本的翻译应该关注他人的文化和文化的完整性，试图通过对异国文化的整体描述来展示异域文化生活的整体情况，让读者"沉浸式"去理解现象，通过自己的文化来观察和理解他们的文化体系和意义体系。翻译者应该像旅行者和探险家一样，真实地说是异域文化生活的整体记录。例如，你看到龙是龙，而不是老虎或独角兽，你看到的是红色是红色，不是说绿色或什么颜色。谦虚地理解当地人的眼中的龙和红色的意义，对方的符号和充满尊重和敬畏的象征体系，而不是用自己的文化词汇来建立别人的生存经验，以取代别人说话。可以看出，翻译在将外国文化翻译成目标文化读者方面起着至关重要的作用。

翻译史的研究表明，翻译对促进不同民族之间的文化交流和建构异质文化方面有着十分重要的作用。中国的"五四"运动见证了前所未有的大规模的外国作品和西方作品的翻译，而这些作品大部分都是以现代白话文翻译的，其语法和句法结构都极大地受到西方语言的影响，因而现代汉语在表现形式上不可避免地在某种程度上都表现出异国情调。同理，广泛地把中国作品翻译到西方，语言也极大地帮助了西方读者了解中国文化。

2. 翻译促进文学创新

翻译激发了文学创作的革新和实验。翻译文学在中国文化中占有极为显著的地位。中国文学的发展受到外国文学文体极大的影响，清朝末期文学的显著特征就是大量介绍和翻译了西方小说，而翻译小说包括政治小说、历史小说和社会小说等。大规模地翻译西方小说的一个结果就是小说成了现代中国文学十分流行的文学文体，其地位从边缘走向中心，其社会功能受到显著的重视。实际上，小说对中国的社会和政治进步都起着极为重要的作用，其中科幻小说和侦探小说的引进填补了中国文学的空白，满足了中国读者的知识需求，同时有助于传播科技知识和破除封建迷信。正是通过各种文体的相互渗透和影响，一个地区或一个国家的文学创作才得以丰富和发展并获得新的形式。一个民族要发展，离不开文化的发展，而文化的发展既要依靠自身的力量，也必须吸纳外来文化，纯粹自给自足的文化是没有生命力的。中外文化发展史表明，翻译是吸收异质文化的重要途径。

翻译应该保留原文的异国情调，并通过与异域文化的接触丰富民族文化。翻译过多会妨碍读者欣赏原始异质文化的翻译，译者应尽量保留原始作品的"风格"。其实在读者阅读心理学的文学翻译中，由于好奇心和冒险阅读动机占据了不小的一部分。人们在阅读过程中，总是喜欢看到一些反传递的背离，这在语言上尤其突出，许多以前的翻译老师认为文字不能直译表达出来，但是这一说法早已被称为"70""80"和"90"的人所颠覆，像过去一样，meet one's Waterloo不能翻译成"遇到某人的滑铁卢"，被翻译成"失败"，born with a silver spoon in one's mouth 不能翻译成"含着银匙出世"，brain storm 不能翻译成"头脑风暴"等，翻译是死的翻译，硬翻译，但打开目前的报纸和网页，我们可以很容易地找到这些表达方式已经被中国原创作品以死亡翻译的形式广泛应用，甚至成为时尚。

第二节　商务翻译文化对比研究

中文和英文本身都具有自身的明显特性，两种语言无论在翻译理论方面还是在翻译实践中，都渗透着各自不同的文化特色。通过对比中国和英语国家语言和文化的不同，我们可以使翻译研究更好地为不同语言和文化地区的人们搭建更好的沟通桥梁。中文和英文的差异除了词型、拼写、发音、语法等不同外，在翻译中更重要的方面是对词、句、篇等的语言文化对比处理，对于一些在特殊领域和具有特定文化内涵的内容，还需要在语用方面进行对比分析。下面我们就从商务英语翻译中的词语、句子、篇章、语用等几方面来简要说明翻译过程中语言和文化因素的影响。

一、词语对比

商务文章中的词语除了具有本民族文化色彩之外，往往具有很强的专业性，一个词语往往有很多不同的意思，在翻译时除了要看一般含义外，还要结合具体商务文化背景来推测其真正含义，同时还要注意目的语的专业性。词语的对比翻译主要遵循的原则是：从词语的字面含义中筛选出符合词语所要表达意思的准确含义，这个含义同时也要符合译入目的语的语言和文化特征。如下面一段话：

It seems that, the more traders try to predict, the more it cannot be done. Just as we cannot predict future life events, we cannot predict future market events. The fantasy or "holy grail" that many traders believe in is that we can predict the future of price activity. The reality is that we just cannot! I hope I am not bursting any bubbles out there, but better to hear it now than lose a ton of money later! (Bennett McDowell, 2005)

参考译文：

一般看来是这样的：交易者越试图预测得更多，那么预测的结果就越不准确。就像我们无法预测未来的生活事件一样，我们也无法预测未来的市场情况。幻想或很多交易者相信"圣杯"①的结果是：我们能够预测价格走势的未来发展方向。现实则恰恰相反，我们做不到。我希望大家不要认为我是在突发奇想，而最好是现在听一听，总比日后失去大量金钱要好些。

（①：根据中世纪传奇，耶稣在最后的晚餐使用的杯子或盘子，后来成为很多武士追寻的对象。这里指神圣器物）

英文中的"holy grail"具有很强的西方文化特色，汉语中没有对应的文化内涵词语相对应，除了按照字面意思翻译成"圣杯"外，还要进行相应处理，如用加注的方式予以解释，这样我们就可以基本理解"圣杯"的含义了。

另外，在翻译教学实践中发现很多学生都将"trader"这个词翻译成"贸易者"或"贸易人员"，这样的译法显然没有注意到该词所处的语言环境，有失汉语专业性。因此翻译时在理解原文词语意思的基础上，要根据具体商务背景来选择合适的汉语词语进行准确的专业性表述也是不可忽视的一个方面。

二、句子对比

英语是一种注重主语的（subject-prominent）语言，它的基本形式是主语和谓语的一致。

这个基本架构的扩展机制，在于从属成分与它的有序挂靠。汉语是注重话题（topic-prominent）的语言，它的主语和谓语不一定具有英语中那种严格的形式关系。因此，在翻译时，我们应该根据英汉句子的语言结构特点对原语言的句子结构进行相应的调整，以符合目的语的结构文化特征。① 句子结构的调整主要是语

---

① 李运兴. 语篇翻译引论 [M]. 北京：中国对外翻译出版公司，2001：150.

序的变化，也就是句子成分和句子之间排列次序的变化。句子的调整还可以是句子成分的变化和增减。如下面的例子就是将英文中的主语翻译成汉语中的动词来处理，当然词义的顺序也必须作相应的调整：

The installation should be commenced as soon as all the remaining problems have been cleared up.

参考译文：

待剩下的问题都解决之后就应立即开始安装。

英汉翻译过程中对句子的处理方式存在很多逻辑上的重组现象。根据篇章中句子的排列特征，可以把篇章中句子结构从空间结构、时间顺序和时空共构三个方面进行划分，下面一句话的翻译就是在空间结构上进行了较大的调整：

Since World War II, the Amencan economy has been on a "throw-away" basis, making shoddy-products that break or wear out quickly on the theory that the sooner a product wears out, the sooner the need for purchase.

参考译文：

按照商品耗损越快消费品就越需要更新的理论，美国在第二次世界大战以后将经济建立在"用过就扔"的基础上，生产出很快就破损的次品。

三、篇章对比

翻译活动所处理的不是一个个孤立的词句，而是由互相关联和制约的词语和句子，为一定的交际目的，按一定的格式，有机地组合在一起的语篇。[①] 实际上语篇的研究主要体现在语篇的结构和语篇的语境研究上。就语篇层面而言，译者必须了解商务领域的行业规范和背景知识，熟悉商务运作各个环节所使用的成套术语和各类商务语篇的表述模式与结构，不说外行话。要确保译文的专业性、整体性、礼貌性，并努力使译文的语气与原文一致，传达相同的功能。[②] 下面是一篇英文商务信函，文章表达简洁明了，句子衔接紧密、连贯紧凑，又不失专业性表述和规范，礼貌得体：

Dear Sirs,

We learn from Thomas H. Pennie of New York that you are producing handmade gloves in a variety of artificial leathers. There is a steady demand here for gloves of

① 李运兴. 语篇翻译引论 ［M］. 北京：中国对外翻译出版公司，2001：19.
② 张新红. 商务英语翻译 ［M］. 北京：高等教育出版社，2003：154.

high quality at moderate prices.

Will you please send us a copy of glove catalogue, with details of your prices and terms of payment? We should find it helpful if you could also supply samples of these gloves.

Yours faithfully,

Tony Smith

与原英文的篇章结构和专业表述一样，下面的译文也展现了相应的汉语商务信函规范和礼貌模式：

尊敬的先生：

我公司从纽约的托马斯·H·彭涅公司处敬悉贵公司生产各类手工制人造皮手套。本地区对中等价位的高品质手套一向有稳定的需求。

请惠寄贵公司的手套目录一份，详述有关价目与付款条件。希望贵公司顺带惠赐样品。

采购部主任

托尼·史密斯

基于中英语言文化的不同，上述译文并不是按照逐字对应的方式翻译的，而是按照中文的商务信函用语把英文的意思完整不漏地表述出来。因此，商务篇章的翻译需要在对比中英不同语言文化的基础上进行。

四、语用对比

翻译研究无论在理论上或实践中都离不开语境和对语境的研究。翻译活动中的语境可以是文化语境，即语篇外的文化背景；情景语境，即源语读者和目的语读者作为共享的语境知识；文本语境，即语篇内的信息内容。[①] 语用学是研究语言使用的科学，无论哪种语用学理论都是以语境为核心研究内容。语用翻译对比研究实际上就是翻译过程中在对比源语言和目的语的各种语境（文化语境、情景语境和文本语境）后所做出的既符合源语言语境又符合目的语语境的目的语优选结果。在英汉商务翻译中对比不同的商务、语言、文化环境，然后总结出符合目的语语言文化的语言，使目的语读者能原汁原味地体会原文的语用目的。如下面一段英文：

Mr. Soros' Quantum fund is reputed to have made a billion dollar profit speculating

---

① 曾文雄. 语用学翻译研究 [M]. 武汉：武汉大学出版社，2007：27—28.

against Sterling during the most recent EMS crisis. The Malaysian national bank, whose then governor isnow otherwise occupied, lost more'than that betting the other way（ironically, Mr. Soros himself admitted to losing $ 600 Mn. in speculation, notably in the Yen, early in 1994）.

这段英文虽然不长，但其中有很多专业术语和特定的文化背景，其中 EMS 在我们的印象中是特快专递，但这里的语境显然不是这个意思，在翻成中文时应该进行说明，以让中国读者明白这个词的确切含义。下面译文就使用了 Leo Hickey（2001：217—232）在他的言后等效翻译理论所提及的翻译过程中的解释（Exegesis）的方法：

索罗斯先生的量子基金就因为在最近 EMS（European Monetary System，欧洲货币体系）危机中投机英镑挣取了数十亿美元而声名鹊起。当时由政府控制现在已改换门庭的马来西亚国家银行却在另一场赌博中输掉了更多的钱（具有讽刺意味的是，索罗斯本人承认在有名的 1994 年日元投机风波中输了 6 亿美元）。

语用翻译的研究涉及语用学的方方面面，如指示语的翻译研究、语用预设的翻译研究、会话含义理论的翻译研究、言语行为理论的翻译研究、礼貌原则的翻译研究、关联理论的翻译研究、适应理论的翻译研究、对比语用学的翻译研究、社会语用学的翻译研究、修辞语用学的翻译研究、跨文化语用学的翻译研究等。无论是什么样的方法，我们在翻译时都应考虑不同语境的存在，根据原文语境来翻译，这样才能不失原文根本含义。

综上所述，中英商务翻译过程中除了考虑词语字面本身所表达的意思之外，还要考虑两种语言在词语、句子、篇章和语用几个方面的语言文化差异，通过语言文化的对比，使翻译过来的目的语充分传达原文本意，以达到读者的要求。

第三节　商务英语翻译的跨文化策略

一、翻译与跨文化传播

（一）从文化到跨文化

理解一种文化，最好的途径似乎还是翻译。中国人民的老朋友——斯诺曾将中国小说选集编译为《活的中国》，当美国大使赞扬这本书的时候，斯诺回答说他从翻译中学到了很多。"也许是太多了，在某些方面不能再认为我是温和的，因为在你深入进行翻译作品的同时，不能不受作品内容的影响而与其共鸣，也许这是一条改变一个'外国记者'对一个国家和它的人民的观点的正确道路"。①

语言之间存在差异，但是语言的背后存在"意义"，翻译就是跨越语言找到"意义"，并在假设人类是可以沟通的，可以意义共享的理论前提下，把意义再现出来，人们跨越不同文化，进行沟通。② 从个人交流的角度而言，文化决定或影响着个人解码和编码、个人信息传递的媒介选择，个人对信息的解读等。交际不仅仅涉及语言选择，也涉及社会特性、思维模式、群体文化等。

似乎最好的学习异文化的方式就是生活在异文化当中，就像是要在游泳中学习游泳，在骑马中学习骑马。但是，并不是生活在异文化的人都可以更好地理解不同的文化。由于不同的人往往具有认识偏见，认为自身文化更加的优越，在文化认同、文化接触时难免具有偏见和狭隘的倾向。而现实情况是，文化的先进与否往往和经济上的先进与否相等同，现实和历史造成了世界上强势的经济带动下的文化的强势、该种文化所使用的语言的强势；而欠发达国家的文化往往处于弱势地位，担心被强势文化所淹没。

随着跨文化交流的不断推进，不同的文化之间的交往越来越频繁和深入。地球正在变得越来越小，正如麦克卢汉所预言的那样，整个地球正在变成一个"村落"；以往主要是以国家为单位的交流主体正在演化为以公司和团体、个体为主体的跨国交流主体，国际传播（international communication）因此正在变成全球传播（global communication）。

冷战后，世界格局的决定因素表现为七大文明或八大文明，即中华文明、日本文明、印度文明、伊斯兰文明、西方文明、东正教文明、拉美文明，还有非洲文明。关于不同文明之间的关系，在20世纪末，有一部曾经很轰动的作品——亨廷顿（Samuel P. Huntington）的《文明的冲突和世界秩序的重建》。亨廷顿自己认为，该书的畅销在于人们正在迫切地需要一个关于世界政治的思维框架，而"文明的冲突"这一模式满足了这个需要。文化要素被提出并受到重视，冷战后的世界，冲突的基本根源不再是意识形态，而是文化方面的差异，主宰全球的将是"文明的冲突"。纵观当今世界的局部战争，特别是9·11以后的伊拉克战争和中东地区的冲突，似乎全球的冲突就表现为文化之间的冲突。

① ［美］约翰·马克斯韦尔·汉密尔顿著．埃德加·斯诺传［M］．沈秦译．北京：学苑出版社，1990：55．

② 单波．跨文化传播的问题与可能性［M］．武汉：武汉大学出版社，2010：42．

与此同时，文明之间的冲突和全球范围内的文化融合并存。随着经济全球化、政治全球化的推进，不同的文化之间的交流和融合的步伐在不断地推进。不用说欧盟国家之间的融合和几大经济圈内部的一体化，整个世界的交往程度正在深化。跨国公司携带其产品和服务、价值观念和管理方法，正闯入世界的各个角落。人们眼睛所顾的四遭，到处是麦当劳的金字拱门、畅饮可口可乐的广告牌、名牌的牛仔裤、全球流行的音乐、好莱坞的大片，等等，以致于不同的国家惊呼美国文化将成为全球文化。法国政府更是强调法语作为母语推广和加强的必要性，并且对本国的文化娱乐产业进行政府的补贴支持。美国的近邻加拿大，也极力反对美国文化的侵蚀，努力保持国家自身文化的独立性。而现实中，在文化导向上，世界上有不少国家和团体的确奉行双重标准：在内部对自己持一种主义，对外对他人却实行另一种主义。这种双重标准决定了无论是文化普遍主义，还是文化特殊主义，以及其他种种，在理论和实践上都是不彻底的、难以贯彻始终的，而且理论的偏执必导致混乱。亨廷顿希望唤起人们对文明冲突的危险性的注意，从而有助于促进整个世界"文明的对话"。

（二）跨文化传播

跨文化传播/交际（intercultural communication）是全球传播的一种形式，它所描述的问题是由于团体中的个人因其具有不同的宗教、社会、种族和教育背景的差异而引发的交际问题，以寻求理解来自不同国家和不同文化的人们是如何行动、如何沟通以及如何认知周遭世界的，简单而言，就是不同文化背景的人们的言及行，以及世界观及思考方式。

跨文化传播根据参与传播活动者的范围可以分为三个层次，即来自不同文化背景的个体、群体或组织、国家之间进行的交流活动。

个体是跨文化交际的主体，在全球化的信息时代，来自不同文化背景的人们不仅仅需要进行短暂的沟通，随着贸易、留学等的需要，短居者（sojourners）需要在寄居国（host country）进行短暂的停留，为了完成工作和学习任务，他们需要进行跨文化适应，任务结束，回到自己国家时，还存在适应调整问题（re-entry adjustment）。旅居他国身处不同文化的跨文化者需要文化适应和调适（acculturation and adjustment），只有克服在不同文化中所带来的不确定性和焦虑，才能在两种文化中成功地生存；大量的移民也带来了语言文化的冲突及适应难题、文化身份的建构问题。这部分是西方跨文化交际研究的重点，研究多着重开展如何提升个人跨文化传播能力的研究，深入到社会学和心理学层面，多采用量化的方式，开展跨文化能力的培训课题或工作室，目的是为了交流以及提高跨文化交流技巧，寻找应对文化适应中的压力方法；寻求克服跨文化交流障碍的方法和途径。跨文化交际大多是旅居异文化中的文化融入，没有切身体会，解决不了实际问题。韩国学者 Young Yun Kim 主要是以韩国移民为研究对象，研究他们在异文化中的融入问题，融入过程中的沟通问题。

群体和组织的跨文化传播多与商业组织相关，随着商业公司的跨国经营和员工的国际化，这些组织不但要在管理中探讨如何管理和激励来自不同文化的员工，更重要的是，如何把他们的产品销售到不同的文化中，从而获取更大的利润。这部分多是跨文化商业管理的研究范畴，但涉及文化部分，也是跨文化学者的研究领域。例如电视节目跨文化交流的特性研究、好莱坞影片的跨文化传播战略等，都是在经济领域中突出的跨文化传播问题。组织层面的跨文化交际侧重对跨文化交流过程中具体问题的实证考察，并在此基础上提出跨文化传播的一定规律。

如果以国家为一个整体，国与国之间的交换就是最高层次的跨文化交流活动了。我国的学者也把交流主体是国家的跨文化信息传递划分为国际传播。[①] 虽然被定义为"穿越国界的传播"，但 20 世纪后期出现的传播和信息技术的进步拓宽了国际传播的空间，"超越了政府和政府之间的传播，而在全球的范围之内融入了商业和商业，以及人与人之间的互动沟通"。[②] 我国研究者比较关注的是国家形象在跨文化交际中的树立，以及在跨文化交际中如何保持自身文化安全。"由于当前国际上存在的对中国的误读，中国在随着经济增长的同时也需要积极传递正面的信息，以国家为主体的传播研究正契合了国家的战略需要，因而研究正盛"。[③]

跨文化传播可算是一个真正的交叉学科，首先它偏重语言和文化层面的关系；其次随着研究向多层次的深入，它也借助于社会学、心理学、管理学、国际关系等研究成果。大量的其他学科从自身的角度出发介入跨文化传播的研究领域，包括新闻类、文学、教育学等，并以横向拓展与学科交叉为主，表现出较为明显的学科构建意识。

文化是一个复杂的现象，对于异文化的学习者来说，至少要做到两个 C：一是要 being Conscious，要意识到文化的复杂性，不能以文化的表层来看待文化的深层，以"台前"代替"台后"；二是要 being Critical，要以批判的态度来学习

① 程曼丽. 国际传播 [M]. 北京：北京大学出版社，2006：123.
② 达雅·屠苏. 国际传播：延续与变革 [M]. 北京：新华出版社，2000：4.
③ 徐明华. "我国跨文化传播研究的文献综述——以 2002—2011 年中国跨文化传播研究为背景" [J]. 新闻爱好者，2012（4）.

异文化，毕竟文明的融合需要在不断冲突的过程之中演进。

（三）有效实现平等的跨文化交际

在各种跨文化的交际中，东西方文化信息传播的不平等日益凸显。欧美文化在跨文化交际中获得了强势地位，拥有优势，而东方文化则变成了弱势文化，正在面临着逐渐失去自身传统特色、被西方文化同化等问题。造成这种局面的主要原因是，大部分在跨文化交际中所遇到的问题，需要交际的一方往往要努力改变自己，发展另外一方的那种交际能力，在东西方的交流中，往往是东方改变自己的特色，学习西方。这种跨文化交际的方式是不利于平等的跨文化交际的实现的，为了解决这个问题，这里从以下两个方面讨论实现平等的跨文化交际的策略。

1. 以平等与尊重作为跨文化交际的基础

从历史的进程来看，不平等的交际，即上位交际和下位交际则是主要手段。有些人将自己的文化当作事物的标准，从本群体的角度出发看待其他民族的习俗和规范。这便是所谓的"人文中心主义"。人文中心主义常常伴随着某种民族优越感，视自己的文化为理所应当，视其他文化为劣等的、值得怀疑的，甚至是变态的和不道德的。欧洲人以及深受其影响的美国人都认为，他们拥有真正的文化和文明，而殖民地居民或土著人如果有自己的宗教信仰，那么他们就被看作异教徒；如果他们有自己的性观念和性忌讳，他们就被看作"不道德的"；如果他们不是工作狂，就是"懒惰的"；如果他们不赞同殖民者的观点，就被认为是"愚蠢的"。

为了实现双方的平等交流，必须摒弃传统的人文中心主义，应该提倡"人文相对主义"。世界上既没有高人一等的文化，也没有低人一等的文化，各种文化一律平等。跨文化交际是在平等的基础上进行交流的。为了实现这一目的，双方在交流时，必须做到平等、尊重彼此的文化风俗习惯，在交流中，能设身处地地为对方着想。在中国的英语学习者身上，首先，要在学习和交流的过程中主动去理解英语国家的风俗文化，其次也要有希望对方了解我国文化的愿望。想要实现真正的平等交流，不需要在交流的过程中一味地去迁就对方，照顾对方对中国文化的了解较少的情况，而应当在交流中勇于表达有中国特色的观点，向对方多多介绍中国的风俗文化。只有这样才能真正实现平等的跨文化交际。

理想的跨文化交际状态应该是尊重彼此，但尊重对方并不意味着改变自己。在交流的过程中，一方面要理解其他国家的文化习俗，另一方面还要继承和发扬自己的文化，让对方了解和喜爱自己国家的文化。然而在现实中往往是过于迁就对方，抹杀掉自己的文化特色，来换得"交际"的"成功"。用 ravioli（意大利语，总称一种有馅的小包子）和 dumpings（汤团、团子）来代替 jiaozi（饺子），将"稀饭"译成 porridge（粥），将"炕"译成 bed（床），是完全的张冠李戴。更"规范"的表达有时恰恰为跨文化交际设置了路障，而更习惯于这样做的是中国人自己。

这种一味地迁就西方国家表达习惯的做法，虽然在一定程度上减少了交流沟通的障碍，但是另一方面中国的文化也在逐渐丧失自己的特色。这种情况实际上并未做到平等地交流。甚至在某些情境中，因为我们过于改变自己，适得其反，影响了双方的交流。法国教育部汉语总督白乐桑觉得，中国文化本身就具有强大的吸引力，很多外国人对中国文化很感兴趣，但中国人自己反而不够重视。比如很多国人在介绍自己时，往往为照顾西方人的表达习惯，将姓名倒置，为什么不直接按照中国人的表达习惯直接介绍自己的姓名呢？他强调不要在交流和表达中一味去适应外国的思维表达方式而丢失了自己的文化特色。

要想实现真正的跨文化交流，必须要注重交流双方的平等的地位。教师在培养学生跨文化交流的过程中，应该注意培养学生对文化差异的敏感度。同时也要防止学生在交际的过程中处处以他人为中心的做法。对于传统文化中的精华部分要注重继承和发扬，在交际过程中，可以多多介绍，使对方能够理解和欣赏自己国家的文化。大部分中国人都知道西方国家的典故如"潘多拉的盒子"（a Pandora's box）、"丘比特之箭"（Jupiter's arrow）、"鳄鱼的眼泪"（crocodile's tears）、"斯芬克斯之笑"（Sphinx smile）。英语民族能否理解具有中国特色的成语典故呢？答案是肯定的。但在现实的交流过程中，国人往往会有很多顾虑，无法向西方人直接使用具有汉语特色的表达习惯。甚至一些文化大家同样执此观点，认为这样会造成交流的障碍。比如在翻译课上，有学生将"司马昭之心，路人皆知"翻译成 Sima Zhao's heart is well known by all people. 遭到了老师的批评，说西方人不知道司马昭为何人，会造成沟通的障碍。汉语中的很多成语，比如"叶公好龙""鹬蚌相争，渔翁得利"等本身就具有深厚的文化内涵，可以直接进入英语，不需要在按照西方人的表达习惯，对应西方的历史典故进行翻译。

2. 将"以我为主"作为跨文化交际的本质

美国哲学家爱默生曾经说过：无论我们在哪儿，无论我们干什么，"自我"是我们唯一学习和研究的主题。西方国家的价值观强调个人主义，强调以自我为中心，这是西方国家价值观的实质。他们在自己的成长中也是这么做的。从跨文化的角度来说，这也就意味着双方在交流时，西方人一般是以自我为中心的。人们在自己的物质环境和人文环境中长大，用自己的眼光去审视、界定周围的世界。人们反思过去、现在和将来，按照自己的喜好和自身的需要，选择交际对象和相应的跨文化交际策略。这种自我反思能力使得我们在交际的过程中既是参与者又是观察者，既考虑到自己又能照顾到对方的需要，既遵循自己的行为方式又尊重别人的思维方式和文化习俗。跨文化交际的目的是既要了解对方也要保持自己的特色。跨文化研究的专家一般都不主张异国文化的学习者完全的"本土化"，原因之一是因为这样很难做到完完全全的"本土化"，而如果没有做好的话会闹出很多笑话，失去了交流本身的意义。另外一个原因是完全没有必要这样做。跨文化交际的本意是要更好地了解彼此和对方，学习彼此的风俗文化和思维方式，以求得更好的合作。

　　造成文化差异的原因很多。首先是地理位置上的差异造成了很多不同感受。例如，英国是一个四面环海的国家，所以英语中有很多关于海洋和航海的比喻和俗语；而中国是一个以农业为主的国家，所以汉语中有很多关于农业的比喻和俗语。李国南在比较英汉自然环境与比喻的喻体之间的关系时谈到，英国位于欧亚大陆的西北，从大西洋吹来的西风温暖而湿润。英国作家 John Mansfield 曾经赞美西风：It's warm wind, the west wind, full of birds' cries（西风，温暖的风，充满了鸟儿的叫声……）而东风则是从寒冷的欧亚大陆吹来，寒冷而干燥。中国处于欧亚大陆的东南，西风来自寒冷干燥的内陆，凄厉萧瑟。相反，当春天的东风从温暖的海洋吹来的时候，万物复苏，百花争艳，在辛弃疾的笔下则是"东风夜放花千树，更吹落，星如雨"。同样，由于气候的不同，英国的夏天温暖如春，在莎翁的笔下象征着温顺善良的 thee（你）；而中国的夏天则是烈日炎炎，常常给人以不快的联想。如果一味强调适应外国人的理解力，是不是应该把"古道，西风，瘦马"中的"西风"说成是 east wind（东风）？

　　其次，人文环境更是塑造民族性格的重要因素，中华文化拥有厚重的人文沉淀，虽历经战乱，但绵延五千年。从春秋末期儒家学说的兴起，到先秦的百家争鸣，再到西汉的独尊儒术、盛唐的引进佛教，最后到清朝的西学东渐。民间传说、典籍史册以及文学艺术的熏陶、仁人志士的感召、社会价值的取向无不在中国人的精神世界留下烙印。历史上无数次的文化碰撞和文化交融，儒家思想逐渐成为中国传统文化的核心，是为中国人所认同的文化主体。儒家思想在很长时间里，对中国社会中的价值取向、社会规范、思维方式都产生了深远的影响，它塑造了中华民族的品格。从某种程度上说，文化即我，我即文化。生理意义上的"我"和文化意义上的"我"一体二表，相互依存。在跨文化交际中，就有自我的表达，其实在某种意义上说就是民族文化的表达，这种文化的表达就建筑在文化里。

二、商务英语翻译的跨文化策略

（一）翻译中寻找类似表达进行替代

在翻译策略中，替代是很重要的翻译策略。通过把来自源语的信息替换成目标语的方式，最大限度地实现了翻译的目的，与此同时，替代隐藏着肯定译入语文化的相对独立性，从跨文化语言交际和文化交流的角度来看，强调的是译入语的文化和价值观体系，忽视了"源语的文化和价值观体系对译入语文化的价值观体系的借鉴作用，忽视不同文化之间的可理解性、可融合性以及相互适应、渗透的可能"。① 例如，Kill two birds with one stone. "一石二鸟"的译文也逐渐增多，但是"一箭双雕"的表达更体现汉语的文化及传统。The pot calls the kettle black. 可以选用"锅底嫌壶底黑"的译法，但译文"五十步笑百步"，或者通俗的"黑老鸦嫌乌鸦黑"都含有很明显的中国文化特征。各国针对外来语的语言政策不同，容忍和接受外来语的社会心态也不同，有时为了保持译入语的文化"纯洁性"，必须要进行语言及意义的替代；如果面对的是接触异文化较少的受众，用其熟悉的本土文化表达方式来替代异域表达，也是为了意义的准确传递。

在替代的过程中，通常会出现源语文化中一些信息的不译或省略的现象，在字面上完全看不到源语的语义或内涵。获得 2011 年度奥斯卡金像奖电影《国王的演讲》中有一句 Lionel 教乔治四世的绕口令，是练习 s-sh 发音的。汉语字幕的翻译为"吃葡萄不吐葡萄皮，不吃葡萄倒吐葡萄皮"。想必中国观众看到此处都会莞尔一笑，这种替代不译的处理非常巧妙，这里只要让观众知道此处是一个绕口令，因而用目标语受众最熟知的一组来代替，增加了译文的可读性和趣味性。假设把该句的内容照直译出来，想必目标语不能体现源语的特点。例如：She sells seashells on the seashore，the shells she sells are sea shells 一句，也是练习 s 和 sh 发音的，但是倘若翻译为"她在海边卖海贝壳，她卖的贝壳是海贝壳"，这样的译文中丝毫体现不出英语的声音特点，如果此处译为我们熟知的"四和十，十和四，四十和十四，十四和四十"更能训练 s 和 sh 的发音，两个绕口令，可谓异曲同工。翻译的时候，替代似乎是更好的策略。

---

① 杜争鸣. 翻译策略与文化——英汉互译技巧详解［M］. 北京：中国经济出版社，2008：3.

（二）通过词源探究及文化探究进行阐释

对含有文化信息的词句，如无法通过其字面意思进行直译或阐释，要想理解透彻，翻译得传神并有趣味性，离不开探究词源，深挖其文化内涵，进行翻译或阐释。这些词句以习语、俚语和谚语为代表。

谚语（proverbs）多为先人经验积累而成，所以荷兰人称之为"the Daughters of Experience"，谚语往往有一定的教育意义。

习语（idioms）是习惯用语的简称，也叫惯用语，是一种固定的表达法，所以又叫作 set phrases，其真正意思往往不同于其组成部分的每个单词之和。

俚语（slang）是指民间非正式、较口语的语句，地域性强，较生活化。俚语是一种非正式的语言，通常用在非正式的场合。有时俚语用以表达新鲜事物或对旧事物赋以新的说法。有些较粗俗，具有很大的不确定性，它是一种非正式的习语，同一句俚语往往因为地区、职业的不同，而产生不同的意义。以 rock 为例，海员、水手之间常用 on the rocks 来表示船"触礁"，而在酒吧、酒徒之间则用 rocks 来指酒水中用的冰块，所以所有含酒精的饮料（除啤酒外）如果 on the rocks，就是要在酒中添加冰块的意思。俚语还有可能随着时间的消失而被废弃不用或是被新的俚语所取代。只有被大多数人所接受的俚语，才演变成习语。比如上面说的 on the rocks 现在多用来比喻"处于困境"之类的意思。

文化的差异会造成语言表达方式、语言的内涵及外延、语域及语用等方面的不同。[①] 例如：Love me，love my dog.（爱屋及乌。）You are a chicken.（你是个胆小鬼。）She's under the weather.（她心情不好。）在这几个句子中，都不能简单从字面推测其正确的含义。

通过进行词源探究、文化探究，可以理解习语/俚语的来源，进而更好地概括解释。比如在谈论暴力和犯罪中有一个词 mugging，句子是"I'd like to report a mugging."（我来报案，我在街上被抢了。）mug 一词作名词是"马克杯"的意思，指的是有把儿、圆柱形的大杯，通常是陶瓷做的，用来喝热饮，如 coffee mug，也有玻璃做的 glass mug，用来喝啤酒的马克杯，叫 beer mug。那么，mug 做动词为什么是"街上抢劫"的意思呢？这两者之间有什么联系？

经过词源探索，在美俚词典中我们发现，原来 18 世纪初英国流行怪异面孔装饰造型的陶瓷马克杯，因此 mug 便有了"脸孔"的意思。有些马克杯造型则是取材名人或宿敌，刻意加以丑化，让他们张开大嘴，做成容器。因为 mug 有

---

① 胡超．跨文化交际实用教程［M］．北京：外语教学与研究出版社，2010：75.

face 的意思，歹徒按照脸孔图形寻找抢劫绑架对象，就叫 mug hunting，后来当街抢劫就叫 mug，或 mugging。小说《神秘河流》（Mystic River）里有一段，Dave 凌晨回来，手受伤流血，太太 Celeste 问他怎么了？他说 mugged。

还有 mug shot（拍照存档）里的 mug 也是指脸部，shot 是摄影。本来 mug shot 大多指歹徒被捕后的拍照，get a mug shot，但现在杰出运动员进入棒球、篮球、足球名人堂的档案照也叫 mug shot，因此不一定有负面的意思。

Mugging 在中文中没有对等的翻译，robbery 指盗窃与抢劫，mugging 是在街上抢劫，而 holdup 指持刀枪抢劫。

再如俚语 You look like you're on cloud nine! 英语辞典给出的注解是 be on cloud nine 的意思是 "used to emphasize that somebody is very happy."（用来强调某某非常开心）。可是我们不禁会问，为什么是 cloud nine，而不是 cloud ten 呢？根据词源探究及文化探究，我们发现它原本是美国气象局的术语，原来云层可以被分为不同的级别，而每个级别中都被分为 9 种类型，"cloud nine" 是一种积雨云，云体浓厚庞大，垂直发展极盛，远看很像耸立的高山，往往在炎热的夏季下午形成，高度可达 3 万到 4 万英尺，如果某人站在 "cloud nine" 上，那他/她的确高高在上了。

如果进一步探究，该说法的流行还跟 20 世纪 50 年代的一部广播剧 "Johnny Dollar" 有关。Be on cloud nine 还是一些娱乐节目的名称呢！

（三）翻译中保留不同文化要素，扩大表达范围

客观地讲，虽然翻译中最重要的是翻译意义，但源语的语言形式的传递也同样重要，所谓形式和内容要兼重。意义与形式不可分割，不同的表达形式可能造成语气、色彩、修辞、文体和风格上微妙的差异，所以译入语的形态自然或多或少地需要参照源语。直译可以最大限度地保持源语的语气、色彩、重点、风格，是从形式上更加忠实于原文，也最能体现翻译中 "信"（to be faithful）的原则。例如：The wall has ears. 隔墙有耳。Ducks know how to swim when they are born. 鸭子天生会游泳。To know everything is to know nothing. 样样通，样样松。A barking dog doesn't bite! 吠犬不咬人。All that glitters is not gold. 发闪光的不全是黄金。这些译文都保留了源语的风格，也间接体现了不同文化的特点和智慧。

如果把翻译首先看作跨文化交际的媒介和桥梁，我们可以发现隐藏在这些语言后面的文化含义。语言思维习惯是文化的一部分，翻译是包括语言思维习惯在内的文化交流，或者说文化交流必然伴随着语言思维习惯的相互影响和渗透，因此，不能完全用译入语的思维习惯取代源语的思维习惯，否则翻译的意义或作用

就会受到影响。在更加开放的全球化时代，承认文化差异并尽量摒弃民族中心主义的译者，应该持有更加开明的主张。

各民族文化虽有相对独立之处，但都是相互开放的，而且都处于不断变化的状态，变化的主要原因就是外界影响，翻译对于文化的演变实际上起着催化剂的作用。源语的语言与思维不可分离，在介绍一种外语的时候，同时也是在介绍一种陌生的语言思维习惯。在译入语中，语言"生硬"的地方往往正是体现外国思维方式的独特之处，源语与译入语的区别之处。译入语文化不是通过翻译完全"消弭"源语文化的特色，也不是在其固有的文化价值体系中来安排源语文化现象的位置，而是在其发展可能性中吸收源语文化，从而使自身更加丰富多彩。例如：Pigs can fly. 如果译为"猪长上翅膀也会飞"，抑或"可惜小猪没长翅膀"，也会是很生动且风趣的语言。在一定的语境下，职员 A 说：听说 Amy 想接替刚刚离职的经理。职员 B 说，是啊，可惜小猪（没长翅膀）不会飞。尽管职员 B 的回答多少显得有些刻薄，但是在达意方面却未尝不可，且具有一丝幽默，语言简洁，在特定的语境下，也并非非得译为"癞蛤蟆想吃天鹅肉"。再如：I sleep like a log，表示睡得沉、睡得香，尽管这样的表达英汉之间差异很大，但使用者不难理解，并在日常交流中使用。

（四）通过查询、联想更多相关信息，进行阐释

许多翻译无法在有限对等的字词里阐释清楚其含义，就需要补充一些信息，更好地说明其来龙去脉。例如俚语"Every Jack has his Jill!"我们就会纳闷为什么是 Jack 和 Jill，而不是 Mary 和 John 呢？可以联想 Jack and Jill 这一首童谣：

Jack and Jill went up a hill to fetcha pail of water.

Jack fell down and broke his crown,

And Jill came tumbling after.

从这首童谣中不但可以体会到 Jack 是男子名，Jill 是女子名，而且倒感觉 Jack 和 Jill 颇有些青梅竹马、两小无猜的意思。为此，增强了对该俚语的理解。

在英语中，表示两个年龄相差很多的人结婚，有"rob the cradle"（抢劫摇篮的意思）的说法。其中的 cradle 是一个意象，即借助摇篮指代年轻的一方。但是表示两个年龄相差很多的婚姻，可以用 The May-December Marriage，这个表示来自英国最早的小说家乔叟（Chaucer），出自他的《坎特伯雷故事集》，故事中男的叫 January，女的叫 May，是一个老翁和妙龄少女的恋爱。后来引申为 May-December，这里是一个隐喻，想一想 May（五月）的花朵，是年轻女子的象征，而 December 指景色萧条的冬季，代表男子灰白的头发、灰白的胡子。如果为了

突出年龄的差距，为什么不是一月和十二月呢？那样就是 January-December Marriage，但是如果从色彩、想象力来说，显然 January-December Marriage 不如 May-December Marriage 更加令人有美的享受。汉语中也有用梨花和海棠指代年龄差距大的丈夫和妻子。

习语/俚语在理解上往往需要以整个习惯表达或整个句子为语义单位进行理解，不能简单从单词或短语的层面上理解，在翻译的时候，整个句子往往是一个最小的语言单位。例如句子 She just isn't into writing letters 的英文释义 "She doesn't like writing letter very much"（她不怎么喜欢写信）。通过英文释义，可以更好地把握该句的含义。再如句子 E-mail is her thing 的释义为 "E-mail is something which is very important to her and she is good at." 在这个释义中，我们可以得知该短句有两层含义，一是对她而言 E-mail 很重要；二是她也精通此道，这方面很擅长，译得通俗一些，可以说 "E-mail 是她的菜"。

要了解一种文化，语言学习是必要的。在语言学习过程中，只有多方位体会异文化的特点，才能真正领会该文化的精髓，才能在跨文化交际中做到出入自如、游刃有余，对于整个跨文化交际中的心理和心智培养也非常必要。

第三章　功能翻译的历史积淀与理论支撑

功能翻译理论是涉及委托人、译者、接受者多方专业人士集体参与的整体复杂行为，它强调翻译是一种文化转换、交际互动和跨文化活动。功能翻译理论于20世纪七八十年代产生于德国，先驱人物的相关理论有凯瑟林娜·赖斯的文本类型理论、曼塔利的翻译行为理论、费米尔的"目的论"以及克里斯蒂安·诺德的"功能加忠诚"理论等。诺德认为，功能翻译思想是功能主义模式研究翻译的各种理论。贾文波（2007）指出，"文化转换"与"交际互动"为功能翻译思想的核心。20世纪80年代末，功能翻译理论被介绍到我国。

第一节　功能翻译的内涵与外延

一、功能主义的来源

功能主义的来源，有一种说法认为功能主义哲学思想起源于古希腊，其代表人物为柏拉图和帕罗塔格拉。他们指出，人类使用语言来谈论问题，语言是一种活动方式和选择系统，语言的标准为可接受性和可使用性。

布拉格学派对语言的功能作了深入的研究，包括语言的交际功能、社会功能和美学功能等。该学派著名的学者马泰休斯指出，语言产生于人类的活动，同人类一样具有目的性。话语发出者的目的旨在表达，因此应当运用功能主义思想对语言予以分析。

这时候，人们认识到形式主义的研究方法确实不能解决语言学所有的问题，对语言的研究不能抛开使用者、意义、语境、社会、心理等因素。如果不对这些因素进行考虑，则会使一些语言问题无法解释，在某种程度上其实有悖于语言的本质。功能主义便是在这样的背景下产生的。

语言形式传递信息的功能是功能主义语言学所关注的，它着重研究语言的各种功能，例如语篇功能、社会功能等。王铭玉和于鑫对形式主义和功能主义两种不同的语言观进行了区分，见表3-1。

表 3-1　形式主义与功能主义的语言观区分

形式主义语言观	功能主义语言观
重理论性、逻辑性和抽象性	重实用性、修辞性和直观性
重心理、轻社会	重社会、轻心理
重视研究句子的结构规则，也就是语言的组合关系	重视研究语言使用者在意义潜势中的选择，也就是语言的聚合关系

二、功能翻译的内涵

（一）语言功能的含义与分类

功能语言学家尼科尔斯认为语言功能有以下五种含义：

（1）依存关系：指两事物之间相关与互动的关系。

（2）目的：从语言使用者的角度来说，语言的功能就是语言的使用目的。语用学、语篇语言学、社会语言学等探讨的多是语言的这种"目标功能"。

（3）语境：语境功能是指语言反映言语活动环境的能力，一是社会语境，语言可以体现语言参与者的角色、身份和社会关系；二是语篇。

（4）结构关系：这种结构功能是指一个结构成分与上层某个结构单位的关系，即它在这个上层单位中所起的作用。

（5）意义：在现代语言学论著中，"功能"有时与"意义"相等，尤其是语用意义。"功能"研究即为"意义"研究。

布勒于 1934 年在其著作《语言论》中提出了语言功能的"工具模式"，该模式包括五个因素：符号、语境、说话者、受话者、话语功能。符号即语言，语言功能产生于符号与其他因素之间的关系。符号同语境之间是"表现"关系；符号同说话者之间是"表情"关系；符号同受话者之间是"感染"关系。

布勒总结了语言的三大功能：

1）表情功能，指语言用来表达作者或说话者的主观观点或情感的功能；

2）信息功能，指语言描写报道或表述客观事实的功能；

3）感染功能，指语言用来影响、劝说、要求、命令读者或受话者去做某些事情的功能。

在语言学界影响较大的是布勒的语言功能分类方法，之后许多语言学研究者的理论中都有布勒理论的体现，例如，雅各布森的语言功能理论和韩礼德的系统功能语法理论所支持的"概念功能、人际功能和语篇功能"。

作为美国的语言学家，雅各布森发展了布勒语言工具模式中的交际功能。1960 年，他在文章《语言学和诗学》中提出了语言的六个要素，即语境、信息、信息发送者、受话者、解除渠道和代码；六种功能模式，即指称功能、表情功能、意动功能、寒暄功能、诗学功能和元语言功能；阐述了各语言要素之间的关系（信息和语境之间的关系为"表现"，信息和信息发送者之间的关系为"表情"，信息和接收者之间的关系为"意动"，信息和接触渠道之间的关系为"寒暄"，信息和组成信息的代码之间的关系为"元语言"，信息与其本身的关系为"诗学"）。

（二）功能翻译的理论基础

在翻译实践的历史长河中，译者们对功能翻译观点早有感悟，但是正式提出这一理论是在 20 世纪末期。翻译理论家西塞罗曾指出，逐字翻译的译文有时显得不那么通畅，如在必要处更改原文的措辞及语序，这又超出了译者应发挥的作用。杰罗姆和路德指出，在翻译《圣经》时，有些段落需要逐字翻译，有些地方则需要将其意义翻译出来，有些地方还需要根据读者的期待作适当调整。20 世纪 60 年代，奈达在著作《翻译科学探索》中提出了翻译的"动态对等"原则。"动态对等"是指要在译文中使用最贴近且又最自然的对等文本再现源语的信息。"贴近"是指要使译文的信息表达完整、准确。"自然"是指要使译文通顺、流畅，也就是说要最大限度地接近原文。

不同语境运用不同的翻译方法。笔者认为结合语境的翻译大体可分为以下三类：上下文语境、情景语境以及文化语境。在这三类语境中，上下文是一种十分常见的语境类型，同一个词放在不同的文章上下文中则会有不同的含义；由于情景语境的不同，我们在翻译同一个句子时应结合当时语言活动发生的具体情景进行适当的翻译；与此同时，语言是文化的载体，一定的语言必然承载着一定的文化，我们在翻译时必需考虑的就是其所处的文化语境。在翻译时应充分考虑语言上下文语境、情景语境及文化语境的影响，采取相应的翻译方式，从而提高翻译的准确性及恰当性，实现真正的交际目的。

三、功能翻译的外延

从逻辑学角度出发，纯粹功能是指"有特定结构的事物或者系统在内部和外部的联系和关系中表现出来的特性和能力。任何物质系统都是结构和功能的统一。结构是功能的基础，结构决定功能；功能是结构的表现，功能对结构又有反作用"。既然"翻译"前面冠以"功能"一词，它就被赋予了"功能主义"倾向。"功能主义"是一种处世哲学，它认为形式应当服从于用途、材料和结构等要求，目的高于一切。functionalism 在《新牛津英语词典》（The New Oxford Dictionary of English）里的解释是 belief in or stress on the practical application of a thing in particular（主张或强调事物的实际用途），特别是在以下几个领域：

（1）艺术设计：主张对象的设计不是从它的美学考虑，而是根据它的功能来决定的，因为实用的设计本身具有内在的美；

（2）社会科学：有这样一种理论，主张社会的方方面面都服务于一个功能，它是社会存在的必备条件；

（3）心理哲学：心理状态的形成事出有因，这种心理状态又诱发其他心理和行为方式。

上面三条解释中的"艺术设计"特别重要并且十分有意义。在"逻辑学"解释和"功能主义"解释中，一再提到"形式"和"功能"，前者强调了两者之间的关系，后者主张形式服从于功能、形式跟随功能"。如果我们取后者，那么功能翻译可以构成如此表述：翻译的形式服从于它的功能。

四、翻译的行为性特征

翻译一旦被赋予"行为"特性，将意味着翻译理论可以置于人类行为理论中来考察，行为理论中的一些参数可以解释翻译行为中的某些方面。行为科学认为，人类各种行为都是由一定的动机引起的，而动机又产生于人们本身存在的各种需要，人们为了满足自己的需要，就要确定自己的行为目标。人们为了达到一定的目标而采取的行为又可分为言辞（verbal）的和非言辞（non-verbal）的行为。言辞行为可以用语言感化他人、诱惑他人、鼓动他人，可以表达自己的喜怒哀乐，可以发号施令，可以获取对方的感受，可以取得别人的信任。非言辞行为可以用点头表示赞同，用眼神表示欣喜、憎恶、哀愁、委屈，或者采取其他的肢体动作，等等。行为作用的对象分为人和物，无论是哪一种行为，即使在不作为的时候都带有明显的目的性，目的是为了改变或防止改变客观世界中的某种状态，满足自己的需求。

人类在生产生活中发生的一切往来都是交际行为，交际的主要工具是语言（言辞行为），利用语言交际又分为单语交际和利用翻译交际。

（1）在单语交际（monolingual act of communication）中（图 3-1 和表 3-2），

信息发送者（sender）和接收者（receiver）在同一文化背景下进行交际，他们的交际建立在符码共享的基础上，信息（message）在传递过程中不存在多少遗失问题，因为他们的认知环境基本相同，说话人对交际对象的认知能力可以作出较为准确的预测，他们的话语可以负载很多的语境信息，话语以外的信息并不必要用明码信息（expliat message）来表达。如说话人尽可以说（encoding）：Self-Employed Upholsterer. Free estimates. 3325862. "Good-bye Emily, good-bye Amy" says Jane Trachery in an article on the new manners. 他的受话对象完全可能对话语以外的信息作出补全（decoding）：The source of advertisement is upholsterer and he or she will provide free estimates of the cost of upholstery work which the reader may need to be done, and his telephone number is 3325862. Books written by Emily and Amy on the refined manners of women are not popular any more. 但作者或说话人在编码时仍然会根据交际对象有目的性、有针对性地选择那些符合其交际意图的那些信息，并且根据交际对象和交际环境选择那些恰当的语言形式、风格和信息传递方式，而接收者（receiver）并不是对传递过来的信息照单全收，他们也会有一个选择过程，根据需求或兴趣而选择信息。当然，这一目的并不全是功利性的、实用性的。

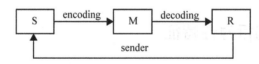

图 3-1　单语交际过程

表 3-2　单语交际和语际交际要素

项目	单语交际	语际交际
发送者	1	2
接收者	1	2
信息	1	1
途径	1	1
信号	1	2
关系	1	1

（2）利用翻译交际属于一种特殊类型的言辞交际行为（图 3-2 和表 3-3）。此种交际的理想模式本应如图 3-2 所示，原始信息发出者 S_1 利用语言发送给信息接收者 R_1，当 R_1 有可能变成 S_2 即译者时，译者 S_2 需要对原始信息解码，再用

目标语加以编码发送到 R_2。

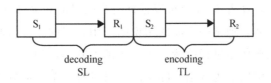

图 3-2　双语交际过程

即使如此，实际运作比图 3-2 要复杂些，信息发送者和信息接收者由一个变为两个，它不是简单的数量增加，而是存在一个信息的量和质的减损或者增益问题。R_1 一旦变为 S_2，即所谓的译者，如果与 S_1 属于同一语言文化背景，虽然对信息解码的损失较少，但是对于原始信息用另一种语言编码存在一定障碍，这时会造成意义的损失；如果 S_2 与 R_2 的语言文化背景相同，他虽然对原始信息的编码方式具有优势，但对原始信息的解码可能遭遇障碍，产生偏差，这时也会造成意义的损失，或者按自己的理解出现增益。

德国翻译学者威尔斯（wolffam Wilss）的图 3-2 只是提供一种理想的翻译交际模式，它表明：译者的行为只是把 S_1 发出的信息通过解码和编码方式原原本本地传递给 R_1，译者充当一个被动的信息搬运工角色。更重要的是，交际中三方一旦有了各自的动机，就会发生异常情况，所以这一模式不利于功能翻译的分析。

（3）翻译一旦赋予了交际人以动机，这种理想的模式就会失去其有效性。作为一种信息传输，译者虽然参与了解码和编码两种行为，但其行为目的并不一定与原始信息发送者 S_1 和最终接收者 R_2 的动机和需求重合。特别是在书面交际中，S_1 很少考虑到他的文字会传递到另一语言文化中的 R_2，这时，R_2 需要什么样的信息、以什么样的方式来传输他的信息，S_1 并不在意，甚至并不知晓，这时译者 S_2 真正要面对和关心的是 R_2 或者翻译委托人，也就是说，R_2 需要什么样的信息、以什么样的方式来传输 S_1 的信息，是根据 S_2 的判断或者委托人的要求来决定的。当然，S_1 与 S_2，R_2 与 S_2 意图有统一的时候，如 R_2 对 S_1 传输信息的选择和方式有特别的规定时，S_2 需要对 R_2 负责，而 S_1 只提供信息来源；同样，如果 S_1 有类似要求，S_2 也需对 S_1 负责。

（4）我们再来分析 Wilss 的表格（表 3-2），在单语交际中列明了信息发送者、信息接收者、信息、传输信道、语码、场景，都只有一个，这些并不存在异议，也不是我们关心的问题。在有译者参与的双语交际中，他认为只有一种信息（message）、一个信息传输通道（channel）、一个交际情境（situation）。但是，只要图 3-2 中的译者 S_2 和终端接收者 R_2 具有目的性，译者 S_2 完全有可能对原始信息给予增加或减少，译者 S_2 完全可以根据自身的目的和 R_2 的需求，采用另一种信息传输通道，例如，把某一产品的用说明采用夸张的广告语形式，利用当代语言和审美趣味对经典作品进行改造，小说改编为剧本，翻译采用的传输信道常会和原信道相异。威尔斯认为双语交际中的场景只有一个，他只考虑到口译中的三方在场的情景（situation），但是文字翻译必须针对处在另一文化环境中的接受者，他们在自身文化中的经历、习得的学识、宗教信仰与 Si 所针对的情境迥然有别．即使在口译中也会对同一信息产生不同的理解。

因此，在功能翻译的视域中，我们需要对表 3-2 作出如下修正（表 3-3）。

表 3-3　修改后的语际交际要素

Item	Monolingual communication	Interlingual communication
sender	1	2
receiver	1	2
message	1	1/1＋/1-
channel	1	1/2
code	1	2
situation	1	2

而根据克里斯汀娜·诺德（Chrishane Nord）的理解，翻译行为受控于人类总的行为，其下的翻译行为囊括的范围更为宽广，无源语文本的跨文化咨询和跨文化技术写作也收罗其中，翻译的行为特征非常明显，它是人类一种有意识、有目的、人与人之间的交际行为。但是，对有源语文本的翻译行为没有进一步分解，以上分析可以看做翻译行为的补充。

五、目的优先原则

传统翻译观要求译者对原作忠实、对原作者敬畏，在源语和目的语之间取得最大限度的形式、内容对等，但功能翻译观的最高原则是目的性原则，即翻译形式是由翻译目的决定，目的决定翻译手段。德国功能派创始人韦米尔（Hans J. Vemeer）在解释"目的论"时直截了当地说："每个文本为着特定的目的而产生，而且必须为这个目的服务，目的性原则可以解释为：笔译也好、口译也好、讲话也罢、写文章也罢，它们必须在所使用的场合发挥作用，对那些利用它们的人发挥作用，并且能发挥他们想要发挥的那种作用。"

韦米尔的这段话解决了长期以来围绕语言、文本所争论的"自由翻译对忠实翻译""直译对意译""动态对等对形式对等"等诸多问题。它意味着某一特定的翻译任务可能需要自由式翻译或忠实对应翻译，或者处于两者的中间地带，这一切从原文本身都是无法解决的，只能根据委托人、读者、使用者的需求而定，根据翻译目的而确定。

　　一般来说，翻译行为的直接产物是语言（书面文字或口头语），交际对象是以视觉或听觉来接受译品。因此，译者在组织文本和话语时，需顺应和方便接受者。如此，交际功效的实现依赖语言的表达。为了达到有效的交际目的，任何话语都必须以接受者（听众、读者）为出发点，向目的语读者靠拢。这就意味着必须采取目的语读者习惯的表达方式传达原文的内容，译文尽量符合目的语规范和风格，淡化源语文化色彩，直接、明白、晓畅，从而减少接受者的认知负荷，缩短领悟时间，增加信息的传播速度。神经语言学实验表明，生僻怪异的句型结构、抽象含糊的词汇、弱关联的语篇和语段非但不能激活神经元进行健康有序地工作，反而会使神经系统疲于处理信息而产生呆滞状态，因为一种语言体系是一个民族赖以生存的文化常态，改变它就等于改变这个民族的生活方式，使之处于无所适从的境地。对于译文语言的表达问题，纽马克区分了"交际翻译"（communicative translation）和"语义翻译"（semantic translation）两个概念及其适应范围，他认为"交际法"的重心偏向于读者，关心的是另一类语言文化形态中的信息接收者，是一种主观性很强的翻译手段，与"语义法"相比，信息集中，重点突出，表达顺畅，可读性强，他说："我认为在交际翻译中，译者有权来理顺和改进逻辑关系，用优雅的功能句法替代笨拙的结构，化解含混与歧义，消除啰唆、废话，从模糊的解释中确定一种解释，明确抽象宽泛词语的所指范围，规范怪癖、晦涩的个人语言，采用脚注的方法来纠正错误的客观事实和口误，在语义翻译中通常不会采取这种更正和修饰的方法。"

　　但是，承认译文接受者或使用者是目标文本的决定因素，并没有排除直译和逐字逐句翻译的可能性，并不是一味地强调译文非得屈从目标文化的规范和语言形式，在很多情况下，直译恰好是目标读者或使用者所需要的。例如，有人想读原文作品，又希望有译文对照，这种译文就要尽量接近原文，才会对读者有所帮助。哈佛大学出版的洛伯文库（Loeb Library）以希腊拉丁文古典著作和英文译文对照就是一种。总之，因目的不同，译文可以有不同的种类。文学名著因时代不同而有不同的译本适应不同时代的需要，如《荷马史诗》的英译本就有17世纪的、18世纪的、19世纪和20世纪的，而且即使在同一世纪还有不同的译本。因此，译者根据使用者的实际需要，原原本本地再现原文的语言风格、格式和内容也是功能翻译的一种手段，因为它满足了特定人群的实际需求。

在当代翻译研究中，各流派对翻译有着不同的认识，也试图设定自身的研究范围。语言学派认为翻译是符号的转换，可以对两种语言的结构进行客观的描述和解构，结构和意义可以产生部分对等和完全对等，翻译是科学。文艺学派认为翻译是审美和创造美的艺术，翻译有对意义进行诠释的自由，有艺术再创造的自由。认知论者认为翻译是一种思维活动，译文是认知活动的产物。交际论者认为翻译是一种信息转移，翻译是一种文化交流活动。

而功能派认为，翻译是把源语文本生成功能性目的语文本的过程，其中源语文本是按照目的语文本的意向或需求功能（翻译目的）确定的。如同物种的移植一样，想把热带的棕榈移植到亚热带的丘陵，土壤变了，气候变了，最终不适宜此物种的生存。同理，一种文化、一种语言结构移植到另一种文化环境后，如果没有生存的空间，就没有引介的必要，即使引进最终也会遭遇淘汰；又如进口国外产品，某一产品本来针对某一区域的消费者，如西方人的西装和款式未必适合国人，如果要进口到中国市场，就必须根据中国人的身材来减缩，将审美趣味加以改良。同理，在翻译中必须对移植的文化加以改良才适合中国的国情。在德国功能派看来，翻译是一种交际行为，行为具有强烈的目的性；翻译着眼于目标文本的功能，不是束缚于源语文本的规定；文本作为周围世界的一分子对世界产生能动作用，不是一个静止的、孤立的语言标本；翻译是一种人际互动行为，文本外很多因素决定着翻译策略的选择，如委托人，源语作者，目标文本接受者，接受的时间、地点、传播方式等；翻译是一种目的性行为，目的预设了交际主体人的意图，翻译目的是帮助实现这种意图；目的具有层级性、渐序性、复杂性、言内目的和言外目的的统一性。译者作为实现交际目的的中间人，虽然需按照交际主体的意愿从事翻译活动，但这种活动不是被动的服从过程，而是通过人际间的磋商，充分了解各种主客观因素之后，采取一系列策略来实现交际主体人目的的行为过程。由此剥夺了源语文本的权威地位，因为源语文本和目标语文本针对两类不同文化形态的接受者，接受者在各自的文化环境和物理环境中形成的价值观念、生活方式、宗教信仰不尽相同，诺德称之为不具共性的"文化在场情景"（situation-in-culture），构成了不同的感受点和对世界的期待，因此，A 语言信息发送者之于 A 语言接受者意欲取得的功能和效果不等于 B 语言发送者之于 B 语言接受者意欲取得的功能和效果。

第二节 功能翻译对传统翻译观的检视

一、功能翻译的历史渊源

翻译活动的历史比翻译学的发展史要长得多。语言是人类交际的工具，不同语言的人要交流，要互相了解，就要有翻译作为媒介。口译的历史比笔译的历史更长。因为在文字产生之前，就可能有口译。

在西方，考古和历史研究证实，早在公元前 3000 年，口译者作为古埃及与其邻国的语言中介人的作用之大，使其在贵族等级中地位很高，他们担负着在人与神之间发挥联系的重要的宗教功能。在四千多年前的古巴比伦甚至出现了双语词典（苏梅尔语—阿卡蒂安语词典）。圣经的翻译也是翻译活动对历史贡献的明证。

阿拉伯文化史上的"百年翻译运动"曾对阿拉伯文化的发展，对东西方文化的交流，甚至对西方文艺复兴运动的贡献都非常巨大。

在中国，夏商两代虽无直接反映当时翻译活动的文献可考，但却有与外族交往的记载："夏后即位，于夷来宾。少康继位三年。方夷来宾。"（《册府元龟·外臣部·朝贡》）可以间接说明必须有语言的中介。到了周代，就有了关于翻译官职"象胥"的记载。根据翻译者负责的语言区域不同，对其又有不同的称呼。东方曰寄，南方曰象，西方曰狄鞮，北方曰译（《礼记·王制》）。周代译者又统称为"舌人"。①

秦汉以后，有了更多翻译活动的记载，包括宗教经典（如佛经）、外事、民歌、医学、历数书籍的翻译。

一般来说，中国历史上出现过三次翻译高潮：东汉至唐宋的佛经翻译、明末清初的科技翻译和鸦片战争至"五四"的西学翻译。随着信息时代的来临和中国的改革开放，第四次翻译高潮蓬勃发展。"信息爆炸，知识爆炸，同时也就是翻译爆炸。"②

有了翻译，就自然有了对翻译的论述。有关翻译方法和翻译问题的论述起始

---

① 马祖毅. 中国翻译简史："五四"以前部分［M］. 北京：中国对外翻译公司，2001：109.
② 罗进德. 翻译理论与实务丛书［M］. 中国对外翻译公司，1998：68－70.

于两千多年之前。在不少历史学家看来，不同语言和文化的翻译是人类历史进步和发展的动力之一。因此，关于翻译史的部分论著不仅面向学者和译者，而且面向关心文化历史的大众。

历史积累的大量文献从不同角度对翻译进行了分析和探讨，有宗教的、哲学的、美学的，也有教学法的。但是，这些论述并没有形成一种统一的、普遍认同的、系统的翻译理论或翻译学。相反，很多论述的观点常常矛盾对立。

系统的翻译理论或翻译学不仅应当回答理论问题，而且应适当地描述翻译本身，并从中导出实际的行为方式。直到 20 世纪后半叶，才出现了连贯系统的翻译理论的探索，出现了可以称之为"翻译学"的不同理论。但是，仍然有很多人坚持认为翻译不是"科学"，而是"艺术"和"技巧"。所以，翻译学作为现代科学在西方出现后，至今还在努力为自己"正名"。"名不正则言不顺"，翻译理论的发展仍然任重道远。

中国的系统译学理论发展也是 20 世纪最后二十多年的事，且多借鉴了西方翻译理论的思路、概念和成果。因此，这里关于翻译学发展的有选择性的简介也主要局限于西方的研究情况，而且主要以理解现代功能翻译学产生的背景和原因为目的。关于中国译学的现代成果也有所提及。

二、传统翻译的特殊性

翻译既有统一性又有自身的特殊性。它是人类社会的一种实践活动。在历史的长河中，针对翻译的特殊性，人类就它的性质、方法、特征、标准，翻译中的行为主体、客体，以及各种要素之间的关系做出过种种界定和描述。不过，任何人想把翻译中的各种现象、特征、功能用三言两语说出来都是肤浅的、无法令人信服的。在传统领域中，人们对翻译认识是以自身的认识对翻译的一种定义、一种解释、一种理解、一种描述。

下面将从语言的形象性、译文组织构架的规范、翻译与文学的结缘来阐述人们对传统翻译的认识。

（一）译文组织构架的规范

1. 译文的规范性

实际上，传统翻译观体现在硬性地、人为地规定翻译是什么、怎么翻译、译文应该如何。人们人为地把翻译过程切割为"直译"和"意译"两个互为对立的翻译方法，这使初涉翻译者产生机械的、僵化的翻译思维。萨瓦里（T. H. Savor）在 *The Art of Translation* 一书中提出 12 条标准，这些标准在忠于原作和倾向译作之间作了二分法，既照顾了原作，也倾向了译作和译作读者，但都以"must、should、may"的口吻希望译者来遵守，体现出翻译的译文的组织构架的规定。

（1）译文必须翻译原文的词汇。

（2）译文必须反映原文的思想。

（3）译作读起来应该像原作。

（4）译文读起来应该像译文。

（5）译作应该反映原作的风格。

（6）译作应该拥有译作的风格。

（7）译作读起来应该具有原作同时代的特征。

（8）译作读起来应该具有译作同时代的特征。

（9）译文可以对原作加以删节和添加。

（10）译文绝不可以对原作加以删节和添加。

（11）翻译诗歌应该用散文形式。

（12）翻译诗歌应该用诗歌形式。

2. 传统译文遵循的准则

在 20 世纪 80 年代以前，我们以"信、达、雅"为标准，因为它一直是翻译人遵循的准则和信条，一旦但是我们深入其内核，可以发现它与传统的"经学"有很多相通之处。严复也认为"信、达、雅"应该成为"译事的楷模"。"信、达、雅"从一开始并不具有"典律"性，它并非是一个理论体系，而是严复翻译《天演论》的心得，往深处说，是严复从"经史子集"的角度阐发的一种翻译观。我们就《天演论·译例言》来看，除了第一、二段点明"信、达、雅"三者之间的关系，意在"达旨"的原因外，"言之无文，行之不远""汉以前字法、句法，则为达易""故信、达而外，求其尔雅"等都是中国传统文章观念在翻译中的延伸。如果进一步引衬《与梁任公所译〈原富〉书》中的思想："夫著译之也，何一非以播文明思想于国民？""非以饷学僮而望其受益"，而是"正以待多读中国古书之人"，还有与桐城派传人吴汝伦书信的用意和严复后期的经学思想，传统的"文章"观更是昭昭在目，意欲将翻译当做"天下文章"来经营，以达"传道""行远""鸣不平"之目的。在此，我们不得不追问，这样的翻译标准和翻译思想到底是为谁而构拟，为何而构拟？显然，严复的翻译文风是为封建士大夫代言，反映了他们的心声。

传统译文遵循的准则还表现在以自然科学为建构摹本，翻译既可以建立一套客观、公正、自给自足的科学体系，又能对翻译各要素和关系作出定量定性描述。一旦翻译被赋予了自然科学的特征，就容易引向形而上学的思维定势，翻译这种带有开放性、思辨性、人文性的学科可能走向模式化、简单化。20 世纪 60 年代发端的语言学派因为这种思维定式而走入了一个死胡同。以卡特福德和巴尔胡达罗夫为代表的语言学派借用语言学的研究成果将翻译的科学性推至十分精确的地步。卡特福德认为翻译是"把一种语言（译出语）的话语材料转换成另一种语言（译入语）中对等的话语材料"①。但是，巴尔胡达罗夫对翻译的理解受相同思维定势的影响，他认为翻译是"把一种语言的言语产物（即话语）在保持内容也就是意义不变的情况下改变为另一种语言的言语产物"。他把言语单位分成语素、单词、词组、句子以及大于句子等几个等级，称语素单词层次上的翻译为"级受限"翻译，称词组、句子层次上的翻译为"级无限"翻译，较卡特福德更进一步将语言系统中的六个等级层次应用于翻译理论。

3. 传统翻译研究观点

20 世纪 70 年代末期，语言学派把翻译看成一个符码的转换过程，他们把文本看做单位的线性排列并且认为翻译是用一个对等的单位序列去替换另一个单位序列。季羡林先生曾说："不同门类的翻译有不同的要求。有的需要严格对应，有的无须或很难对应，能达意也行，所以翻译很难有统一的标准。"如同其他人文科学一样，翻译不可能推演出放之四海而皆准的标准，也没有严格的、客观的、公正的科学定律。因为语际的转换受制于两种约定俗成的语言体系。"每一种语言都有它自身的系统，也都有它自身的法则，任何别的语言对它的'语法'破解"，就意味着它破坏了其整体性，实际上是一种对其文学性、诗性的消解。

语言与文化之间总是存在着差异与千丝万缕的联系，它们总是处于相互制约而又联系紧密的状态。中国传统美学孕育了语言的"简约""意念""神摄"等观念。刘勰《文心雕龙》有"言授于意"。白居易《新乐府序》有"篇无定句，句无定字""言系于意，不系于文"。杜收《答庄充书》说："意能遣辞，辞不能成意"，《远志斋词衷》中有"咏物因不可不似，尤忌刻意太似；取形不如取神，用事不若用意。""简约性"，意即"尚简"，崇尚"言有尽而意无穷"。《易》曰："意简而天下之理得矣。"刘勰《文心雕龙》说："句有可削，足见其疏，字不得减，乃知其密。"清人刘大櫆在《论文偶记》中说："凡文笔老则简，意真则简，

---

① 方梦之. 翻译新论与实践 [M]. 青岛：青岛出版社，2002：18.

辞切则简，味淡则简，气蕴则简，品贵则简，神远而含藏不尽则简，故简为文章尽境。"因此，我们的汉语根本没有形式概念，经不起分析和考究。在典籍翻译中，一旦被英语的逻辑和形式替代，它的一切诗性和韵味将全部消失。

（二）语言的形象性

翻译一直以来是文学艺术的衍生品、文学创作的附属品。人类对翻译的认识基本由身兼翻译家的神学家、文学家、文评家主导，翻译的定性和描述基本出自这些人的语言和作品中。由于这些人对翻译性质的描述和认定不可避免地带有形象化色彩，他们均怀有较强的文学情怀。比喻是文学家的专长，是形象思维的一种体现，"文学翻译家们既然并更擅长于用诗的、形象的语言来从事翻译，也自然更能使用诗的、形象的语言来谈论翻译。"又由于传统上翻译大都发生在文学领域，"在二百多个翻译比喻中，关于文学翻译的比喻就有 240 多条"，其中就有对翻译功用与性质的比喻，也有关于翻译标准、过程、方法的比喻；有关于原文与译文、创作与翻译的比喻，也有对作者、译者、读者三者关系的比喻等。有人把翻译比作画家绘画、艺人演戏、摄影师照相、钢琴家弹奏、雕塑家塑像、鹦鹉学舌、嚼饭与人、带着镣铐跳舞等，不一而足。有人把译者和作者的关系比作"谈情说爱"，人们把译者称作奴隶、仆人、媒婆、代言人、隐形人、叛徒、应声虫、传声筒……这些形象的比喻都产生在一定的历史背景之下，一个以文学家为主的文化群体对翻译的定性如此热衷，这一现象本身就寄托了文化先驱的翻译之"道"、语言意识、文学理想，已经超出一般意义上的翻译定义。

郭沫若针对 20 世纪 20 年代初文艺界只重翻译不重"产生"，从而提出"媒婆"与"处女说"。茅盾在 1934 年再度提起"媒婆"与"处女说"，但是他为"媒婆"辩护，茅盾认为翻译的难度不亚于创作："真正精妙的翻译，其艰难实倍于创作"，"'处女'固不易得，'媒婆'亦何尝易做呀！"由此可以看出，对翻译的讨论大都出现在文艺界，翻译性质的论争是文学论战的延伸，是文学思想向翻译领域的拓展和泛化。中国新文学时期就有梁实秋对鲁迅"硬译"的嘲讽；鲁迅、瞿秋白对赵景深"顺译"的发难；林语堂在"今文八弊"中指责鲁迅"西崽口吻"，鲁迅反驳："原是洋鬼子，……只能改换他的衣裳，却不该削低他的鼻子，剜掉他的眼睛。"这反映了这些文人的语言观点。这些阐述很形象并且通俗易懂，却有较强的主观性和随意性，它们多为翻译体验的诉说、对译作的主观评判，甚至演变为文学观点、审美意识、语言立场的文艺批判，很难抓住翻译的本质特征。

从翻译的实践过程中，我们知道译论从"译"和"作"中能够独立出来，这样一来既避免了言说者因为"主业翻译"带来的经验式的感悟，又避免了言说者因为"主业创作"带来的形象性比喻、主观性评价、激情式想象。翻译在争取成为一门"学科"的阶段，"以喻论译"的现象基本销声匿迹了。无论是古代鸠摩罗什的"嚼饭与人"，还是近至傅雷的淡而无味的"清水"、钱钟书的"煮过之杨梅"等形象说法，这些说法都已经成为过往，不再是翻译之话语、翻译研究之样板，从而失去了再生的能力。

（三）翻译与文学的结缘

翻译与文学的结缘给翻译活动赋予了创造性的劳动。这样的结合实际上寄托了翻译者创造性思维和审美的过程，翻译家根据艺术创作这一维度来探讨翻译，这种体验性的活动无不体现一种创造的过程。茅盾对这一思想认识得特别明显、特别深刻。他说："文学翻译是一种很艰难的工作，但文学翻译的主要任务，既然在于把原作的精神、面貌忠实地复制出来，那么这种艺术的创造性的翻译就完全是必要的。世界文学翻译中的许多范例，就证明这是可能的；在我国，像鲁迅译果戈理的《死灵魂》，瞿秋白译普希金的《茨冈》和高尔基的一些短篇，也证明了艺术创造性的翻译，是完全可能的。"

郭沫若的"融化说"也体现了翻译与文艺创作相同的审美过程，他翻译雪莱的诗，声称："是要使我成为雪莱，是要使雪莱成为我自己。译诗不是鹦鹉学舌，不是沐猴而冠。男女结婚是要先有恋爱，先有共鸣，先有心声的交感。我爱雪莱，我能听得他的心声，我能和他共鸣，我和他结婚了——我和他合二为一了。他的诗便如像我自己的诗。我译他的诗，便如像我自己创作一样。"

针对"翻译是奴性模仿"这一普遍流行的观念，17世纪法国翻译家、语言学家丹谢尔用"音乐家"的才情和"雕塑家"的创作加以驳斥，他认为翻译需要灵感思维。翻译不是一幅画作的翻版，描摹者跟着原作的线条、比例和原作者的态度。一个优秀的译家不会受到如此限制，至少他像一个雕塑家试图再造画家的作品，或者一个画家试图再造雕塑家的作品。翻译时候的状态应像维吉尔，根据大理石雕像——一尊出现在他眼前的令人惊叹的艺术品来描述拉奥孔。这种模拟，灵魂必须充满模拟对象的美质，陶醉于那些肥沃土壤中散发出来的欢愉气息，让自身被这种陌生的热情感染、激发，然后将这种热情变为自己所有，以此，产生完全不一样的形象和表达，即使它们相似。也许我可以用音乐中的比喻能够把这一问题说得更清楚。世上有很多有学问的音乐家，他们严格地按照一个模式来唱某些歌曲，他们不犯任何错误，因为他们刻板，缺乏才情，找不到这些歌曲的精神，因此他们既不会倾注优雅，也不会带进欢愉，而这些却是歌曲的灵魂。另一类歌唱家，更有灵气，更有才情，他们可以带着原作的精神来演唱，保证了原作的美质，使原作与众不同，虽然为同一首歌，这恰恰是优秀译作和蹩脚译作的区别。蹩脚的翻译是奴性式模仿，丢掉精神，只顾字面；优秀的翻译保留了精神，而没有离开字面，它是自由的、大度的模拟，化熟悉为新颖。

林语堂与许渊冲把"美"作为翻译标准提出来。林语堂谈翻译，首句这样展开："谈翻译的人首先要觉悟的事件，就是翻译是一种艺术。"由于是艺术，所以应该把"美"作为翻译的一个标准。他说："翻译于用之外，还有关一方面须兼顾的，理想的翻译家应当将其工作做一种艺术。以爱艺术之心爱它，以对艺术谨慎不苟之心对它，使翻译成为美术之一种。"可见翻译和文学创作在审美体验中有着十分相似的一面。

如果过分地强调文学翻译和艺术创作的同一性，会导致翻译作品作为一个独立的文学体系缺乏应有的个性，往往淹没了翻译和创作的界限，导致译者更多依赖目标文化的语言资源、本土经验、认知图式，造成作品洋味的缺失，最终丢失翻译文学的个性、独立性。同时，译者也不可避免地渗入自己的个性和色彩，但不能有意识地超风格之间建立等质和等量关系。以"对等"为出发点，要求译者不但要转换源语文本的信息，还要转换这些信息在源语中的特有表达方式，让译文能够在另一种文化中生存下去，让目标读者了解原作的体裁，欣赏其艺术价值、语言魅力，丰富目标语汇，使目标读者懂得原作的价值等，不一而足。

（四）生态翻译观

生态翻译观是一项较新的翻译思想，许多国内译界研究者将其称为"生态翻译学"。生态翻译观是生态学和翻译学互相渗透的结果。生态翻译观将生态学的研究成果引入翻译研究，将翻译与生态环境相结合，根据生态学的原理，以其机理及相互关系为研究对象，研究各种翻译现象及成因，从生态学角度审视、研究翻译，力求剖析和阐释翻译中的各种现象，进而掌握翻译发展的规律，揭示翻译的发展趋势及方向。此学说正在建设中，所以说有许多问题有待商榷，在本书中使用生态翻译观这一术语。

1. 生态翻译的理论

（1）翻译适应选择论。

生态翻译学的核心理论是翻译适应选择论，此理论研究以达尔文生物进化论中的"适应选择"学说为指导，利用人类行为的翻译活动与"求存择优"自然法则适用的联系，从而探讨"翻译生态环境"中译者适应与选择行为的相互关系、相关机理、基本特征和规律，从"适应"与"选择"的视角对翻译的本质、过程、标准、原则和方法等作出新的描述和解释，论证和构建了一个以译者为中心的"翻译适应选择论"。

在自然界中，"适应/选择"学说的实质是：任何生命体都具有适应自然环境的能力，生命体只有适应了自然环境才能生存和繁衍。在翻译中运用"适应/选择"学说的基本原理就是译者（译品）要适应翻译生态环境，要接受翻译生态环境的支配。根据"适应/选择"学说的基本原理，译者可以分为两个阶段进行翻译，即"自然"选择译者和"自然"选择译文。这里所说的"自然"是"翻译生态环境"，也就是原文、源语言和目标语言的结合，即作者、读者、语言、文化、交际、社会等互相结合的整体。

翻译生态环境是制约译者作出适应和选择的多种因素的集合。根据"适应/选择"学说的原理，译者被"自然"选择的阶段是以原文为典型元素的翻译生态环境选择译者翻译的翻译阶段，这个阶段可以看作译者适应翻译生态环境，即译者适应。而译文被"自然"选择的阶段则是以译者为典型要素的翻译生态环境选择译文的翻译阶段，也就是译者以翻译生态环境的"身份"进行选择，产生译文。[①]

总而言之，译者产生译文的翻译过程可以视为译者运用"适应/选择"学说进行适应和选择活动。实际上，在翻译过程中，译者和译文需要接受翻译生态环境的选择。而翻译的历史和现实都表明，译者的价值体现在译品中，译者的质量取决于译品。从这个角度来看，译者和译品共同遵循着"优胜劣汰、适者生存"的自然法则。[②]

翻译适应选择论具体阐述了生态翻译理论对翻译本体的解释功能，见表 3-4。

表 3-4　生态翻译理论对翻译本体的解释功能

翻译适应选择论	具体内容
翻译过程	译者适应与译者选择交替循环的过程
翻译原则	多维度的选择性适应与适应性选择翻译方法，即"三维"（语言维、交际维、文化维）转换
译评标准	多维转换程度、读者反馈以及译者素质

---

① 胡庚申.适应与选择：翻译过程新解［J］.四川外语学院学报，2008（7）.

② 胡庚申."翻译适应选择论"再思［R］.北京：首届海峡两岸翻译与跨文化交流研讨会，2005.

（2）翻译的生态环境。

从"翻译即适应与选择"的视角来看，生态翻译学理论将"译者为中心"的理念明确地体现在翻译的定义之中——翻译是"译者适应翻译生态环境的选择活动"。"翻译生态环境"包括作者、读者、委托者及语言、文化、交际、社会等互相结合的整体，也包括源语、目的语、读者、社会历史环境等一系列相关因素，它是源语言和目标语言共同呈现的"世界"。在翻译过程中，所谓的"自然"指的是所有可以制约译者翻译活动的因素，统称为"翻译生态环境"。生态翻译学理论认为，翻译活动和所有其他的自然界的活动一样，都需要适应自然，译者对于目的语文本的选择更是以自身对多种生态环境的适应为基础，如果在翻译的过程中，译者不能充分适应多种生态环境的要求，其所作出的选择也会被自然淘汰。①

在翻译适应选择论的视角下，翻译是译者被翻译生态环境因素所左右的选择活动的一个过程。这种自觉或不自觉的选择存在于翻译过程的各个阶段，发生在翻译活动的各个层次。这种选择背后的机制和动机，正是整个大环境当中的"适者生存"。所以，翻译过程中译者的适应和译者的选择，便在翻译生态环境的基础之上实现了突破。

生态翻译学理论认为，在翻译过程中，译者需要从多维度进行"选择性适应与适应性选择"，并注重语言形式、文化内涵和交际意图的适应性选择，即"三维"转换，才能产生出具有适当"整合适应选择度"的译品。② 在具体的翻译过程中，语言、文化、交际等因素是紧密联系的，但为了论述方便，本文将从语言、文化和交际三个维度分别加以阐述。

语言维的适应性选择转换，指译者在翻译过程中对语言形式的适应性选择转换。语言维的适应性选择转换体现在词汇、语法结构、修辞风格以及文体等各层面。从生态翻译视角来看，译者需要首先适应整个翻译的生态环境，充分发挥其主体作用，摆脱源语言形式的束缚，只有这样才能进一步对译文作出与之相适应的选择，巧妙地实现语言维的适应性选择转换，形成最终的译文。

文化维的适应性选择转换，指译者在翻译过程中需始终关注双语文化内涵的阐释与传递。文化维的适应性选择转换囿于源语文化和目标语文化在内容和性质上存在的分歧与差异，需要译者在适应该语言所属整个文化系统的前提下进行源语语言转换。汉英之间不同的文化可能使在源语文化中耳熟能详的语言，在目标

---

① 丁晓超．生态翻译学视角下《泊秦淮》的几种译本 [J]．文教资料．2009（11）．

② 邓李肇．生态翻译学视域下的电影对白翻译 [J]．电影文学，2011（5）．

语言文化背景下给观众造成理解上的障碍。所以为了避免因文化差异造成的误解，译者需要在考虑到文化因素异同的前提下进行语言转换，关注双语文化内涵的解释与传递，作出既能与原文相应，又可契合不同文化的译文选择。

交际维的适应性选择转换，指译者在翻译过程中要关注双语交际意图的适应性选择转换。交际维的适应性选择转换，要求译者将选择转换的侧重点放在交际层面上，在语言信息的传递和文化内涵的转换之外，更要关注原文中的交际意图叮否在译文中得以体现。作为一种跨文化活动，翻译的目的是为了信息交流，而字幕翻译正是跨文化交流的一种途径。字幕翻译的特点之一就是要能体现作品中各种角色之间的交际意图，翻译必须要注意两种语言交际意图的适应性转换。译者既要阐释语言的字面意思，还要强调出它的交际作用。①

翻译生态环境学说运用"适者生存"的自然法则，提出并论证了翻译过程中译者的中心地位和译者主导作用，以及译者"自我适应"的适应机制和"事后追惩"的制约机制。②

2. 生态翻译研究发展

爱尔兰都柏林城市大学翻译与语篇研究中心主任兼人文科学系主任 Michael Cronin 在其著作 Translation and Globalization 中首次提出生态翻译理论。Michael Cronin 在该书中指出，全球一体化的发展态势引发了地球上语言生态系统的惊人脆弱性和一些语言前所未有的消亡速度，要在全球化大潮中维护其自我身份，就必须采取有效策略。③ 正是在这种背景下，Michael Cronin 提出赞同新生态翻译学的观点，强调一体化和多元化、全球化和本土化并存，即面对语言全球化的大趋势，翻译应发挥维护语言多样化方面的作用。清华大学胡庚申教授在其著作《翻译适应选择论》中朝生态翻译学方面的研究迈出了一大步。该书从适应、选择的视角来探讨翻译理论问题，借用临近学科领域相关的研究思路和达尔文生物进化论中"适应/选择"学说的基本原理，从生物圈出发，以系统网络的观点研究各种生态环境与翻译的相互关系，以及在自然、社会环境中，译者与翻译的相互关系。这些研究显示出国内探索生态翻译学方面的研究已经初见成效。

翻译生态环境指导译者作出选择、译者适应翻译生态环境的要求使译者策略的选择归结为两方面。生态翻译学理论将翻译过程从生态学的角度进行了深度剖

---

① 胡庚申. 从术语看译论——翻译适应选择论概观 [J]. 上海翻译，2008 (5).

② 李明明. 译著《朝花夕拾》的多维度适应性选择翻译分析 [J]. 广东工业大学学报（社会科学版），2010 (8).

③ Michael，C. *Translation and Globalization* [M]. New York：Routledge Press，2003.

析，这个理论认为，翻译活动和所有其他性质的活动都需要适应自然。在翻译过程中，所谓的"自然"是可以制约译者翻译活动的所有因素，统称为"翻译生态环境"，包括源语、目标语言、原文、读者、社会和历史环境等一系列相关因素。同时生态翻译学理论认为，译者是以自身对生态环境的适应为基础选择的目的语文本，如果在翻译的过程中，译者不能充分适应各种生态环境的要求，其所作出的选择也会被自然淘汰。

总之，生态翻译学理论着眼于翻译生态系统整体的宏观研究，从生态翻译学的视角，致力于研究整个翻译过程的发生，揭示和描述译文产生的翻译过程，对翻译的本质、过程、标准、原则和方法等作出了新的描述和解释。

第三节 功能翻译的历史基础

一、功能翻译在西方的发展

（一）直译与意译的争论

公元前 1 世纪的翻译家西塞罗（Cicero）、以后的哲罗姆（St. Jerome，5 世纪）和路德（Martin Luther，16 世纪）都认为逐字翻译和自由翻译是相互矛盾的方法，并倾向于后者，但并未做到在自己的翻译实践中始终如一。

两千年以来，谈到翻译的文献中就一直没有中断过应当"逐字直译还是自由意译"的讨论，很多人至今不能作出最后的决断。人们从这种两难的境地导出了一个迄今为止较为通行的实用原则，即应当"尽可能逐字译，必要时自由译"。

（二）语言的可译性

语言的可译性问题，是指语言翻译之后是否能够让译语的读者真正理解源语使用者所表达的意义。从根本上来说，这是一个语言哲学问题。

1. 消极观点——原则上不可译或者近似的可译性

施莱尔马赫（F. D. Schleiermacher）于 19 世纪提出，让源语的光（指精神）在译文中透射出来。他提出这一要求，是基于将语言和思维方式完全等同起来的认识。近代的本杰明（W. Benjamin）等在一定程度上也持此观点。

他们认为：人们通过习得母语，形成了特有的世界观。即便在一种语言共同体中，由于使用它的个人具有不同的思维方式，相互理解已经很困难，更不用说在不同语言的使用者之间了。19世纪的威廉·冯·洪堡（W. Von Humboldt）和20世纪的威斯格伯（L. Weisgerber）也持这一观点。他们虽然没有直接涉及语言的可译性问题，但这种将语言结构和思维方式等同起来的认识，距离语言原则上不可译或者只可能近似翻译的观点就不远了。

20世纪中叶，出现了所谓的萨丕尔—沃尔夫假说（Sapir-Whorf Hypothesis）："从语言的结构差异中得出：有些语言的语法大相径庭，使用这些不同语言的人群因这些语法结构的不同形成了类型不同的观察结果，对极近似的观察结果的评价也不同。因此，他们相互不是等值的观察者，他们形成了对世界的不同认识。"萨丕尔—沃尔夫假设的结论是：一个陌生的、异域的世界图像是使用另一种语言的人用译语无法真正理解的，也就是不可译的。要真正理解某一语言群体的世界观（对世界的认识和理解方式），只能通过对该语言的学习和掌握，从该语言本身去认识。

2. 积极观点——原则上的可译性

与上述观点相反的是原则上的可译性。其理由是：几千年来人们都在翻译（口译和笔译），这是无可争辩的事实。如果说源语和译语之间，或者说源语和译语的元素之间的"等值"，是可能的，那是因为所有的人都具备普遍的认知能力，因而也具备潜在的、不断扩展的无限表达能力。一旦需要，他们可以创造出原本不存在的新的表达方式，为他们新认识到的事物和现象构建新的词汇。

为了支持在可译性问题上基本的肯定立场，翻译学家运用了现代语言学的研究成果和方法，尤其利用了索绪尔（F. de Saussure）区分语言系统（langue）和言语运用（parole，语言系统在具体场合的应用）的观点，以及在此基础上产生的符号学（semiotics）理论。符号学理论不仅考察语义学（semantics，语言符号与所指现实事物的关系）和句法学（syntax，语言符号相互之间的关系），也考察语用学（pragmatics，语言符号与语言使用者之间的关系），从而抓住了语言作为交际工具的本质。

功能翻译学也论证了可译性，但角度不同。功能翻译学认为，虽然源语和译语语言系统的不同，可能造成翻译的局限性。但是，一个语篇的功能可以进入译语，并用译语实现。

3. 辩证观点——具体问题具体分析

可译性问题上的两种对立立场均具有相对性。积极肯定的观点并没有否认可译性的局限性，消极否定的观点也没有完全否定部分的可译性，只是强调了从译语中不可能完全了解源语表达的陌生的、异域的世界观。

翻译学家科勒（Koller）提出了相对的、不断渐进的可译性："在翻译的同时，可译性在提高。"这种相对的、不断渐进的可译性观点可以说是对语言可译性问题的一个合体，是对正题、反题的综合。

辩证唯物论的矛盾论指出，矛盾的主要方面决定事物的性质。而在翻译对象的多样性中，不同对象的主要矛盾方面不同，其性质也不同。应当对具体问题进行具体分析：依照两种相关语言的结构差异和文化差异的大小，依照翻译的对象、内容和目的，可以有完全可译、基本可译、基本不可译、完全不可译之分。同时，渐进的可译性就是矛盾双方从不可译到可译的转化过程。

二、功能翻译在中国的发展

有史以来，中国也有过大量关于翻译方法的论述，但基本上没有出现过关于可译性的讨论。也许是中国人讲究实用的特点所致，不善于或根本不愿意花费精力去探求与实际翻译工作需要无关的、形而上学的"纯理论"问题。即便是有关翻译方法的论述，也很少采用断然立场，去论证"直译"还是"意译"哪个更正确。

从实际经验和翻译的需求和目的出发，中国人更多考虑的是：什么时候应当怎么做，以及为什么这么做。

同西方一样，中国的翻译者本身从一开始就在思考、记录和论述他们活动的目的和方法。其原因在于：他们一方面要面对界内、界外可能产生的批评而维护自己，另一方面也为加深他人对自己翻译方法的理解，并更好地与他人进行交流。翻译者自己提出的问题和观点，常常是从历史条件和实际状况出发，说明自己当时的翻译原则，并不由此导出"普遍真理"。严复提出的"信、达、雅"即是一例。

但是，后来"翻译批评家"的观点却常常采用一种规范化的形式，说明什么是"正确的翻译方法和标准"。在中国，不乏对严复的"信、达、雅"作出的不同解释和发展，其共同之处就是都将"信、达、雅"作为翻译的理想标准。

实际上，严复的"信"是忠于原著的精神和思想，并非原文，有他的译文为证。他的"雅"是采用"小雅"文体，并非后人主张的通用翻译准则，而是严复译著要照顾当年受众的特点与期待所致。他欲"启蒙"进而"改良"社会，寄希望于士大夫和封建知识阶层，不"雅"就没有他意中的读者。

鲁迅关于"硬译"的论述也是中国人思维方式和翻译行为特点的又一种表达。他主张有时"硬译"，意在引进外国的新颖的表达方式和词汇，丰富汉语文化，且译著的读者多为知识分子，能够读懂。至于新词汇、新结构是否能被中国文化最终吸纳，全在于读者大众的接受过程，好则生根，不好则消亡，完全不用着急，更不用事先规定标准。

第四节　功能翻译的理论基础

一、当代西方的翻译理论解读

功能对等是指源语接受者和译文接受者理解、欣赏源语文本和译语文本的一种比较方法。美国《圣经》翻译家、翻译理论家尤金·奈达从社会语言学的观点出发，提出他的读者反应论。该理论认为翻译的重点是读者阅读翻译文本时所接收到的信息，构成翻译过程的一个主要因素是目标读者，它决定翻译中采用的语言。在翻译理论和实践中，奈达又提出了"新的中心"（动态等），与"老的中心"（形式对等）相对。形式对等和动态对等之间的基本的区别是，形式对等是一种词汇对词汇的翻译，动态对等是确定译作是否被认可的翻译。

翻译需要经过一定的流程才能达到好的翻译效果，翻译主要经过三个过程：①分析作者意图；②转移到目标语言；③根据读者的理解，重组目标语言。其中，最后一个步骤包括很多主观判断，如情感、态度和宗教主张等，奈达虽然从语言形式和风格着眼，他的动态对等概念还是言明了交际效果对等的必要性。"动态对等着眼于产生一种完全清新自然的表达方式，试图让接受者与他自己文化环境中的相关行为方式联系起来，不要一味地认为他接受原文信息非得理解源语环境中的文化模式不可。"他认为形式对等为忠实地再现源语文本形式，而动态对等是交际效果的对等，翻译意味着交际，这一过程依赖于译文读者，判断翻译有效性不能停留在词汇意义、语法类别和修辞手段的比较，更重要的是接受者理解和欣赏译文的程度。

二、"目的论"思潮

(一)"目的论"思潮出现的社会背景

第二次世界大战以后,西方进入后工业化时代,社会发展进程不断加快,国际政治、文化和商贸,往来日益频繁。由此,实用文本翻译和口译量骤然增多,文学翻译已逐渐失去了主导地位。对此,德国翻译学者威尔斯作了如下描述:"20世纪之前,《圣经》翻译和文学翻译一直占主导地位,而现在的重心转向作为技术用途的信息型、实用型文本翻译,这些翻译活动大多由组织严密的翻译班子来完成。这些译语文本的读者数量极其有限,因为它们被当做内部资料使用,不出版发行。因此不排除用数种语言翻译同一文本或者多家翻译班子翻译相同领域的合同文本的情形。当今到底有多少人在从事翻译活动?毫无疑问,正宗的文学翻译家,那些躲在孤寂简陋的斗室,啃着大部头文学名著的人的数量极其有限。翻译活动已在交际领域的各个层面上展开,出现在通讯社的海外机构,出现在报刊、电台、电视台的各个部门,出现在各国的外交使团、政府机构、国际性会议、海关、边检站、进出口公司,出现在情报机构或多国部队等军事部门,出现在电影制片厂、跨国运输机构,(翻译活动)就像宾馆迎候外宾一样,出现在游轮、工厂、大学或者家庭……"[①]

(二)"目的论"产生的历史条件

实用文本当时已成为后工业时代的主要翻译对象,那时迫切需要新的理念、新的策略来审视和应对新的翻译形势。传统翻译观念和翻译手段远远不能满足快节奏、高效率的生活需要,读者易于接受那些信息明快、针对性强、趣味性浓的文字材料,全译中的多余信息、不符合译入语语言习惯的表达方式、未经加工的异域文化不仅浪费译者的时间和精力,还会大大降低读者的阅读兴趣。这种客观的外部环境促使德国翻译界用一种全新的眼光来审视业已存在的翻译理论和翻译活动,而那些职业翻译人更是对传统理论产生了信任危机。目的理论的出现十分符合职业翻译人的胃口,它对翻译实践具有指导性、可操作性。斯内尔·霍恩比对此赞赏有加。她说:"乍一看来,曼塔俐的观点对于那些醉心于大学人文传统

---

① 张美芳. 翻译研究的功能途径 [M]. 上海:上海外语教育出版社,2006:75.

的人有点言过其实，但事实上她所描述的一系列行为和过程与职业翻译人的工作过程和要求相当吻合，我自身的翻译体验恰好也证明了这一点。"她的观点受到了很多职业译者的青睐，而这些人此前对任何翻译理论都持怀疑态度。如一家大型工业公司的文字材料与翻译部主任斯德尔布尔克认为，传统翻译理论及语言学翻译理论对职业翻译培训不但毫无益处，而且会产生误导。他在几次讲座中描述的工业翻译的实际情形是：翻译只能当做集体行为的一个部分，译者行为的最终目的是在其行为之外。如翻译合同文本时，他不只是文字工作做完就万事大吉，为了使跨国贸易顺利进行，译者还必须提供相关法律条款，他要对此承担全部职责，然而现今的翻译培训机构在此方面严重失误。

三、功能翻译理论流派研究

（一）布勒的语言功能"工具模式"

德国心理学家、功能语言学家卡尔·布勒于 1934 年描绘了语言功能"工具模式"（图 3-3）。该"工具模式"包含以下组成因素：

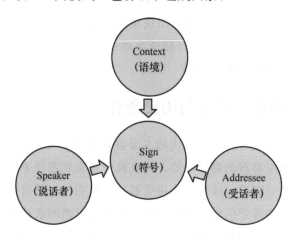

图 3-3　语言功能"工具模式"

（1）语境（the Context）：语言的"表现功能"，涉及符号与世界的关系；

（2）说话者（the Addressor）：语言的"表情功能"，涉及符号与说话者的关系；

（3）受话者（the Addressee）：语言的"感染功能"，涉及符号与受话者的关系；

（4）符号（the Sign）。

布勒的语言"工具模式"有四个组成因素：符号、说话者、受话者、语境。话语（语言）功能包括"表现、表情、感染"三种。语境与语言之间的关系体现了语言的信息功能；说话者与符号之间的关系体现了语言的表情功能；受话者与符号之间的关系体现了语言的感染功能。布勒根据语言工具模式中的组成成分及其关系，区分了三种语言功能：信息功能、表情功能、感染功能。

布勒的语言功能理论在语言学界影响很大，不少后来的语言学者的理论中都有布勒理论的影子，如雅各布森的语言功能理论和韩礼德的三个语言纯理论功能，即概念功能、人际功能和语篇功能。

（二）雅各布森的语言功能模式

雅各布森发展了布勒语言工具模式的交际功能。他提出的语言功能模式有六个组成因素：信息、语境、信息发送者、信息接受者、接触渠道、代码。他把话语功能分成五类，即信息功能、表情功能、意动功能、寒暄功能、诗学功能。

雅各布森提出的模式看来比较复杂，所含的成分比布勒模式多几个，表示方式也有些不同。在他的模式中，信息是联系其他因素的中心点：

（1）语境（context）：信息与语境之间的关系为"表现"（representational）；

（2）信息发送者（sender）：信息与信息发送者之间的关系为"表情"（expressive）；

（3）接受者（receiver）：信息与接受者之间的关系为"意动"（conative）；

（4）接触渠道（contact channel）：信息与接触渠道之间的关系为"寒暄"（phatic）；

（5）代码（code）：信息与组成信息的代码之间的关系为"元语言"（metalingual）；

（6）信息（message）：信息与其本身的关系为"诗学"（poetic）。

雅各布森的语言功能模式大概可以这样理解：语境与信息之间的关系体现了语言的"信息"功能；信息与发送者之间的关系体现了语言的"表情"功能；信息与接受者之间的关系体现了语言的"意动"（或感染）功能；信息与接触渠道之间的关系体现了语言的"寒暄"（或交际）功能；信息与信息代码之间的关系体现了语言的"元语言"功能；信息与信息之间的关系体现了语言的"诗学"功能。

（三）凯瑟林娜·雷斯的"综合交际行为"

雷斯于 1971 年在她的著作《翻译批评的可能性与限制》一书中，以对等论为基础认真审视德国的翻译理论，同时她也把功能概念作为翻译批评的一个客观方法在书中作了详细地介绍。雷斯以对等的观点为出发点，建立了以两种文本之间的功能关系为基础的翻译批评模式。她认为理想的翻译应该是，目标语的目的是追求成为源语概念内容、语言形式和交际功能的对等物，她把这种翻译称作"综合交际行为"。

雷斯认为"翻译的正途"并不能依赖于原语的语言特色作为译作的评判标准，而必须根据目标文本是否在某种翻译情形中发挥了功能，所以她接受了"只要是存在的就是合理的"之法则。她说："毫无疑问，所有的翻译类型在特定的情况下都是有理由的。逐行对照翻译对语言比较研究极其有用，语法翻译能帮助外语学习；如果希望知道不同语言表达某一意义的不同方式，研究型翻译也是恰当的；如果作为整个交际过程中的一个语言要素，改变文本功能也许是一个合理的办法；如果翻译本身就是目的，即试图把原语单语交际过程延伸至目标语接受者，那么翻译是一个不可分割的交际行为，这时文外可以不作任何注释、添加，让目标读者去领悟源语文本的意义、语言形式和交际功能。"

（四）汉斯·J. 弗米尔的"目的论"

弗米尔一直反对"翻译仅仅是语言转换"的观点，他认为翻译主要是一种文化的转移，译者应该是双语文化或多语文化拥有者，自然也就包括掌握多种语言，因为语言是文化不可分割的部分。他还把翻译看做一种行为、一种跨文化事件，这不仅适应于两种文化有近亲关系的语言，还适应两种文化相距遥远的语言。语言学不能解决任何问题，"语言学不会给我们提供多大帮助，首先翻译不只是，或不主要是个语言过程；第二，语言学对于解决翻译问题没有构拟恰当的设问，因此只能寻求其他办法。"[①]

弗米尔将翻译阐释为：为了取得理想的功能，在乙文化中用乙语言模拟甲文化中用甲语言提供的信息。这意味着翻译不是词汇和句子的符码从一种语言转移到另一种语言，而是一种复杂的行为。译者在一种新的功能的、文化的、语言的

---

① Nord, Christiane. *Translating as a Purposeful Activity*: *Functionalist Appoaches Explained* [M]. Shanghai: Shanghai Foreign Language Education Press, 2001.

环境下，新的情境中提供有关源语文本的信息，尽可能地模拟源语的形式特点。

在他的目的论中，功能因素是压倒一切的因素。他极力反对把源语文本看作一个静止的、绝对的标准，不应该在原语文本类型和特点上争论不休。翻译方式应根据某一特定的情境而决定，所以翻译是一个动态过程。翻译是一种转换，把言辞和非言辞性的交际符号从一种语言转移到另一种语言，可以类比把图画变成音乐、把蓝图变成建筑，所以翻译属于人类行为之一。根据行为理论，人类行为是一种有意图性、有目的性的行动，它发生在一定的情境之中，同时也对情境作出改造。既然每个情境与文化息息相关，那么对任何一个情境的估价，不论是言辞或非言辞情境都依赖于它在某一文化体系中的地位。根据这一思想，翻译不能看作词当句对的语言转换，而是包含在人类交际的综合理论框架之中，翻译理论不只是吸收语言学理论，而是需要一种文化理论来解释交际场合的特殊性，解释言辞性和非言辞性情境因素之间的关系。

弗米尔认为，翻译是一种以原语文本为基础的翻译行为，原语文本包含言辞和非言辞成分，如图表等，还有种翻译行为可以是向委托人提供咨询。对于翻译行为，他作出了如下解释：

"任何翻译行为，包括翻译本身都可以看作一种行为，任何行为都具有目标、目的，Skopos 是用于'翻译目的'的专用名，一种行为进而产生一种结果、一种新的情形和事件，有可能一种'新'的目标。"[1]

因此，弗米尔把他的理论称之为"目的理论"，在这个理论框架中，决定翻译目的最重要的因素之一是译文的受众（addressee），他们是目标文本潜在的接受者或读者，他们有自己特有的文化、世界知识、期待和交际需求，每次翻译都是为着特定的目标接受者，因为翻译意味着"在目标情境中为着目标文化中的特定目的和接受者产生文本"。

弗米尔的目的论是"翻译目的论"理念的核心部分，根据目的论，所有的翻译应遵循三个法则：目的法则、忠实法则和连贯法则。

1. 目的法则

在"目的论"中的三个法则中，"目的法则"是其中最高的法则。弗米尔认为：任何翻译行为都是由翻译的目的决定的，即目的决定手段。她还指出，目的准则对于解决意译和直译、动态对等和形式对等、灵活的译者和保守的译者之间

---

① Nord，C. *Translating as a Purposeful Activity：Functionalist Appoaches Explained* [M]. Shanghai：Shanghai Foreign Language Education Press，2001：10—12.

的问题是十分有帮助的。就是说，翻译认为的目的要求可能是意译，也可能是直译，无论是什么策略，都是由翻译所服务的目的而定。目的论将翻译行为所要达到的目的概况为三类："译者的目的（以翻译为谋生手段）、译文的交际目的（给读者提供一定指导）和使用某种特殊手段所要达到的目的（通过逐字直译来解释原文语言的特殊结构）。"

除了目的法则，影响目的的因素还有"目标"（aim）、"目的"（purpose）、"意图"（intention）和"功能"（function），这些在弗米尔的论著中均有体现。其中，意图和功能是影响目的最主要的两个因素。意图是从发送者的角度定义的，而功能是指文本功能，它是由接受者的期望、需求、已有知识和环境条件共同决定的。在弗米尔的目的论框架中，译文所意指的接受者是决定翻译目的的最重要因素之一。这些译文的接受者有自己的文化背景知识、对译文的期待以及交际需求。每一种翻译都指向一定的受众，因此翻译是在"目的语情景中为某种目的及目标受众而生产的语篇"。弗米尔认为，"原文只是为目标受众提供了一部分或是全部分信息的源泉。"由此可见，在目的论中，原文的地位明显低于其在对等理论中的地位。因此，倘若"意图"和"功能"不一致时，按照目的法则，则应以目标受众（功能）为主。

2. 忠实法则

"忠实法则"又称为"语际连贯"，依据该法则，"译入语文本与源语文本有某种对应关系"。忠实法则某种意义上类似于对等理论中的"译文对原文的忠实"，不过，弗米尔同时指出，在翻译目的论的忠实原则中，忠实的程度和形式是由译者对原文本的理解所决定的，也取决于翻译的目的，可以随目的的不同而变化。在弗米尔目的论的三大法则中，"目的法则"是最高法则，假如目的法则要求原文与译文的功能不同，那么忠实法则就不再适用；假如目的法则需要译文不通顺，即不符合语内连贯，连贯法则就不适用，忠实法则从属于连贯法则，但二者都必须服从目的法则。

在商业广告英译过程中，依据目的法则，可以从以消费者为导向的"功能"和以生产商为导向的"意图"分析，对二者进行比较。若两者一致，则翻译目的是唯一确定的，进而所采用的翻译策略也可以确定；二者不一致时，就应该首先考虑以消费者为导向的"功能"因素。英语国家消费者对商业广告中的语言使用、文化背景和消费心理方面的具体要求方面，"连贯法则"所要遵循的是尽量使译文在目标语国家有交际意义，降低译文的陌生感，从而满足消费者的需求，因此应采用恰当的策略让译文"本土化"。

3. 连贯法则（Coherence Rule）

连贯法则又称为语内连贯原则（Intra-Textual Coherence），它要求"由译者产生的信息（目标文本）必须能够用与目标接受者情境相连贯的方式解释"。由此，译者应该尽可能地考虑目标受众的文化背景和社会环境，能够使译文最大程度上实现语义连贯，具有可读性和可接受性，让接受者能够理解其义，这样信息交流才能成功。

（五）贾斯塔·赫尔滋·曼塔俐的"信息传递符号"

曼塔俐是定居芬兰的德国籍职业翻译家、学者，从事职业翻译培训。她于1981 年讲授翻译行为理论与方法，并于 1984 年将之以详尽的内容出版。她的理论建立在行为理论的原理之上，认为人类行为具有目的性，翻译行为的主要目的是提供合作的、功能得体的交际行为，涵盖的内容比传统的翻译定义要广得多。为了有别于传统的翻译理论，她的观点更为大胆，她时常避免使用"翻译"一词。她的翻译行为包涵一切形式的跨文化转换，包括那些原语文本和目标语文本不在场的文化转换形式。她喜欢把原语称作"信息传递符号"（message transmitters），由文本材料和其他的传递介质如图片、声音和体态语组成。这样避免传统"翻译"一词所产生的内涵和期待，使得她与传统的翻译观念和假设分道扬镳。她说翻译用作动词时，需要一个语法上的宾语，人们容易将视线集中在要翻译的文本，而不是要"生产"的文本，这样对跨文化交际是非常不利的。在她提出的理论框架中，对原文文本的分析只集中在结构和功能方面，而原文对翻译真正起作用的部分是极其有限的。原文文本被当做一种实现交际功能的工具，完全服务于它的目的，没有任何固有的价值，它可以根据目标读者的需要进行较大的改动，译者可以不受原文的干扰，服从目标语的社会语言情境，因为译者所做的一切是根据委托人的需要来完成委托任务，而不是文本本身。

正因为曼塔俐的理论削弱了原语文本的权威地位，遭遇了种种反对意见，招来了众多的怀疑目光，即使那些在实践中有意采用功能翻译手法的译者也不例外。如纽马克就对这个充满现代气息、抽象含混的说法贬损不已，他认为，"公共关系""商业式写作"这些术语模糊了翻译的实质。然而在曼塔俐的框架中翻译和其他形式的文本生产是翻译行为的组成部分，而不是它的实质部分，文本翻译活动的目的之一是确定原语文本的内容和形式对目标文本实现其功能是否合适，译者的决策不只是受原语文本的限制，他还需研究目标文化对翻译内容、文本种类、文体所持的态度，目标文本的形态是由其功能决定的，是否与原语文本相似只有在翻译中通过系统分析才能确定。作为交际专家的译者处在原语信息发出者和目标语信息接收者的关键位置，因此，他们也就处在一种更为宽广的社会情境之中。她的理论模式既考虑了译者与原语作者的关系，又考虑了译者与读者的关系，还考虑了译者与委托人的关系，只有训练有素的译者才能产生功能适当的文本。

曼塔俐构建此种理论的目的是确定指导翻译行为的种种要素，这种行为被看做一种专业的文本写作，行为是由功能、目的和结果决定的，翻译行为的目的是产生"信息传递符号"，这些符号要应用于整体行为，整体行为的目的是指导、协调交际，进行合作。

在翻译行为中，文本是"信息传递符号"的复合体，它根据功能来架构，以文本作为表现形式。原语文本是翻译发起者和委托人指定的文本，给翻译行为提供原语材料；目标文本要么被翻译发起者使用，要么被其他使用者使用。

功能概念有两个重要的内涵：其一，它使翻译行为的结果置于人类需求的复杂系统之中；其二，它把翻译行为置于社会劳动结构中，即社会是由劳动分工组织协调，翻译行为的主要角色由一人、多人或多个机构来扮演，这些角色包括发起人、文本生产者、译者、目标文本使用者、文本接受者。

译者是专家，他们的任务是产生"信息传递符号"用于跨文化信息转换，要做好这一环节，他们必须在特定的地点、特定的时间、为着特定的目的，产生特定的产品，因此他们必须利用得当的信息来指导翻译行为，他们的行为必须与委托人具体协商来确定，翻译行为还需规定截止日期。因此，翻译行为涉及的不只是译者。

把翻译置于有目的性的行为之中，后者又镶嵌在整个人类行为的多层级总和之中，从属于跨文化交际总目标。由此，翻译定义的范围不只是局限于翻译单位，原语文本、文体等要素，理论上翻译行为的完整性应把人类跨文化交际所涉及的各种要素考虑进去，特别包括委托人所定义的文化、最广义的文本产生过程和专家行为的概念。

因为不同的文化有不同的规范，在跨文化的文本生产过程中，原语中的成分可能需要被更适合文本功能的目标语成分所替代。文本的产生是翻译行为的产物，所产生的文本作为"信息传递符号"，被委托人使用，和其他非翻译文本一道用于跨文化信息传递。信息传递的目的是协调交际，协调的目的是使合作取得整体目的。

在确定文本规范，即目标文本所需的性质和特点时，目标文本以外的很多因素对翻译文本的操作影响巨大。这些因素包括行为目的、行为实现的方式、给付的报酬、文本的交付日期。还有参与人的角色、行为的整个目的等，所有这一切都必须与委托人协商解决。

作为翻译行为的专家，译者负责完成委托任务，即完成功能适当的文本，他们决定翻译文本是否实现所需的功能、什么时候实现、怎样实现、委托的任务是否依赖目标文化的具体情形。为了得到恰当的翻译文本，译者必须和委托人协商，设想一系列的具体情形，文本的翻译过程以分析、综合、测估和创造性的行为为基础，这一系列的行为必须考虑所译文本的最终目的和不同文化的方方面面，以便克服不同文化之间的障碍。

曼塔俐认为行为概念对所有类型的翻译都起作用，其理论对译者的每次决策都提供指导。因为翻译行为缘起于行为之外，发生行为的原因至少部分由目的和目标决定，目的和目标对每个翻译个案影响都有所不同。

根据曼塔俐模式，翻译被解释为"一种复杂的行为，是用来取得特定的目的"，翻译的属概念是"翻译行为"，翻译行为的目的是通过译者生产的信息传递符号，跨过文化语言障碍，转移信息。译者在跨文化交际中是生产"信息传递符号"的专家。

翻译行为是生产某种"信息传递符号"的过程，服务于目标文化总的行为系统，用来协调个体之间的行为和交流合作。[①]

曼塔俐把翻译研究的焦点落在翻译过程中的各种行为因素上，分析翻译参与人的各种作用，如翻译发起人、译者、译文的使用者、信息的接受者，还分析了翻译行为发生的情境因素，如时间、地点、传播中介。她所关注的问题之一是，在劳动分工明确的时代译者处于一种什么样的地位。而在她的译者培训教程中，她一再地强调译者是专家（expert）。

在最近出版的著作中，曼塔俐利用"控制论"来解释人类作为社会人和谐相处、互为合作的条件，生产和设计功能的信息传递符号的能力是由大脑的功能决定的，她认为这些在培训职业翻译时必须阐明。

（六）克里斯蒂安·诺德

克里斯蒂安·诺德是德国功能派翻译理论的主要倡导者之一。她用简单易懂的语言和丰富的实例阐述了功能派复杂的学术理论和著述，讲述了功能派形成的过程、基本思想。针对功能派翻译理论的不足，她提出了翻译中的"忠诚"原

① 　Nord，C. *Translating as a Purposeful Activity：Functionalist Appoaches Explained* ［M］. Shanghai：Shanghai Foreign Language Education Press，2001：13.

则，进一步拓展了功能派的思想体系，运用于译者的培训、文学翻译、口译和译者的翻译道德之中。基于丰富的翻译理论知识和翻译教学经验，她提出了翻译纵向单位（vertical unit）和翻译前译者应该善于发现、找出翻译中将遇到的问题等翻译教学思想。

诺德功能翻译思想体现在她的代表作《译有所为》和《模式》这两部著作中，主要包括如下几方面内容。

1. 功能加忠诚翻译的诠释

功能加忠诚理论是诺德提出翻译学最重要的贡献之一。功能的含义是使译文在译语环境中按预定方式运作的因素。诺德针对曼塔俐有关翻译的激进功能主义观点，创造性地将"忠诚"这一原则引入功能翻译模式。"忠诚"是人际范畴的概念，指人与人的社会关系。忠诚原则为功能途径增加了两个特质，要求译者考虑到翻译过程中涉及的两种文化及其特有的翻译理念的差异，从而把目的论变成一种反普遍性的模式；忠诚原则引导译者推知并尊重信息发送者的交际意图，从而减弱了"激进"功能主义的规定性。[①] 忠诚原则兼顾了翻译发起人（需要某种形式的翻译作品）、译文受众（期待原文和译文之间有特定的联系）以及原文作者（有权要求尊重其意向并期望原文与译文之间有特定的联系）三方面的合理利益。诺德的功能主义方法论建立于功能加忠诚两大基石之上，虽然这两个原则看似相互矛盾，但是它们的结合尤为重要。张美芳（2005）指出功能加忠诚论是诺德 detection 的翻译理论，更是她的理想。[②]

2. 翻译纲要分析的诠释

"翻译纲要"指的是翻译任务的委托人制定的翻译要求。诺德（2003）认为，合格翻译纲要应包含或暗示如下信息：译文的预期功能、读者、传播媒介、出版时间和地点，有时也包括译文目的或译文出版的动机，并强调译者对翻译纲要的领会，是明确翻译动机，合理选择翻译策略的基础。

3. 环形翻译的步骤

德设计了环形翻译过程模式包含四个步骤，依次为：翻译纲要分析、源语文

---

① Christiane N. 译有所为——功能翻译理论阐释［M］. 张美芳，王克非译. 北京：外语教学与研究出版社，2005：206.

② 张美芳. 功能加忠诚——介评克里斯汀·诺德的功能翻译理论［J］. 外国语，2005（1）.

本分析、翻译策略设计、目标文本生成。翻译在任务委托人制定好目标文本功能和要求后开始，首先为翻译纲要分析，如果有必要可以逆方向进行，直至所产生的目标文本符合目标环境。诺德（2006）指出，在源语环境和源语文本之间，目标语环境和目标语文本之间，每一个具体步骤的分析之中，以及源语文本和目标语文本分析之间，也存在一系列的循环活动。其意味着译者对前一步骤的回顾，可以对之前在分析和理解过程中所获信息予以确认或更正。翻译过程的四个步骤构成一个环形翻译整体。其中每个步骤是一个次级环形。第一步为检测文本翻译的可行性；第二步为对比分析源语文本和目标文本，进行翻译策略的选择；第三步为文本翻译；第四步是根据翻译纲要对生成的译文进行检验。

4. 功能翻译策略

以雅各布森的语言功能分类为基础，将文本功能分为四类：指称功能、表情功能、诉求功能、寒暄功能。她指出在实际翻译中要按照不同功能的文本采取不同的翻译策略，主要有纪实翻译（Documentary Translation）和工具翻译（Instrumental Translation）。纪实翻译强调源语文化，重在再现原文发送者同原文接受者之间交际时的情境，包括逐字对译、字面翻译、注释翻译和异化翻译；工具翻译强调译语文化，重在表达原文发送者与译文接受者之间新的交际情境下的互动，包括等功能翻译、异功能翻译和类体裁翻译。

5. 原文分析理论

翻译过程中原文分析起着统领和导向的作用，主要包括原文与译文相关的信息；翻译任务的可行性；使译文符合翻译纲要的翻译策略。诺德（2006）提出，原文分析应从文外和文内两个维度进行。文外因素包括信息发送者及其意图、接受者及期望、文本媒介、文本交际的时间与地点、动机等；文内因素包括主题、内容、前提、非语言因素、词汇、句型结构、超音段特征等。以翻译为导向的文本分析过程要求译者能透彻地理解源语文本，准确地阐释源语文本，或者能解释语言和文本的结构及其与源语系统规范的关系，还应考虑到翻译过程中影响译者决策的一切因素，以提供制定翻译策略的依据。

6. 教学应用

译员培训、翻译实践和翻译教学是"模式"理论的重点内容。该理论被认为可适用于一切翻译的文本分析，因为它不涉及任何具体文本的分析，可以应用于所有的文本分析，另外，它又是非常具体的，可用来分析各种各样的翻译问题。

通过上述分析，可见诺德"模式"理论中的翻译思想、翻译过程、翻译纲要、原文分析、翻译策略和翻译教学都强调译者的能动作用，也为译者的发展和建设提出了目标和规范。诺德也强调，她所设计的"模式"理论着眼于教学应用。该理论也为课堂翻译训练中文本的选择、系统化地解决翻译问题和设计翻译过程、监控学习过程和翻译的测评与评估提供了标准。因此，我们可以将此理论拿为己用，作为我国相关翻译能力研究和实践的理论依据。

学者们就功能翻译理论是否适用于文学翻译提出了不同的见解，他们针对文本功能与翻译策略、翻译目的与翻译策略等问题进行了探讨。如文军等（2003）运用功能派理论来阐释文学翻译批评理念，认为进行文学批评时不仅要看翻译目的是否实现，还要看译者是否很好地协调了原文作者、译者和译文读者的关系。就应用翻译研究而言，将功能翻译理论运用于应用翻译研究在国内功能派研究中占有很大比重，涉及的文体类型比较广，如法律翻译、旅游翻译、广告翻译、新闻翻译、商务英语翻译、公示语翻译等。

第四章 商务文本功能与翻译策略

商务本文翻译作为一种商务交际行为，要求译者在进行商务翻译实践活动时应当重视商务文本的类型及其主要功能。商务文本翻译的前提是译者对商务文本进行文本类型及其功能分析，译者只有通过分析原文商务文本的类型和功能特点，才能了解商务文本的语言特点及风格，进而选择适当的翻译策略。

第一节 功能翻译的要素表达

一、原语文本的地位及特点

传统视域认为原作被赋予很高的地位，它的作品主题、风格甚至语言形式容不得半点变易，"在以往的研究和思考中，我们常有一种倾向，即从静态意义上对译作和原作逐行比照来确定译作对原作的忠实程度，且以忠实程度来确定一部译作的价值。"[①] 尽管"忠实"作为衡量译作的首要标准，但是阐释学原理说明纯粹的原作很难在译作中保留。伽达默尔（Hans-Georg Gadamer）说："我们从不空着手进入认识的境界，而总是携带一大堆熟悉的信仰和期待。解释学的理解既包含了我们突然遭遇的陌生的世界，又包含了我们所拥有的那个熟悉的世界。"[②]

译者对原文进行解读时，总会以从前的经验先入为主，会不由自主地或有意识地物化自己固有的审美情趣和审美理想，译者之思想情感由原文这个"物"所激发，进入译者视野之原文并非原作者之文，此时之文已被译者阐释、放大，或者以自己的知识结构和生活经验对其"空白"加以填补和修正，涂抹了浓重的主观色彩，原文总是在不断地被改写和重建。因此，译者每次阅读和翻译都改变了

---

① 许钧. 试论译作与原作的关系 [J]. 外语教学与研究，2002（1）.
② 周红民. 论翻译审美和文艺审美的异同 [J]. 金陵科技学院学报，2008（3）.

原作，译作在语言风格、思想内容和情感的传达等方面并非是真正的原作。[①] 文化操控派认为翻译是以本土文化价值为取向对原语文本进行的一种粗暴置换和改写，因而它在很大程度上"消解""压制"并"同化"了原语文本，真正的原本不复存在。事实上，原语文本在译语文化中的存在形式取决于译者所处时代的文化、译者的态度、翻译策略、翻译方法、翻译目的等一系列因素。[②]

原语文本在功能视角下地位发生了改变，它在翻译中具有很大的伸缩度，译者可以根据目标语境对原语文本类型、原文内容、语言风格加以重新构建。因为译语文本针对一种新的文化语境，原语文本不能决定译语的功能类型，而是由翻译目的决定译语的功能形式，但译文目的优先法则并不意味着可以抛开原文文本。在文学翻译中，大多数时候，译文恰恰是原文语言、风格、内容的真实再现，所以对原文的依赖程度非常高；而另一些场合，翻译发起者根据目标语境，需要对原文进行一系列非常规处理，译本最终以编译本、简写本、注释本等面目出现，这时的原文是构成目标文本功能的基础。因此，对原语文本的分析能指导翻译过程，提供决策依据，如哪些部分与译文的功能相关、哪些信息和语言成分需要保留、哪种决策有助于翻译要求等。

二、原文作者的定位

(一) 本族文化读者

通常来说，原文作者将自己的阅读对象定位于本族文化的读者，文本作者写作时，很少考虑他的作品将会用于翻译。当他不考虑自身文化以外的读者时，他必然按照自身语言的惯常风格和措辞，忘乎所以地尽设玄机达到某种表达效果。文本作者预设的读者与他有着相同的语言文化背景，可以轻易理解他的话语。因此，其语言可以隐含很多文化信息，民俗的、历史的、国情的、修辞的、美学的、语境的，他不需要以明码语言表达，因为这些信息已储存在交际对象的大脑中，构成理解话语的前提或先在结构。作者可以将这些文化信息隐含于语言技巧中，其话语小于文化信息，语言只是一个刺激信号，语表意义常常丢失。在文学作品中，如小说、诗歌、散文、戏剧，作者如果过多地考虑另一文化的读者，就无法大胆地施展其语言技巧，无法取得本族语言读者期望的效果。

---

① 周红民. 论翻译审美和文艺审美的异同 [J]. 金陵科技学院学报，2008（3）.
② 王正良，马琰. 译者主体性的多维度构建与博弈 [J]. 外语教学，2010（5）.

就中国传统诗学而言，意欲追求"含不尽之意于言外""言有尽而意无穷"的艺术境界，很多意境无意写情，却愁肠百结、情满意浓。例如在"寒蝉凄切，对长亭晚，骤雨初歇。都门帐饮无绪，留恋处，兰舟催发。执手相看泪眼，竟无语凝噎。念去去，千里烟波，暮霭沉沉楚天阔"这首词中，北宋词人柳永用了"点染"的手法，对"离愁"的描述只有"执手相看泪眼，竟无语凝噎"，而大部分为景物渲染，来烘托所点明的感情，似乎景物也感染了人的愁绪。只有理解这一诗学传统的读者才能产生强烈共鸣，获得审美体验，作者的艺术创作才能传情，才体现出它的艺术价值和美学价值。"江雨霏霏江草齐，六朝如梦鸟空啼。无情最是台城柳，依旧烟笼十里堤。"这首诗歌渲染了一种如梦似幻、依稀朦胧的艺术氛围，表达了身处末世的诗人对唐王朝覆亡之势已成、重蹈六朝覆辙之不可避免的感伤情绪，堤柳本无情之物，诗人赋予了其人的感情。同时，以堤柳之"无情"反衬诗人之"有情"，表达了诗人怀古伤今之情。如果他的读者对中国文化厚重的历史感缺乏理解，那么也就很难理解诗人之情了。

原文作者利用自身的语言特性，运用仿拟、绕口令、回文、谜语、幽默和俏皮话等形式进行创作，一旦这种文化移易到另一种文化中，其效果会大打折扣，甚至完全消失。Three elderly men traveled by train in England. As the train slowed for a stop, the first man asked, "Is this Wembley?" "No," said the second, "It's Thursday.""So am I," said the third man. "Let's stop for a beer."这个笑话的俏皮之处在于利用了近似的发音。我们知道上了年纪的人耳朵有点背，因此把 Wembley 误听成 Wednesday，把 Thursday 误听成 thirsty，这样一来就为第三位的妙语作了铺垫：这种靠语言本身的特性产生的幽默只有懂得这种语言的人才能欣赏。

原文作者会用语言修辞所产生的音韵美、和谐美等来取悦本族语读者。在"长桥卧波，未云何龙？复道行空，不霁何虹？高低冥迷，不知西东。歌台暖响，春光融融；舞殿冷袖，风雨凄凄。一日之内，一宫之间，而气候不齐。"这篇赋中，"凄""齐"属于细微的一七韵，表达悲凉苦闷的心境，体现婉约的风格，"龙""空""虹""东""融"属于洪亮的中东韵，表达赞美欢快的感情，呈现雄劲的格调。这样的格调不仅使语音更有变化、格调的音乐美波澜起伏，而且写出了"暖"的"春光"与"冷"的"风雨"两种不同的境象，表现出一日之内、一宫之人的不同遭遇。这种和谐美、音韵美及其带来的情感变化无法转移到另一种语言中去，即使勉强为之，另一文化的读者也无法欣赏到这一美学效果。

就文学作品而言（如小说、诗歌、散文、戏剧等），其美学效果、欣赏价值就更离不开语言风格和修辞手段的运用，所以语言形式、语言创造的形象和意境重于信息的传达。语言形式和它的意义是一个整体。"作品的艺术意象所展现的美感，或有形或无形，或体现在具体的词、句上，或蕴含在特定的整体中。"①更高级文学作品的作者可以在文本里布下迷阵，让读者去解读和想象，获取文字以外的意义，在此作者根本无法顾及另一文化环境中的读者。詹姆斯·乔伊斯（James Joyce）的《尤利西斯》就把语言运用到极致，让思维超时空地投射，充满随意性、横向性、无限性甚至无理据的状态。②这部作品充满了歧义和非传统的意义，翻译此类作品译者就是在颠覆目标语文化，就像原作试图颠覆原语文化中的标准语言和世俗观念。

All kinds of places are good for ads. The quack doc for the clap used to be stuck up in all the greenhouses … Just the place too. POST NO BILLS. POST 110 PILLS. Some chap with a dose burning him.

小说主人公站在利菲河桥上看到河里泊着一条船，船上立着一块广告牌随波晃动，觉得广告效果不错，进而产生意识流，联想到"绿房子"（公厕）上那些招贴，脑中也浮现出那一行禁止胡乱张贴的命令"POST NO BILLS"，后来有人把 N 中的一斜杠擦掉，变成了"110 颗药丸"。小说主人公的联想再联想，对于另一文化读者群来说只能是"望文兴叹"，难以解读，也给译者留下了阐释的余地。

在语言方面，原文作者创作是针对同一文化背景的读者，他会千方百计地发挥自身语言的种种潜能，以满足读者的阅读期待。在文化方面，写作发生在一定的时代和一定的文化背景，原作的主题在另一个时代或者另一个文化语境可能已经失去意义。

在功能的视角中，以上几种情形的出现，尽管原作可以是全译中的完整译本，让读者细细鉴赏原作的语言艺术和原汁原味的域外文化，但很可能是翻译的一种摹本，或者为译者改编的对象，如高雅、严肃的文学作品改编为通俗本，或者为阐释、注释的对象，或者为语言模仿的范本，在这种情形下，原作只是被利用、被加工、被改造的对象，处在文化产品的最上游，好比初始产品。

（二）目标文化读者

原文作者针对目标文化读者主要分为两种情形，其一是：即使作者知道自己的文字可能被译成其他语言，他仍会按照本族语的风格、思维方式来架构语篇，

---

① 姜秋霞.佳境生象外——文学翻译的美学随想//许钧.翻译思考录 [C] .武汉：湖北教育出版社，1998：258.

② 周红民.翻译图式解析 [J].上海科技翻译，2003（3）.

加入很多惯用的表达方式，使译者在翻译时不得不采用改写的方法，如下面一段论文摘要：

　　学富五车，痴书成嗜，这是教授的学问。立论镌着，学似江流，这是教授的本领。桀骜不驯，献身真理，这是教授的品格。桃李飘香，芬芳天下，这是教授的功业。教授总是将"学习""授业"联在一起，绝不将"产业""经营"捏在一块，教授走进高科技园办公司，与教授"卖烧饼"在本质上没有什么区别，只是烧饼生产由手工作坊扩大为自动化生产流水线的现代化企业罢了。研究生是完成本科专业学习后继续接受学位教育的佼佼者。具有科研或专业技术工作的独立能力是他的重要本领。列宁的"宁肯少些，但要好些"的经典命题，是照耀我们办好研究生教育的思想明灯。师范教育以"明体达用，勤学善诲"为培养目标。师范教育不可非，师范教育不可废。"①

　　作者在文内倾向于骈偶和排比，是中国文人喜用的一种修辞，语气恢弘，音韵和谐，铿锵有力，富于节奏感。他只考虑他的行文风格、学辞会引起本族语读者的兴趣，尽最大限度地显露他的语言技巧，他根本不会想到这样的摘要翻译后根本不是摘要了。

　　原文意图和译文意图在实用文本翻译中很可能相互冲突。如旅游文本，旅游部门一开始就会邀请那些有文字功底的人构思文本，而在他们的意识中，自己的文字就是针对国内的旅游者，他们非常在意文字的美学风格，极尽传统美学意识，四字格、偶句、声韵对仗，名句引用，显示厚重的历史。文字华丽，大肆渲染，主观色彩浓厚。而译者目的是给外籍旅游者提供旅游点的历史、文化信息、实用信息、生活信息，不是文字的优雅华丽和韵味。拿"木兰围场气候独特，这里'三庚无暑，六月生风'，盛夏最高气温不超过25℃，空气清新，各种野花在弥漫着烧烤羊肉香味的草原上争妍斗奇、千姿百态、竞相开放；八月金秋，红叶满山，霜林叠翠，远山披金；冬季，冰雪世界，银装素裹，为人们提供了远离城市的喧嚣的滑雪场所"② 这段话来说，文中的"争妍斗奇、千姿百态、竞相开放；八月金秋，红叶满山，霜林叠翠，远山披金；冰雪世界，银装素裹"，是用传统语言形式加以渲染，中国人觉得没有什么不妥，反而有神有韵、有意有景，但对于外籍读者则意义不大。

　　总之，原文作者在构思和起草文本时，在语言风格、文本类型、文化信息和

---

①　周红民. 论文标题和摘要翻译小议［J］. 南京晓庄学院学报，2008（4）.

②　刘奉君. 王治江. 功能理论视角下的名胜古迹外宣资料翻译——以河北省旅游景点翻译为例［J］. 河北理工大学学报，2011（6）.

意义的承载方式上不会考虑另一文化这个局外人。

第二种情形是类似于一些说明书、旅游、服务指南、宣传材料等实用文本，起草者会在文中把预设、蕴含、因果、时间顺序、推理等赋予语表，用词、句法结构浅显，将意图和信息清清楚楚、明明白白地传递给读者或使用者，便于他们理解、获取文内信息。下面这段文字来自英国某所大学的招生宣传，他们为了让海外的学生（通常是那些非英语国家）能清楚明白地获取文内信息，使用的语言浅白、清晰易懂，不是用于翻译，而是针对能读懂原文的、有一定英语水平的海外学生。

Frequently Asked Questions?

Applicant Code? Your offer letter carries an applicant code which is unique to you. To help us to respond quickly please quote this number on all correspondence. At registration you will be allocated a student number which you will use throughout your programme.

Formal offer and Acceptance. The letter received from the Admissions officer is the University's formal offer of a place. Please let us know in writing（letter, ore-mail）whether you wish to take up that place to ensure mat we have a registration Pack awaiting your arrival. Please note that due to the volume of our correspondence，we don't acknowledge receipt of the acceptance unless specifically asked to.

Where will I Study? The University of Hullhas two campuses，one each in Hulland Scarborough. The majority of postgraduates are based in Hull but certain subject areas are locatedinScarborough（in Particular Internet Computing，Fine Art, Dance，Creative Music Technology, MA English"Identities"）. Please contact the Admissions office if you are uncertain where you will be based.

上面这所大学在招生简章中体现了处处为申请人着想的原则，对申请可能遇到的问题作了预测，采用题头提问的形式——作出解答，唯恐出现遗漏，其用词浅显，句式平实，没有修辞手段，以免妨碍信息的畅达。信息饱满、清晰、明了、准确。在产品说明书中，起草人为了让用户弄懂产品的操作程序或保养方法，文本传递的信息量也十分饱满，不会出现信息或关联断点，而是条理清晰、逻辑性强。例如，下面是雅马哈 N5-50 扬声器连接说明：

Procedures：

（1）Press the tab on the terminal down, as shown in the figure.

（2）Insert the bare speaker wire end properly into the terminal hole.

（3）Remove your finger from the tab to allow it to lock snugly on the cable's wire end.

（4）Test the security of the connection by tugging lightly on the cable at the ter-minal.

NOTE：Don't let the bare speaker wires touch each other as this could damage the speaker and/or the amplifier.

此产品说明书中，一个步骤接一个步骤把扬声器的接线方法交待得十分清楚，而且最后还有提醒注意事项，"不要将裸露的金属线相互接触，以免烧坏音响和功放"。这本是一件最普通的常识，体现了文本起草人处处为使用者着想，连使用者已知的信息也不遗漏。非英语国家的生产厂商为了把产品打入国际市场，常常以英语起草产品说明书、设备安装工序、保养维修知识。由于文本起草人的语言水平良莠不齐，就会给译者留下很大的校正空间，译者在翻译时有权利和义务予以纠正。

三、译者的作用与任务

（一）认知作用

在认知阶段，译者的阅读与一般性阅读并无本质区别，需要充分调动大脑中的百科知识。百科知识在阅读前就存在于文本阅读者的大脑之中，文本的某一成分出现时，它们便调动起来理解其意义。因此，译者在翻译时并非仅仅启用语言知识，语言外知识也随时被调用。知识参与是隐性的、潜伏性的，文字描绘的世界随时会引发译者先前的知识储备。在这个意义上，译语文本是译者认知活动的产物。像其他任何认知活动一样，译者知识储备越丰富，对文本的理解、翻译决策的确定就越发有利。除了有意积累域外文化知识，译者的知识和经验积累过程与他人并无二致。首先，译者像其他任何人一样，他会根据以往的经验和记忆来理解和判断新事物，新事物之于旧事物，就像旧事物的再现和延续，当然记忆不只是对经验的简单记录，它还会根据已知和行为目的制订下一步计划，组织文本意义。[①]

（二）阐释作用

认知是任何翻译形态都必须经历的大脑运作过程，阐释是认知的结果。在功

---

①　周红民. 翻译中的认知关照［J］. 外语与外语教学，2004（4）.

能视域下，译者阐释的重要性远远大于忠实于原作的翻译。为了使目标读者更轻松顺畅地理解译文，译者需要用阐释的方法扫清语言文化障碍，将自己对原文的理解以晓畅、明白的语言传递给读者，所以译者首先表现为阐释者。

在一般性的阅读中，读者也需要认知的参与，阐释不一定非得用文字表现出来，即阐释与认知合二为一共同作用于文本的阅读与理解。但是在翻译中，阅读与认知是阐释的基础，阐释必须在译文中有所表现。

（三）译者的任务

译者在功能翻译视角下是翻译行为的专家，须确保完成翻译任务，确保翻译行为产生良好的效果，即使文字编排、颜色搭配、纸张厚薄等文字之外的事务，也需要与委托人沟通协商。译者接受了原语文本和翻译要求，在和委托人达成一致的意见以后，译者翻译他们认为能发挥功用的目标文本。根据功能派人物弗米尔的理论，译者的任务为：

（1）从法律、经济、意识形态等角度来分析翻译要求的可接受性和合理性。

（2）检查翻译文本是否真正需要。

（3）确定完成翻译要求所需要的活动。

（4）着手翻译，其结果可能是对源语文本进行全译、摘译或概要式翻译，在有些情况下建议客户不要将原语文本译出，因为翻译达不到设定的目的。①

四、显化译文的种类

显化译文与认知意义赋予译文表层属于同一性质。译者总希望他的译文符合目标语文化的审美规范，特别是实用文本的翻译，让读者无认知障碍，获得明确清朗的信息。为了使翻译中的认知、阐释过程更为完整，可以将之看做一个延续加以探讨。显化译文分为强制显化、非强制性显化及语用显化。

所谓强制显化是由于两种语言句法结构和语义结构上的差异出现的添加现象，例如，以分析型语言为主的介词、代词、所有格等形式在以综合型语言为主的匈牙利语中会变成一长串的词尾，介词短语 in my garden 译成 kertemben 一个单词，它的动词也有复杂的变化形式，人称代词、代词的宾格，有时还有助动词，都会包含在一个动词中，I love you 在匈牙利语中成了 szeretlek。因为英语

---

① Nord，Christiane. *Translating as a Purposeful Activity：Functionalist Appoaches Explained* ［M］. Shanghai：Shanghai Foreign Language Education Press，2001.

和俄语都是以分析型为主的语言，匈牙利语译成英语或俄语时，它的动词和名词须进行分解，目标文本会出现大量的添加。

所谓非强制性显化是文本构建策略的需要和两种语言之间风格偏爱造成的。之所以是非强制性是因为在译文中如果不实行显化，虽句子笨拙、不自然，但仍然可以产生语法正确的句子。例如，在句首添加连词，使语义更加关联，使用定语从句替代长串的、分裂的名词结构等。

语用显化是对原文隐含的文化信息显化，它是两种文化间的差异造成的。目标文化中的读者可能对原语文化中读者所拥有的普通常识不甚了解，在此，译者通常需要在译文中作出解释，如原语中含有原语读者熟知的河流、食物名称，但对目标语读者会造成认知障碍，如译者需要把"Maros"写成"马罗斯河"。

五、功能翻译中的文本处理

在功能翻译中，翻译过程是"由整体到局部（top-down）"的处理过程，全局法步骤是从语用层次着眼，先要确定翻译文本所要服务的功能，即译文阅读者、译文使用对象、使用场合、译文使用的中介方式等；确定是纪录型翻译还是工具型翻译、要复制原文功能要素还是将原文的功能要素进行改写。不可译不再是译者不可逾越的障碍，因为从表面上看，某个修辞是不可译的，但是可以用服务于同一种目的的另一种修辞手段替代，只要能保证功能的实现，即使省去某个部分不译也是说得过去的。"整体—局部"的处理过程主要包括以下三种手段。

（1）内容整合：根据目标文化接受者的需要，对原文内容进行整合，该删的就删掉，该增补的就增补，这些在翻译前就必须作出决定。如果不对原文内容进行适当处理，一路照译下去，到头来会事与愿违，费力不讨好，该让读者知道的信息不明确，读者不想知道的内容却废话连篇。[1]

（2）语言整合：在尊重原文主要信息、充分领会原文精神的前提下，根据目标接受者的心理习惯，对原文进行语言处理，包括风格、文体、篇章等。时政、新闻、宣传等材料的翻译尤为如此。例如，新闻采访中的电视字幕翻译，由于被采访对象的话语是即兴说出的，其条理、思路、用词不像书面语那样经过深思熟虑，往往颠三倒四、松散拖沓、含糊其辞、杂乱无章，俚俗、方言并用，唠叨啰

① Nord，Christiane. Translating as a Purposeful Activity：Functionalist Appoaches Explained［M］．Shanghai：Shanghai Foreign Language Education Press，2001.

嗦等都是常出现的现象。对于此种现象，译者必须对文稿加以处理，进行调整、增删、编辑、加工等，从词句到风格、从局部到整体都要灵活变通。

（3）译文综合分析：译文完成以后，译者要确定是否能被读者理解、理解是否困难，要确保译文不带有译出语的结构和形式，即所谓的翻译腔。译文是否能对使用者在实际交际场合产生作用、能否产生他们想要的那种作用。译文的综合分析旨在把译文与译入语世界结合起来确定译文的功能取向。

六、译文读者的分类

对译文读者的划分必须以当下的文化层次和读者的需求为依据，译文读者是整个阅读群体中的一个类别，内嵌在整体阅读行为之中，或者是整体阅读的衍生和延伸，阅读群体在某一时代所表现出来的价值取向是审定译文读者的基础。译文读者可分为专业读者、普通读者及实用的读者和实用文本读者，见表4-1。

表4-1　译者的分类及含义

类别		含义	特点
专业读者	顶尖读者	比照原作阅读翻译作品的读者，是翻译作品最尖端的读者。他们有一定的语言文学功底和翻译经验，能够据量出译作的优劣，能够逐一说出个子丑寅卯。他们目光犀利，带着批判意识对译作予以评判。不过这类读者的数量极其有限，一般为专事翻译的学者、大学翻译教师、译著编辑，他们阅读的目的不是为了消遣，而是出于各种"专业目的"	这类读者必须非常专业，言说须有理有据，不然会给其他评者留下口实，落为笑谈
	研究教学工作者	专事外国文学研究和教学工作者。这类读者并非对照原作来看译品的好歹，而是就着已经出版的译著来研读某些章节。其目的也非常专业，大多就其主题、艺术特色、写作手法、与其他作品的关联性、时代意义等撰写文学评论	这类读者通过深度阅读，挖掘作品的含义，作鞭辟入里的思考。但他们对翻译并不关心，如谁翻译的、译品是否权威、译文细节是否真实、风格是否为原文的再现、语言是否精彩等，看懂了，摄取评论所需的东西就行了

类别	含义	特点
普通读者	普通读者指那些参与文化阅读的芸芸众生、社会大众，他们没有专业背景、专业目的，其阅读行为是随意而发、无针对性的，只要引发兴趣和好奇心，任何读物都可以纳入阅读范围	这类读者倾向于加工过的文学经典，如节选本、改编本、缩写本、简写本、注释本。此类文本往往难与正宗的翻译扯上关系，即我们无法判定到底是出自原著，还是出自全译本的改写
实用的读者和实用文本读者	实用的读者与文学和文化类读者是不同的。后者的目的不是那么明确、直接和实用，如果他们阅读是为着专业目的、消遣或了解异域文化、陶冶情操、提升审美、加强文学素养，那么实用的读者具有较强的功利性	如果翻译对另一文化背景读者的生活没有任何价值、指导意义，那么翻译就没有发挥应有的功能
	实用文本首先针对的是文本的使用者，使用者为了解决身边的实际问题，其目的比实用的读者更为迫切，意在当下而阅读文本	对于实用文体翻译而言，译文的读者就是译文的使用者、受益者。如果译语文本达不到使用者的目的，它们可以被视为失误或失败的翻译

第二节 商务文本功能解析

一、文本功能解读

所谓翻译功能，就是在目标语环境中译文将要产生的作用，同时也是翻译发起人和委托人的目的所在。译者根据不同的译文功能采取不同的翻译策略，这在今天已成了很多人的共识，然而也有一些人持不同的意见。持反对意见的人认为，有时（甚至在很多时候）翻译发起人的目的与原文作者的目的大相径庭，译文也就可能不忠实于原文和原作者。

实际上，忠实于谁的问题是跟译文目的联系在一起的。我们一起回顾弗米尔目的论中的几个关键词："目标"（aim）、"目的"（purpose）、"功能"（function）和"意图"（intention）：

（1）"目标"：通过行为手段所要达到的最终结果。例如，有人可能为了阅读李白诗歌的原文而学习汉语。

（2）"目的"：实现目标过程中的临时阶段。可见，目的和目标都是相对的概念。举个例子，某人外出买巴斯克语语法书（目的1）以学习巴斯克语（目的2），这样他可以翻译巴斯克短篇小说（目的3），进而可以向说其他语言的群体介绍巴斯克文学（目标）。

（3）"功能"：接受者眼中文本所表达的或希望文本表达的用意，而"目标"则是一种目的，出于这个目的，文本是必要的或被认为是必要的。

（4）"意图"：文本发出者和接受者双方的"以目标为取向的方案或行为"，旨在寻求创作或理解文本的恰当的方式。"意图"一词也可等同于行为的功能。

中国英汉翻译教材中的理论根源，包括从语法翻译法到强调语言功能的翻译教材及其理论。在过去很长一段时间内，语法翻译法一直是我国外语教学的一种主要方法，当时在外语课堂内外的翻译目的与目标就是要培养学生的语言能力。结构主义语言学家认为，语言学的任务就是严格地按照科学原则去观察和描写人类的语言，并弄清楚这些语言在结构上的标志。

语法翻译法对翻译教学具有重要意义，这一点从最有代表性的张培基等编写的《英汉翻译教程》中可见一斑。该教程所涉及的英译汉常用的方法和技巧有词类转译法、增词法、重复法、省略法、正反（反正）表达法、分句、合句法、被动语态的译法等，它们正是语言学习的目标要求掌握这一系统的各种成分。我国的外语教学和翻译教学于20世纪80年代左右开始重视语言功能。于是，功能途径成了教学与教材的重要支柱。功能主义学派从功能的角度出发，研究语言功能与语言结构之间的关系，研究语言本身与社会文化之间的联系。

功能法在英国起源，它的主要目的是要解决语际间的交际问题。20世纪60年代末70年代初，欧洲共同体国家除了在政治、经济、军事等方面不断加强联系外，在文化方面也逐步加强合作，而语言却成为最大的障碍。于是，欧洲文化委员会和欧洲一些语言学家们探讨运用交际途径或功能途径进行语言教学的理论，那些理论的迅速实施使交际途径成为英国和国际广泛接受的教学途径。

语言的功能既与语言的使用密不可分，而且还与社会情境联系密切。离开语境也就无法全面地理解语言。人们对语言形式的选择可能根据社会情境的某些特点而定，或根据人们的需要而定。

功能语言学的理论应用于翻译教学和翻译实践是本章所讨论的重点内容。

文本是发送者和接受者之间信息、思想交换的方式。文本之所以出现不同的类型，是因为信息的发送方认为此种类型更有利于信息的传递和情感的交流。选择适当的文本类型、运用适当的语言手段，期望接受者做出相应的反应，然而只有当接受者按照发送者的意图来理解文本时，文本功能才能得以实现。最早见于卡尔·布勒的语言工具功能模式是语言功能的划分，他将语言功能划分为表情（expressive）功能、呼唤（appellative）功能、信息（informative）功能。后来雅各布森发展了布勒语言工具功能模式的交际功能，在这一模式下，语言功能划分为表现（representational）功能、表情（expressive）功能、寒暄（phatic）功能、诗学（poetic）功能。

根据布勒的语言功能论，凯瑟林娜·雷斯把文本类型分为三种：信息型（informative）、表情型（expressive）、操作型（operative）。信息型文本通常文字简朴，所陈述事实包括信息、知识、观点等，语言特点是逻辑性强，其内容或"话题"是交际的焦点；表情型文本指的是"创作性作品"，作者或"发送者"地位显著，传递信息的形式特别，语言具有美学特点；操作型文本的目的是"引诱行为反应"，即感染读者或"接受者"并使其采取行动，语言的形式通常是对话性的，其焦点是呼吁或感染。雷斯还分出第四种文本类型：视听媒体文本（audiomedia text），如电影电视或可视可听的广告等。①

（一）表达功能

表达功能指文本对客观世界的人、事、物的一种情感表达、主观评价。有的学者，如雷斯，把文本的表达功能局限于文学或诗歌的美学含义，有的作者却认为严肃的文学作品、名人演讲、个人日记或私人信函等文体都属于表达功能。表达功能有以下子功能：①评价功能（evaluative function），发表对某事的评价，如报刊社论等；②抒情功能（emotive function），抒发作者的情感，如感叹语、诗歌、日记等；③美学功能（aesthetic function），用语言构造意象、人物形象，用语言自身结构、修辞、音韵来制造美学效果、取悦感官、展开想象，通常出现在小说、诗歌、散文中。金昌绪的《春怨》"打起黄莺儿，莫教枝上啼。啼时惊妾梦，不得到辽西。"不是正面状写独守空房的少妇对远征丈夫的无限思念和对战争的怨恨，而是选取"打起黄莺儿"的意境让读者展开丰富的想象：可能这是一对新婚夫妇，他们正当青春年少，情意缠绵，可是丈夫要远戍辽西去了。在春意盎然的季节，少妇日夜思念丈夫，希望能在梦中相见，得到一点安慰，可是不知趣的黄莺儿偏要把她闹

---

① 张美芳. 翻译研究的功能途径［M］. 上海：上海外语教育出版社，2006：65－70.

醒，真可恨，更可恨的是那些穷兵黩武的统治者，是无穷的战争把他们拆散。

"寒波淡淡起，白鸟悠悠下。"

"春潮带雨晚来急，野渡无人舟自横。"

"雨中黄叶树，灯下白头人。"

"日暮苍山远，天寒白屋贫。柴门闻犬吠，风雪夜归人。"

"北风卷地百草折，胡天八月即飞雪。忽如一夜春风来，千树万树梨花开。"

这些诗意的文字投射到视觉便会感觉栩栩如生，这似乎是眼前真实物体的再现，伸手可及，这种意象词汇构图，有的即使在语序打乱的情况下，其意象也不会改变，体现一种极强的美学功能。例如一首小诗：

You say that you love rain,

你说你爱雨，

but you open your umbrella when it rains.

但当细雨飘洒时你却撑开了伞；

You say that you love the sun,

你说你爱太阳，

but you find a shadow spot when the sun shines.

但当它当空时你却看见了阳光下的暗影；

You say that you love the wind,

你说你爱风，

but you close your windows when wind blows.

但当它轻拂时你却紧紧地关上了自己的窗子；

This is why I am afraid, you say that you love me too.

你说你也爱我，而我却为此烦忧。

这是这首诗歌的其中一种翻译，当然这首诗歌还有其他版本的翻译方式，如下文：

You say that you love rain,

你说烟雨微芒，兰亭远望；

but you open your umbrella when it rains.

后来轻揽婆娑，深遮霓裳。

You say that you love the sun,

你说春光烂漫，绿袖红香；

but you find a shadow spot when the sun shines.

后来内掩西楼，静立卿旁。

You say that you love the wind,

　　你说软风轻拂，醉卧思量；

but you close your windows when wind blows.

　　后来紧掩门窗，漫帐成殇。

This is why I am afraid, you say that you love me too.

　　你说情丝柔肠，如何相忘；我却眼波微转，兀自成霜。

表达功能指的是以信息发送者，即文本作者的态度为取向。而文本作者对某一事物的态度、情感和评价是基于他和读者共有的价值体系。然而在跨文化交际中，接受者属于目标文化，其价值体系、情感表达和对事物的好恶受到自身文化的限制，因此，原语作者的价值观念与目标接受者相互区别。这就意味着原语文本中所体现的表达功能必须以目标文化的价值体系为参照来理解。如果原语的指称对象用情感类或表达类形容词修饰，就成了一个显性的情感表达。

（二）信息功能

信息功能是对客观世界的人和事做出的描述，语言是指言外世界、话题事实，目的是向读者提供信息，改变读者的认知状态。根据所描述事物或现象的性质以及描述目的，文本的所指功能可以分出若干子功能：①告知功能，描述一个事件或物体的实际情况，如产品的销售情况；②元语言功能，指一门语言解释、命名、评判自身的能力。当语言难以穷尽事物的本质时，它往往采用元语言手段对之进行重新阐述，如 strictlyspeaking、literally、so called、by definition 等；③指示功能，告知读者做某事、不要做某事，此种功能交际意图最强烈，交际功效最明显。指示功能的语言通常出现在教范性文体中，如说明书、安装操作程序、旅游指南、标示语、技术培训材料；④教导功能（didactic function），指一门学科的论述，如营销学。

信息功能是由词语的所指意义来实现，指向客观世界或虚拟世界的物体。要实现信息功能，接受者须能把文内的信息与周边的客观现实联系起来，既然客观世界受到接受者文化和物理环境的限制，原语文化的接受者和译语文化的接受者对同一指称会产生不同的理解。

（三）交感功能

交感功能（phatic function）指的是用客套话来建立或结束某种交际关系，虽然提供零信息，但日常交际必不可少，它如同维持机器正常运转的润滑剂和清洗液，行使的功能是维持人际正常交往。

交感功能的力量在于它的黏合力，其作用在于情感铺垫。交感功能大多体现在问候语的运用上，问候语是人们在交往中以问候的方式联络情感的语言形式。根据所问内容的针对性、虚实程度和流露出的情绪表现，它大致可分为两类：①招呼语，即人与人之间出于礼貌的需要而使用的一种泛问形式，如"喂""嗯"，它的特点是可适用于任何场合，不具有针对性；语表形式固定，不表示实际意义；情感表现往往是不经意的、轻描淡写的或敷衍性的。问候功能类似于单纯的点头、握手或拱手之类的身势语。②问询语，即人与人之间出于现实需要而有针对性地使用的一种特问形式。其特点是用于特定场合、针对性强，语表形式视不同情况而定，问询的目的不只是一般性的联络情感，问询后还继续关心所问内容的答案，并将为之作出反应。情感表现是诚挚的、关心的。

寒暄语以委婉语及与交际双方不相关的话题来冲淡交际者的真实意图，英语中较典型的是用有关天气的套话和其他一些客套说法来打开话题，例如：

（1）Beautiful day, isn't it?

（2）Terrible weather, don't you think so?

（3）You look familiar to me，don't you?

（4）I wonder if you do me a favor.

（5）Excuse me，could you tell me the time?

（6）Excuse me，is this seat taken?

汉语中也有用谈论天气来建立人际关系的，但远不如英语那么频繁，而很多客套说法值得我们在翻译时去探究和转换。中国人在发言之前的套语往往是"有不对的地方请多批评指正"，而英语却说 I hope you'll like it。中国人送礼会说"今天略备薄礼，不成敬意，希望各位笑纳"，而英美人没有那么谦卑，只不过说到这个份上：Now we have some presents for you and hope you'll like them。中国人送客说"慢走"，而英语却说 See you。中国人写信的结束语是"此致""敬上""谨启"等，英语却用 Yours sincerely、Yours faithfully。所以在客套话的转换过程中，有些表达须加注意，两种不同的语言形式在相同的使用场合产生相同效果，但是，如果转换不符合目标语习惯，接受者产生怪异的感觉，就达不到同等效果，例如：

I'd appreciate it if you stopped crude jokes.

A. 如果你不开这样粗鄙的玩笑，我会感激的。

B. 请您不要开这样粗鄙的玩笑。

We would like to inform you that:

A. 我们想告知您方：

B. 现通知如下：

A、B 相比较，A 生硬、别扭、不顺耳；B 更符合汉语的表达习惯，更有表现力，达到与源语同等功效。在商务英语中，很多客套话可以套用汉语语式，或者为了处理信函的效率干脆省去不译。交感功能大都依赖于常规的语言形式，越符合常规，读者越不会在意。一种语言常规在一种文化中司空见惯，把它移植到另一种文化时显得非常别扭、不合时宜。这种情况在称谓语中表现得非常突出。汉语称谓语可以用来建立各种社会关系和感情。特别是亲属称谓的社会化，对非亲属成员冠以亲属称谓来表达对称谓对象的尊敬、亲昵、怜悯等积极情感，在一定的语境中也表达"愤怒、鄙夷、傲慢"等消极情感。

（四）移情功能

"移情功能"有时也译作"呼唤功能"，指文本对读者内心已有的经历、知识、感情等意念产生呼唤、诱导、启发等作用。目的是引起文本接受者的共鸣。移情功能着眼于读者的感受，并以一定的方式作出反应。如果要采用一个事例说明某个假设，就必须激活接受者先前的经验和知识储备；如果劝导接受者做某事或接受某种观念，移情功能的目的是引发读者的感受，它通常借助于文本的信息和表达功能来实现，因为文本对某事的情感表达、主观评价对读者情感是一种诱发和煽动。

当然，过度移情于读者就必定会破坏和抹杀作品的民族性，破坏了作品的民族文化特色，使读者产生一种不伦不类的感觉。如下面翻译的示例：

My aunt, however, took all possible care of him; had all the doctors in town to prescribe for him; made him take all their prescriptions, and dosed him phyaic enough to cure a whole hospital.

我姨妈对他的照顾真是无微不至，为他开方诊治，镇子上半数以上的郎中都请过，又让他按照他们的方子一一服药。他服国的那些丸散膏丹，把一个医院的病人治好都绰绰有余，可他的病却不见任何起色。

上例的译文中，翻译者过于移情于中国的读者，运用了中国传统的中医文化中的词语"郎中"和"丸散膏丹"。虽然方便了中国读者的理解，但这些词语的运用却给译文蒙上了一层非固有的文化色彩，使原文中所蕴含的特定的文化意蕴荡然无存。由此可见，译者过度移情必定影响到译文的质量和效果。

在跨文化交际的语言转换中，移情功能是针对另一文化形态的接受者，如果把原语所表达的移情功能完全移植到目标语中，并不一定会产生同等的动情效果，所以对原语的移情功能作适当的转换，代以目标语中容易打动接受者的文化、语言风格和形式是情理中的事。

二、文本类型的理论应用

文本功能理论是否可以应用于翻译研究、尤其是英汉/汉英翻译研究呢？在过去几年，我们把莱思和诺德的文本功能及分类概念能够用于课堂教学和翻译研究。我们认为文本类型理论有助于译者了解不同功能的文本所具有的语言特点；客观地分析翻译文本的功能；译者采取适当的翻译策略。

（一）客观阐释文本的功能

文本分析的翻译实际上是在使用功能分析的上下文中的语言，并且根据预期的功能来采取适当的翻译策略。正确评价文本的功能是选择正确翻译策略的重要条件。那么，我们如何正确地区分文本的功能呢？不同的学者有不同的分类方法，我们认为莱思基于 Bubler 的语言功能模型的分类方法是可行的。换句话说，文本类型根据文本的主要交际功能而分。系统功能语言学家韩礼德认为，布勒的语言功能来自柏拉图的第一人称，第二人、第三人的概念模型……这样的分类实际上是在构建超级语言概念框架，即从外面的语言看到语言功能，以不同的方式解释语言的使用。在这种语言功能模式中，语言功能与语言使用是同义词。

所谓的第一人称、第二人称、第三人称的概念，或用语言表达"主观"和"我"作为表达的中心；呼吁听众的反应和行动，对象是"你"来表达或描述以"它"为中心的客观事实（即事件、事实）。

韩礼德的分析表明，雅各布森后来添加的"诗学功能"和"元语言功能"是语言本身（即内部）的功能，与布勒模型从语言功能外部看语言的功能不同。换句话说，语言和文本、表达和感染的三个功能是语言使用的同义词，而诗学功能和元语言功能的语言是语言本身，两者的性质是不一样的。

因此，在澳门大学的翻译教学中，我们介绍了莱思开发的词汇文本类型理论和功能文本分类模型，借鉴了上述"我，你"这个概念，引导学生理解翻译文本功能和其特点是探讨文本功能理论是否有助于翻译者翻译决策或解释翻译中的一些问题。

（二）文本的语言特点

表情型文本是一种"创作性作品"，具有美学的特征。在表情型文本类型中，信息发送者可自行开创主题并有意识地"利用语言的表情与联想意义"。

信息发送者通过事实的"创造性作品"和"艺术塑造"来表达他对现实的感受、情感，情感和态度，运用风格、节奏和修辞等技巧来实现表达文本的审美效果。信息文本主要是说明事实、信息、知识、观点等。信息传播的语言特点是强大的逻辑性，清晰的明文。

感染型文本以读者和影响为导向，旨在感染或说服读者采取一些行动，语言具有对话的本质。

祈使句是实现文本的直接感染功能，例如"请勿吸烟""请勿踏草地"；文本的间接感染功能则可通过表现指称功能或表情功能的语言或文体手段来实现。超文本暗示、隐喻或对照是实现文本的间接感染功能的途径。

（三）翻译策略的选择

文本分析的目的是，了解文本的主要功能及其语言特征，以便采用适当的翻译方法。根据莱西的观点，表情型作品"表达"的情感远远超过其"陈述"内容。它们在句法和语义层面以及艺术层面上构建。她认为，文本的表达方式的翻译应该用于模仿，以保留原文的审美效果，并重塑原有的语义内容。例如：

在目前的商业广告中，我们经常看到一些让人喜闻乐见的美学艺术的广告，以语言的形式，无论是在声音、意义、措辞言语还是语言形式上都具有艺术美感的特点。无论是英文还是中文商业广告都很常见。

（1）食全食美，食新食异——上海食品店

（2）欲穷千里目，更上一层楼——楼房（高层）出售

（3）Pick of the pack, picked at the peak of perfection.

（4）Sea，sun，sand，seclusion——and Spain! 西班牙 Caliente Hotel[①]

上述四种商业广告语的功能并不是简单的吸引力，而是着眼于美学吸引消费者的形式，第一条是利用同音表达"食全食美"和"十全十美"的对应，"食新食异"和"实心实意"的对应，使消费者产生联想，从而使广告达到宣传食品美味多样的目的。第二条是中国古代诗歌的直接选择，充分吸引消费者的注意力，给读者一个提示。第三条是运用声音引起读者的印象深刻，使用了连续五次的声音，以美的声音为特征。第四条是使用海洋、太阳和海滩，以有创意的方式传达信息，让读者有无限的联想。四个口号不仅仅是吸引人，更重要的是利用美学的功能特征来实现"创造性的工作"，根据莱斯的文本类型理论，应该属于文本的

① 王伟．目的论视角下的诗型广告翻译研究［D］．郑州：郑州大学，2010．

表达功能是给读者一种美学效果。不仅仅只有上述表情型文本，还有以一种客观的角度、提供真实的信息来描述产品的特征，以达到吸引公众的商业目的。

例如：

（1）汪氏独创"冷采集、冷运输、冷贮藏、冷销售"四冷作业，避免了王浆中活性物质的流失，保证您买到的独特的活性王浆都是第一手的鲜活健康。

——汪氏蜂蜜

（2）Made to go the colas one better, fresh, clean, crisp. Never too sweet, no after taste. The un cola and only.

——SEVEN UP UNCOLA

虽然上述两个广告以不同形式的语言来表达，但要传递给消费者的是关于产品的具体信息内容，通过上述案例，我们可以发现一些商业广告更注重的是利用艺术手段使消费者感受到"美"，语言有其独特的形式，有一些注重于对产品客观信息的描述，通过客观的描述，给消费者一个参考，从而使消费者实施购买行为。通过调查分析，目前商业广告根据其重点的不同有各种文字类型，同时不同的文字类型有不同的功能。根据赖斯的文本类型理论，它可以分为操作、表情和信息文本三大类。

第一类，操作型文本。

商业广告在文字运作中具有自己独特的特点，其中包括四个字、六个字等结构，强烈的节奏感，通过并排、重叠等方式，句子多样，丰富的词汇也不乏很多翻译体面的商标，其深刻的意义具有很大的归纳感，可以达到吸引的目的，使消费者有购买欲望。

第二类，表情型文本。

商业广告中表达文字的特点突出，通常通过实现"声美""形美""意美""辞美"等艺术形式，创造出一种意象和意境，让读者产生联想，以通过习语、成语或诗歌来表达作者的初衷。

第三类，信息型文本。

商业广告中的信息文本主要有陈述句、长句、复句、的形式。运用较强的语言逻辑，对产品的某些事实作客观和详细描述，如品味、特征、纹理等相关产品信息。目的是通过一定量的信息，让读者尽可能对产品有足够的了解，根据个人需要选择自己最喜欢或有益于他们的产品。与功能对应的文字类型不同，采取翻译策略会有所不同。因此，翻译者需要根据实际情况采取适当的翻译策略。

信息型文本的侧重点是内容，在翻译此类型文本时，译者应注意保持译文和原文在语义上的对等，在译文中尽量传递与原文相同的概念与信息。

香港政府卫生署于 2005 年向互联网上的广大市民提供饮食及营养资料，目的是让市民更好地了解饮食及营养对生活的重要性，强调合理的饮食和营养。在文本中，所有关于饮食和营养的信息，两个形容词"不可或缺"和"必要"看似主观的判断或评价，其实也表明事实已经得到承认，"生命中的食物不可缺少"，"营养对人体至关重要"。

　　译者在翻译信息型文本时并没有太多自由发挥的空间。题目 Diet and Nutrition 直译为"饮食和营养"相信是绝大多数译者的选择。虽然译者采用了分译（例如第一句）、合译（例如最后两句被译成一句）、语序转换（例如第一句）等方法，但整个译文基本上忠实地传递原文的信息内容。

　　在翻译有关社会意义的内容时，翻译人员处理得要非常小心，不能任意篡改或遗漏。为了保持信息内容不变，翻译人员可以将目标语言的语言应用于公共语言的专业语言。例如，慈善家李嘉诚家族旗下的长江集团的英文名称是粤语翻译的 Cheung Kong Group。GBS 说"太平绅士"汇丰银行全称为 Hong Kong Shanghai Banking Corporation，简称 HSBC；爪哇集团的英文名称是 SEA Group，等等。也许在一些中国读者看来，上述中文名字和英文名字不能对等；然而，这些在汉语中的形式和语义不等于英文名称是熟悉香港情况的读者对等的信息。

　　感染文本（包括诺德说的直接感染型、间接感染型和韵文感染型文本）是信息的接收者，翻译应采取"适应手段"（自我适应方法），突出感染特征的翻译。莱西的"适应性方法"更为普遍。我们认为，适应性方法是基于不同的语境，不同的翻译目的，采取不同的翻译策略和方法。例如，"禁止吸烟"可以翻译成"不吸烟"（供公众使用），但也被翻译为"禁止吸烟"（危险区域）。如果使用以公共语言编写的诗歌，但它的真正目的是用诗歌韵律韵感染读者，而不是表达作者的情感。中国公共语言在使用诗歌时非常普遍。在中国的韵文中，作者对于诗歌的形式和节奏效应，往往加上很多不必要的单词和短语。感染型文本除了直接形文本外还包括间接文本。例如，广告中提供的"事实"通常是精心挑选甚至是夸大其辞的，如"参加玛花纤体疗程，无须节食挨饿，无须苦做运动，无须打针吃药，整个过程 100％天然、安全，每次只要做三十分钟的玛花纤体疗程，就可去掉身体指定部位的多余赘肉，让你瘦得健康，瘦得持久"，每个信息都显得很重要，因此翻译时要把这些信息展现出来。

　　然而，无论直接还是间接感染型文本，其主要功能是感染受众，而不是无条件地为他们提供信息，译者应把译文的效果作为处理的重点，而非信息内容。

　　总的来说，译者在处理感染型文本时，为了取得预定的译文效果，可以采取灵活的策略。

第三节　翻译策略透视

一、等功能翻译

等功能翻译（equifunctional translation）与豪斯翻译分类中的"隐性翻译"相同，是为了在目标文化中取得与原语文本同等的地位，保持原语功能不变，如信息功能对信息功能、移情对移情、煽动功能对煽动功能、教导功能对教导功能，类似丁奈达的"功能对等"，即译义对译文读者产生的反应与原文对原文读者产生的反应相似。

由于原语接受者和译语接受者分属于两种不同的文化体系，习得两种不同的语言形态，他们各自感受性不同，对一种语言形式的反应不尽相同，原文语言的功能并不一定等于译文语言的功能，也就是说，行使移情功能的语言直译到目标语中并不一定会达到移情效果。因此，如果翻译是保持原语文本功能不变，那么原语"功能标记"常常要做出适当的变换或调整，以便能在目标语文化中发挥相应的功能。例如，我们可以把原文中的形象转换成汉语中习用的形象或语义，如将 a lucky dog 说成"幸运儿"，以及 Love me, love my dog——爱屋及乌，to cry up wineand sell vinegar——挂羊头，卖狗肉，to set fox to keep one's geese——引狼入室，live a dogs life——过牛马生活。但这并不等于一定要用译入语文化覆盖原语文化，在读者能有效地吸收外来文化、原语形象和表现方式能产生同等功效时，这种改换是费力不讨好的，甚至是愚蠢的。例如，把 Rats deserta falling house 说成"树倒猢狲散"而舍弃鲜活的"屋倒鼠搬家"，将 One swallow cannot make a summer 说成"独木不成林"而舍弃"一燕不成夏"，将 Greet one another witha holy kiss 说成"请你们亲切互相握手相迎"，以及 Charleston——曹氏屯、Jonesboro——钟氏坡、Eva——夜娃、Big Sam——大老三、cow's eyes——秋波、milky way——鹊桥，诸如此类。

在广告翻译中，一种语言的广告只是服务其特定的语言使用者，特别是诗性广告，它的语言艺术、语言影射的文化只能诉求此种语言使用者的情感和审美意识。越是潜心打造的广告艺术，越是契合其语言使用者的情感和审美心理，就越能带来新奇感和值得玩味咀嚼，但是，一旦移植到另一种语言，越会产生相异性。也就是说，语言一旦离开原有的文化环境，语言形式和它赋予的精神力量就脱离了原有的和谐状态，很难在异域文化里产生同样的力量，达到同等的诉求效果。广告语言针对的特有文化群体而带来的排他性，使很多诗性广告产生了抗译性。这样，就决定了诗性广告的翻译只能是"创造"，不能采用常规翻译方法，只能循着"回避—回归—创造"这一路径。但是"回避"不等于简单地抛弃原文，而是把原文语言艺术当作信息源，考察它是如何达到这种新奇效果的，如果沿用它的修辞方法，同样可以诉诸汉语受众的情感，那当然是求之不得的，如果不能，就采取"回避"态度，但仍旧把原文的"语义"作为信息源，"回避"的是表现形式，"回归"到汉语中来，在汉语资源中寻找表现形态，在"汉语资源"这个基点上"创造"新的形式，力图达到与原文同等的效果。从这个意义上说，我们必须充分利用汉语自身的资源，也就是说，不但要改变原文的"形式"，甚至要改变原广告的"语趣"，代以汉民族喜闻乐见的"形"和"神"，在语言的玩味中取得同等的移情和劝导功能。

We've hidden a garden of vegetables where you'd never expect. In a pie.

原句是个颇具匠心的广告句，原因是用了"突降"（bathos）法，先吊足胃口，然后跌至低谷，带来意想不到的效果。我们照直转换，"我们在你想不到的地方藏了一园子蔬菜，藏在馅饼里"，虽然忠实于原文的形式和意义，那么原作者在第一句所作的铺垫和第二句突降法所带来的玄妙在译文中就无影无踪了，在汉语文化中不能产生广告效果。如果改用汉语的偶句形式，效果就大不一样，虽然原句的修辞消失了，但取得了与原文相仿的广告效应：

蔬菜百味鲜，一饼尽纳之。

Teach your kids about drugs before they teach you.

原文两次出现了 teach，产生了双关意义，是一个不可多得的创意广告。第一个 teach 是"教育"的意思，而第二个是"教训"的意思。言简意赅，内含丰富，又不失婉转，令人玩味和深思。如果译成"你的小孩在教训你之前，请你给他教育毒品的危害"来做公益广告就会显得平庸乏味。如果译成：

毒品害人！养子不教，后悔莫及无时休。

虽然完全抛开了原文的修辞手段，没有原广告的双关效果，但和谐、匀称的主题句特性，恰到好处地诉求了汉语读者的情感。

由于契约语言在长期的实践过程中逐步形成了自身的语言习惯，如约首对当事人的称呼、序言、本文、约尾、合同文字效力、正本份数、附件效力及双方签字都有一些比较统一的说法。英汉两种语言对这一"程式化"语言的表现方式有很大差异，因此，无论是英译汉，还是汉译英，换成译入语习用的"程式化"语言，也就改变了语言的功能标记，能使合约简约、严谨、庄重，具有契约语言风范。这样表达更具功效，译入语读者更有认同感。

（1）hereinafter called A　　　　　　以下称为甲方

（2）hereinafter referred to as B　　　以下称为乙方

（3）as per and subject to all clauses and conditions of the company's printed form of policy　　　　　　　　按照公司保险单印好的条款

（4）These shall prevail over all printed terms in case of any apparent conflict.

如果出现明显冲突，则以这些条款为准，印就的条款无效。

（5）Reference is made to your Sales Confirmahon No. 1529.

关于你方 1529 号销售确认书事宜。

（6）The Iicensee will not make or suffer to be made any alterations to the internal or external finishes or structure of the residential premises or adjoining properties including the erection of any external TV or radio aerial or satellite dish.

承租人不得对宿舍内外的墙壁、墙体、宿舍区内的财产加以改变或允许他人加以改变，包括架设室外电视天线、无线电天线或卫星接收器。

（7）We make you the following offer, subject to goods being unsold.

我方做出如下报盘，以货物未售出为有准。

（8）Unless otherwise stated thereafter, the accounting prinaples employed shallbe the same as those applied in the preceding years.

除后文另有说明者外，所运用的会计原则应与以往各年所运用的会计原则相同。

（9）Enclosed please find two copies of our price list. Please find enclosed two copies of our price list.

随函附寄我方价目单一式两份，请查收。

（10）This copyrighted product has been manufactured and distributed by Warner Home Video, an AOL Time Warner Company, and is authorized for sale or rental for private home use in the USA and Canada only, The sale or rental of this prod, uct outside of the USA and Canada has not been authorized by Warner Home Video, and is in direct violation of its written terms of trade. Federal law provides civil and criminal penalties for the unauthorized distribution, reproduction orexhibition of copyrighted pictures, videotape and videodisc.

本产品享有版权，其生产销售权属于华纳家用影像公司，此公司为时代华纳分公司。授权在美国和加拿大开展家用销售和租赁业务。在美国和加拿大以外任何地区的销售和租赁都未 经本公司授权，且违反交易条款。联邦法律规定：对未经授权的、享有版权的电影、录像带、光盘进行销售、复制和放映的行为，（被侵权人）可以追究民事和刑事责任。

　　翻译中的等功能旨在使译文达到与原文对原文读者同等的交际功能，因此，译文须尽量符合目的语规范和风格，尽量减少翻译痕迹，直接、明白、晓畅，从而减少读者的认知负荷、缩短领悟时间、增加信息的传播速度，这种译文多出现在实用文本的翻译中。在文化交流越来越深入的今天，等功能翻译于文学文本是不可取的。

二、逐行对照翻译

　　逐行对照翻译（interlinear translation），指把原文的字词逐一对照译成另一种语言，而不改变原文的语句结构。这种翻译的主要目的是让译文读者了解原文的语言结构。由于这种翻译多采用原文、译文分行逐字对应的形式，所以称为"隔行对照"或者"行间对照"翻译。

（1）In the province of Oufa there lived a man named Elias.

在乌发省曾住着一个名叫埃利亚斯的人。

His father died a year after he married, and left him a poor man.

他结婚一年后他父亲离开了人世，并让他变为一个穷人。

　　但是在实际操作中，严格的逐字翻译是不可能的，因为两种语言结构差异悬殊，逐字翻译很难在目标语中形成通畅的意义，例如：

（2）There was a tent at the show where they had lots of rare breeds of birds.

有一个帐篷在表演场那里他们有许多稀有种类的鸟。

　　因此，严格的逐字翻译已经没有任何意义，目标文化中也没有人需要这种译文，那么逐字翻译实际上是直译在书写上的一种格式，以便语言学习者一目了然地知道原文每个词语、结构对应的意义和顺序，方便学习者观察比较，对语言学习者具有积极作用。语言学习者在尚未达到熟巧之前，希望依赖一种译文来引领对某一语言点、句法结构、词义的掌握，从而达到对整个语言体系的掌握。翻译作为一种学习外语的手段在外语教学史上具有十分重要的地位。15—16 世纪的欧洲是语法——翻译法的最初时期，我国 20 世纪 80 年代以前一直沿袭这种教学方式，教师除了解释之外，主要采用逐句翻译的方式。但是翻译法不利于外语思维和交际能力的培养，已逐渐淡出主流教学法地位，只是当做外语教学中的一种方法。但对于目前我国一大批英语自学者而言，译文对照有利于学习者观察、对比、领悟原文的语法结构和词义。因此，这种译文不能跳脱原文的范围，句法变化的幅度、语句顺序的变换不宜过大，词义不能过度引申和发挥，少用汉语句式和习惯法，词义精确。尽可能复现结构、语句顺序、关联词、语法标记、介系词、元语言标记是这类译文的特点。

同时书写方式也有所改变，由逐行对照改为逐段对照、左右对照。另外，词语和结构的用法可以在文内采用数字标注，然后按照标注顺序在文外讲解。这种译文因为句式冗长拖沓、生硬、僵直，结构上主谓分明、关联尽显语言表层，所以没有舒展、自然的语感，可读性较差，例如：

（1）Remember that unless you can take charge of your own learning; you will probably not succeed in mastering a new language. You know yourself best, so you should use your self-knowledge to guide your studies, even if it means that sometimes you will have to disregard some of your teacher's approaches or other people's suggestions.

记住，如果你不能做到学习上的自我管理，你就可能无法掌握一门新的语言。只有你最了解你自己，因此你应该运用自己的知识引导自己的学习，即使这可能意味着有时你将不得不放弃一些老师教的学习方法或其他人的建议。

学习不能自理，不可能学好外语。俗话说，"冷暖自知"，你应根据自身的情况来调整学习，可以不去理会老师的方法和其他人的建议。

（2）When John Lenon was murdered in 1980 outside his New York apartment by a young man for whom he had earlier autographed a record cover, it signaled the end of an era. The faint hope that one day the Beatles might get together again had gone forever, but more importantly, gone were the optimism that they represented and the social consciousness that they spread.

1980 年当约翰·列侬在他的纽约公寓外被他早些时候签过唱片封套的一个青年男子杀害的时候，它意味着一个时代的结束，总有一天甲壳虫乐队再次相聚的渺茫希望永远地走了。但是更重要的是，他们所代表的乐观主义和社会意识也永远地走了。

比较：

1980 年，约翰·列侬在纽约的公寓外被人谋害，他先前还在此人的唱片上签过名。列侬被害意味着一个时代的结束。以前人们还以为，甲壳虫总有一天会重整旗鼓，现在连这丝希望也破灭了。更重要的是甲壳虫所代表的乐观精神和社会意识也烟消云散了。

三、直译与意译

直译和意译是两种主要翻译策略，尽管也常常被批评为是机械主义的二元对立，但却还是词汇翻译的主要方式。翻译的时候，由于来自汉藏语系的汉语和来源于印欧语系日耳曼语族的英语差异巨大，人们往往更倾向于选择那些能够表意义的汉字来表达新鲜的事物，用本族语的习惯和构词形式对外来词加以改革。新词刚出现的时候，可能在较短时间内采取音译，一旦继续使用该词，该词汇被人们普遍使用，往往会归化到已有的语言文化系统中，久而久之，淡化了外来词的色彩，融入了本民族语言中。例如 e-mail 在最初出现的时候被译为"伊妹尔"或"伊媒尔"，主要是音译，但是目前较为普遍的译文还是"电子邮件"，口语中会经常说"发邮件"或"发一个 mail"。

直译是指从字面的意思，照直翻译出来，好处是直观、明了，可以方便回译（back-translation）。如果能够直译，当然是最省力的方式了，但直译需要一些硬性条件。首先，直译的情况，在目标语中找到对等的表达，最方便直译。这部分词占的比例较少。比如以下词汇：

political reform 政治革新（政治改革）

political reputation 政声（政绩，声誉）

eye-catching 吸睛（吸引眼球）

backroom 机械室（密室）

backdoor 私下的，走后路的（走后门的）

green food 绿色食品（健康食品）

organic food 有机食品（绿色食品、有机食品）

fast food 方便菜、快餐（冷冻食品、速食）

awareness advertising 体认式广告（知晓式广告）

bad break 恶断部分（不良暂停）

win-win 赢—赢（双赢）

zero-tolerance 零忍耐（零容忍）

cotton swab 棉花棒（棉签、棉纱擦帚）

think-tank 智库（智囊团）

instant noodles 即食面（方便面）

folk Dance 土风舞（民族舞蹈）

closed questionnaire 限制式问卷（封闭式问卷）

close-ended question 闭锁式问题（封闭式问题）

communication gap 传播/沟通痕沟（沟通障碍）

credibility gap 信任痕沟（信用差距）

有些词汇尽管在目标语中找不到现成的对应词，仍然采用直译，可能是看中其独特的表达力，这些词往往比较简洁和形象，表达新颖，是一个独立的名词或概念，因而直译。但直译以后，对于理解会造成一定的影响，因而这部分词汇往往需要进一步的阐释。直译的好处在于明了、简单。但缺点往往会带来明显的翻译腔，尤其是翻译句子的时候，如果不根据语言的表达习惯进行适当的调整，译入语就会显得生硬艰涩。

gatekeeping theory 守门人理论（把关人理论）（传播学词汇，指的是决定信息流入的人或机构）

deep throat 深喉咙（指秘密消息来源）

beanpole family 豆荚式家庭（多代且各代人数少的家庭）

sandwiched class 夹心阶层（中等收入阶层，也借指在社会中处于上等社会和低收入群体之间，不能享受政策优惠的阶层，类似三明治的夹层）

banana kick（足球）香蕉球（因为球运动的路线是弧形，像香蕉的形状）

bicycle kick（足球）骑车式踢球（倒钩球、倒勾球）

zero-sum 零和理论（是博弈论概念，意思是双方博弈，一方得利必然意味着另一方吃亏，一方得益多少，另一方就吃亏多少，双方得失相抵，总数为零，所以称为"零和"）

brainstorming 动脑会议（头脑风暴）（大家坐到一起，就一个话题畅所欲言，以激发点子，现在还有一个类似的词是 brainsteering，脑力引导）

viral marketing 病毒式行销法（一种网络营销方法，通过公众将信息廉价复制，告诉其他受众，像病毒一样迅速蔓延的信息传递方式，这其中多用到类比的方法）

the Halo effect（不当概括之）哈罗效应（晕轮效应/光环效应）（指人们对他人的认知判断首先是根据个人的好恶得出的，然后再从这个判断推论出认知对象的其他品质的现象。如果认知对象被标明是"好"的，他就会被"好"的光圈覆盖着，并被赋予一切好的品质；如果认知对象被标明是"坏"的，他就会被"坏"的光圈覆盖着，他所有的品质都会被认为是坏的）

buckets effect 水桶效应（短板效应）（一只水桶能盛多少水，并不取决于最长的那块木板，而是取决于最短的那块木板）

butterfiy effect 蝴蝶效应（在一个动力系统中，初始条件下微小的变化，能

带动整个系统的长期的巨大的连锁反应。蝴蝶在热带轻轻扇动一下翅膀，遥远的国家就可能造成一场飓风）

　　Mickey Mouse medicine 米老鼠医疗（边度假边治病）

　　family plan 家庭计画（计划生育）

　　covering letter 伴书［（附于包裹或信件内用于说明或附言的）附信］

　　high scheduled interview 高度依表式访谈（事先设定问题的采访）

　　如果一个词既可以直译，亦可以意译，那么对于直译和意译的选择，还体现出了译者一定的民族情绪。杜争鸣认为意译策略是文化相对独立性的体现。[①] 翻译的目的当然是把原语所表达的意思传递给译入语读者，因此意义的传递是翻译者最主要的任务。在翻译教学方面，绝大多数教师和教材也都把意译摆到了高于直译的位置。实际上，意译的地位并非完全是由翻译就是翻译意义这一直接目的所决定的，因为在很多情况下直译也同样可以传递意义，甚至也可能会造成特殊的修辞效果。"教鱼学泳"与"班门弄斧"（to teach a fish how to swim）相比之下，意义并不模糊，比喻同样恰当，但是在以意译为导向的大潮之中，后者总是受到青睐，究其更深刻的原因，是民族文化（包括语言文字）所包含的传统习俗不为翻译所动，这恐怕不是语言原因所决定的，本质上是受文化或民族主义所影响的。

　　在两种语言进行相互转化的过程中，或者在从事跨文化交际的过程中，理想的状态是认为不同文化之间是相互平等的，但是民族中心主义是普遍的一种民族情愫，在译者的潜意识中，源语文化和译入语文化在某些方面是存在优劣感的，如果在潜意识中认为本族语文化优于外来语文化，则会在本族语中寻找对应的或近似的本族语来替代译入语，如果为了保持外来语的神秘和奇异，也会保留外来语。

　　意译在一定程度上就是阐释，阐释一般相当于注释，用字较多，例如 package holiday，其中 package 是一揽子全包的意思，但是没有合适的两个字来对等该词，翻译的时候用字就较多，比如"旅行社安排一切的套装旅行"，祖国大陆译为"旅行套餐"似乎是最简洁的了，但较源词，仍然多了两个字。package tour 有多种翻译：跟团旅游、包办旅游、全包式旅游、全部代办旅游或包价旅游、一价全包套装旅游、套装旅游、自助背包旅游，等等，都是在阐释该词的内涵。阐释是为了更清晰，为了给理解上有困难的读者而准备的，专业人士往往无须翻译，需要翻译的对象往往是非专业人士，阐释因而显得更加重要，因为最终

① 杜争鸣. 翻译策略与文化：英汉互译技巧详解［M］. 北京：中国经济出版社，2008：2.

能否被理解才是判断译文好坏的直接指标。如果阐释仍然不清晰就需要注释，注释是就这些词汇的补充说明，是脱离了原词的更多相关内容的信息补充。

注释往往会增加相关的背景信息，比较倾向于专业知识。例如新闻学中的 back-channel media（八卦报纸或电视节目等媒体）、yellow journalism（黄色新闻）、watchdog（看门狗）、muckraking movement（扒粪运动、揭丑运动），等等，这些词汇都会涉及一些专业知识和背景信息，往往需要阐释才能被非专业人士理解。

阐释的时候，需要注意词的范围不能随意扩大或缩小，比如 baby-sit 不能译为保姆，因为其含义就是代人临时照看婴孩；临时照看婴儿，当临时保姆。close up 不能译为关闭，而是临时关闭，不是永久关闭。有些词的意义可以是泛指，也有具体所指。比如 heater，可以是任何加热器，也可能是暖气设备，电暖炉，阐释的时候要力求准确，需要参照一定的语境。

直译或意译的策略，有时候取决于所翻译的文本，题材不同，采用的翻译技巧也会不同。比如，翻译文学作品时往往会采取意译，而翻译其他实用的文体时，如经济、科学、新闻、政论等语篇中，直译和意对等会更加实用。按照功能目的翻译理论（Skopos theory），翻译应以目的为总则——翻译行为所要达到的目的决定整个翻译行为的过程。翻译的策略与方法必须由译文的预期目的或功能决定，目的原则是翻译的最高法则，决定译者所采取的策略。为了引起受众的兴趣，扩大传播效果，译者应根据作者源语文本提供的信息及译文的预期目的，结合译语受众所处的社会文化背景推测受众对译文的期待，将源语的语言和文化信息有目标地传递给目的语受众。

北京大学辜正坤说："直译，意译，各有千秋，译者依据功能、审美、读者层三要素，宜直译就直译，宜意译就意译，能神游于规矩之内，亦能神游于规矩之外，能循规蹈矩，亦能叛道离经，方称得上翻译的行家里手"。这样的声明，似乎又回到了经验主义的老路上，因为好坏的标准又是主观的体验了。

四、隐喻翻译策略

（一）隐喻的概念问题

隐喻的概念是个非常麻烦的问题，特别是 20 世纪以来，来自各个学科的研究视野为隐喻研究增添了丰富的内涵，也形成了各种各样的概念。不过总的来说有狭义和广义之分，狭义的隐喻是传统修辞学所定义的隐喻，基本以亚里士多德的定义为蓝本。亚里士多德在《诗学》中对隐喻的定义为："隐喻字是属于别的事物的字，借来作隐喻，或借属作种，或借种作属，或借种作种，或借用类同字。"[1] 这个概念认为隐喻与明喻一样，都是一种不同事物之间的对比，是一种修饰性的语言现象。这样看来，狭义的隐喻是一种与明喻、转喻、提喻、拟人等并列的修辞手段。

广义的隐喻可以说是众说纷纭，但是有一点是相同的，就是都放弃了修辞隐喻的定义，使得修辞隐喻的研究仅限于文学和修辞学领域。广义的隐喻接纳了各种各样的研究进路，形成了内容丰富的隐喻理论。Eva Feder Kittay 把隐喻看作是不同范围关系的转换，他认为隐喻的意义转换是从载体语义场（field of the vehicle）到主题语义场（field of the topic）的转换，转换的内容是载体术语与其他术语所共有的相似和相异关系。语言学家 M. A. K. Halliday 认为隐喻就是意义的表达变体。理查兹在《修辞哲学》中的隐喻定义为："用一种观念的符号来表示另一种观念"。根据这些观点可以看出，隐喻不再是单个词的使用问题，而是意义的表达问题。

认知语言学派对此的认识更进一步，他们认为，隐喻本质上就是"用此言彼"，语言在本质上是隐喻的，因为就语言系统与外部世界的关系来看，人类所认识的世界并非所谓"真实"的实在，而是通过语言这一棱镜折射的"实在"；另一方面，从语言系统内部来看，任何语言符号在理论上都可以用来代替另一个符号，所以隐喻不是文学语言的专有特征，而是人类语言的普遍特征。Kenneth Burke 将隐喻定义为："隐喻是根据另一事物对某事物进行观照的工具。它从'彼物'中抽出'此性'，或从'此物'中抽出'彼性'"。George Lakoff 和 Mark Johnson 认为，隐喻绝不仅仅是一种语言现象，从根本上讲它是一种认知现象。他们给出的隐喻定义为："隐喻的本质是通过另一类事物来理解和体验某类事物。"[2] 这些观点都将隐喻作为一种认知手段、一种基本的思维方式和行为方式。

本书将采用广义的隐喻定义，以认知隐喻为研究对象，以 Lakoff 和 Johnson 的定义"隐喻的本质是通过另一类事物来理解和体验某类事物"为基础，把明喻、转喻、提喻、谚语、寓言、拟人、类比甚至模型等都归于认知隐喻的范畴。

---

① 亚里士多德著. 诗学 [M]. 罗念生译. 北京：人民文学出版社，2002：62.

② George Lakoff and Mark Johnson. *Metaphors We Live By* [M]. Chicago and London：The University of Chicago Press，1980：5.

（二）从对等原则的角度看隐喻与翻译

1. 翻译对等原则简述

对等不是一个新概念。当人们开始翻译时，总是有一个参照的文本，根据这个文本译者反复思考，写出和那个文本中意思相近的话。这就是对等原则的雏形。一个从事翻译的人，他至少认为那个原文的文本是可以翻译的。也就是说，他承认，在一个语言里可以表达的东西，在另一个语言里也可以表达，译者可以在译入语中找到价值相等的文字来表达原文的意思。当然我们也注意到，对语言不可译性采取比较极端态度的学者认为，语言之间根本就没有真正对等的可能性，根本就不可能忠于原文。有的学者索性认为，对等其实是子虚乌有的东西，但大家已经用惯了这个概念，暂且就让它留在翻译研究的领域里，不必认真对付它就是了（Baker，1992：12）。我们说，这种否定对等的态度不是没有道理，学者往往也可以找出例子证实这种不可译性。但从事翻译的人更看重语言之间实际交流的需求，他们不希望因为理论上的正确，就停止了语言间的交流。达不到彻底忠于原文的目的没关系，我们退而求其次，绝对的对等办不到，近似的对等总可以吧？因此，所谓的对等也不是百分之百的，译者只是尽一切努力，尽可能地靠近绝对对等，但我们永远达不到那个绝对的目标。

在翻译理论中，对等这个术语也许是西方学者提出来的，但对等这个概念却并不只归西方特有，中国学者提出的信达雅、神似、化境等，都是以原文为参照，本质上说，他们想达到的目标也是对等。在众多的对等学说中，比较引人注目的一派就是奈达提出的功能对等理论。

根据奈达的观点，翻译就是要在目标语中以最自然的方式重现原文的信息，首先要重现语义，因为语义是最基本的，然后可能的话也要重现风格。他认为，最好的翻译读起来应该不像翻译。要让原文和译文对等就必须使译文自然，而要达到这个目标就必须摆脱原文语言结构对译者的束缚。因为大多数情况下，原文的结构和译文的结构是不同的，所以必须有所改变。可以看出来，他的对等概念并不是文字上的对等，不是说要在词的层面上，在短语结构层面上，在句子结构层面去寻求对等。相反，他认为这些形式，往往需要在翻译中摆脱，因为被原文的文字结构牵着走，就会产生不自然的文字，而奈达主张译文应该自然顺畅。由于有这样的指导思想，他就认为，将 Do not let your left hand know what your right hand is doing（Matt 6: 3 RSV）改成 Do it in such a way that even your closest friend will not know about it 是可以的，因为原文仅是一个隐喻，隐喻本身的形式没有多大意义，翻译时把隐喻的意思说出来就行了。他甚至认为 washing the feet of fellow believers 这种译法不恰当，正确的译法应该是 showing hospitality to fellow believers，因为这个洗脚动作的基本意思是 show hospitality，而洗脚这一仪式在近代已经失去其原始的意思，仅具有隐喻意思。奈达的一个最经典的例子就是将 as white as snow 译成 very white，因为如果读者从没有见到过雪，按照原样将比喻说出来，读者反而不懂。奈达上述的观点，反映出他对文化因素的重视，对等不是机械的对应，而是考虑到社会文化因素后的灵活对等，难怪他早期使用的术语就是灵活对等（dynamic equivalence）。

2. 认知对等概念的提出与评论

正是在这个对等的大背景下，我们将概念隐喻引入讨论，提出诸如隐喻层的对等有没有意义？翻译中哪些隐喻的对等有意义？哪些没有意义？隐喻作为文化的载体在跨文化中到底有多大意义？鉴于一个个隐喻都是心智中概念隐喻在语言上的具体表现，那么有没有必要在翻译中求得"认知对等"（cognitive equivalence）？目前学术界已有人提出这个问题（Mandelblit，1995；Zoltan Kovecses，2005；Al-Hasnawi，2007；Dordevic，2010）。但如果有必要求得认知对等，对等的内容又是什么？这些问题却有待澄清。

早在 1995 年，Mandelblit 就在其博士论文中提出"认知翻译假设"，认为翻译隐喻可从下面两个方面考虑：

（1）在源语和目标语之间映射条件相同。

（2）在源语和目标语之间映射条件不同。

有趣的是，Mandelblit 是从翻译过程花费时间长短这个角度看翻译问题的，他认为，如果源语和目标语之间映射条件相同，翻译时花费的时间就少，步骤相对简单。而在源语和目标语之间映射条件不同时，译者就有可能需要在不同的翻译策略之间权衡，如到底是将隐喻翻译成明喻，还是采用释义法（paraphrase）、加注法，或是索性解释，甚至完全删除。我们可以看出，Mandelblit 的具体处理方法和传统隐喻翻译方法没有差别，但决策的基础却完全不同，他是从认知隐喻的映射角度切入的。他在源语和目标语之间映射条件不同时提出的建议可以说和目前采用的常规方法无异，但对于源语和目标语之间映射条件相同时的建议，我们未必完全认同。在实际翻译过程中，源语和目标语之间映射条件相同时，我们未必就采用和原文隐喻相同的译法，我们照样需要推敲。换句话说，译者仍然可能像在源语和目标语之间映射条件不同时一样，需要在不同的策略间选择，并不一定简单。这就引出了一个很重要的问题，翻译的总策略到底应该是以不偏离原文为首选，还是时刻都给偏离原文的译法留有一席之地。其实，这是个很复杂的问题，牵涉到所译文本、翻译目的等各种因素，仅仅因为源语和目标语之间映射条件相同就假设翻译时花费的时间少，步骤相对简单也许未必能正确描述翻译的实际运作。

另一位学者 Al-Hasnawi（2007）则提出了隐喻处理的三种情况：

（1）在源语和目标语之间映射条件相同。

（2）在源语和目标语之间映射条件相同，但翻译词语选择不同。

（3）在源语和目标语之间映射条件不同。

虽然这是三个条件，但作者认为把它们看作是一个连续体更合适。在这个连续体的一端是源语和目标语之间映射条件相同的情况，在另外一端则是源语和目标语之间映射条件不同的情况，而介于中间的是上面的第二种情况。那些具有文化普遍性的隐喻恰恰适合第一种情况，而第三种情况则可以解释文化特异性强的隐喻，因为有不同的映射，翻译时需要不同的隐喻。至于第二种情况，则是那些概念隐喻相同，但源语文化和目标语文化伦理道德系统不同的情况。尽管在这一类中，作者建议在源语和目标语之间映射条件相同的情况下，可以使用不同的选词，但其理由则仅仅是"伦理道德系统不同"，并没有包含那些由于通顺修饰方面的考虑而改变原文隐喻的情况，而这种情况却很常见。

Kovecses 隐喻翻译的观点则要更全面（2005：131-151）。他的基本策略可以概括成下面四种：

（1）隐喻的映射条件相同，相同的词汇表达。

（2）隐喻的映射条件相同，不同的词汇表达。

（3）隐喻的映射条件不同，相同的词汇表达。

（4）隐喻的映射条件不同，不同的词汇表达。

我们可以看出，他的处理方法更为详尽，包括了我们关注的本可以用相同译法，但却偏偏不用的情况（第二种情况）。

另外，Dordevic 也从科技、专业和官方文本的翻译角度讨论了这个问题，认为从认知文化的角度分析原文表达译文是必要的（2010）。总之，提出翻译认知对等的学者大有人在。

那么我们如何看待认知对等这个问题呢？换句话说，认知对等到底指什么，或者更确切地说，译者需要怎么做才算达到了认知对等的要求？首先，我们不否认认知对等是一个合理的议题。但是假设原文确实存在一个由无数隐喻构成的认知网络，构成了译者翻译时移植的对象，那么译者真的有必要把这个网"搬到"译文中吗？反对这样做的人也许会从强势文化和弱势文化的角度看这个问题，认为把原文的认知网络搬过来无疑会将强势文化移植到弱势文化中来，把原文的思维特征移植到译入语的文化中，潜移默化地改变译入语文化的思维特征。其实这倒未必需要担心，因为假如翻译方向相反的话，也许就会把弱势文化输出到强势文化，整体上看各得其所。而且普通文本中大部分的语言隐喻都是基于感觉器官的感知和最常见的生活经历，而这些概念都具有跨文化的普遍性，所以搬过来也未必就是陌生的怪思维，我们自己的生活中也依靠这种隐喻思维概念。至于那些通过"蕴涵""混合""拟人"等手段创造出来的特异隐喻，它们不是"生活中依赖的"（live by）隐喻，不是认知隐喻网络中的"主体成员"，因为它们常是作者刻意安排的隐喻。这类隐喻即便没有认知隐喻对等这一要求，译者可能原本也会基于修辞、美学等其它因素，将它们移植到译文中来。尽管不主张认知对等这样一个总的提法，但我们却认为在不同的情况下给隐喻足够的重视确实必要。这里强调的不同情况主要包括文本和目的，也就是说，在有的情况下，可以考虑移植隐喻，有的情况下则可以忽视隐喻，皆视所译文本和翻译目的而定。比如普通传达信息的文本中就不必考虑那些基于常见概念隐喻的表达法，但文学等文本中就有必要考虑意象隐喻等。也就是说，对于认知隐喻对等这个问题，我们希望具体情况具体对待，不主张笼统地谈认知隐喻对等。下面就让我们来看看翻译中隐喻问题具体是怎么处理的。

（三）翻译目的和隐喻处理

任何一个认为客户的要求至高无上的理论，都不会强调原文隐喻，不会瞄准隐喻对等这个目标，除非客户要求将隐喻作为关注的目标，但后者仅有理论上的可能，实际提出这样目标的可能性几乎等于零。当然这不等于说，这类文本的翻译从不寻求隐喻对等，但这种对等是在考虑客户需求的大前提下的"小把戏"，并非认知层的深刻考虑，与认知学者们提出的认识对等不一样。

呼唤类文本的翻译最适合用目的论来解释。让我们现在来看几则广告翻译的实例，观察一下译者是否或如何处理原文的隐喻的：

Overdraft Facilities

Lock in your interest rate and protect yourself down the road! （BEA/东亚银行）

个人透支服务

锁定息率，毋惧利息起伏

在这个广告中，译文至少有两个隐喻，一个是"锁定"，一个是"起伏"。第一个与原文的隐喻思维相同，但是第二个起伏则完全和第一个原文的隐喻不同。原文背后的概念隐喻 FINANCIAL LIFE IS A JOURNEY（down the road），但译文的隐喻则基于水波（INTEREST RATES ARE WAVES）。可以看出，译者尽管在第一部分完全接受了原文的隐喻，但第二部分却完全改变了原文的隐喻，就语义上说和原文基本没有关系，可以说是一种灵活的解释，前半句隐喻的对应，和后半句完全摆脱原文隐喻，不可能用认知对等来解释。从认知隐喻的角度，确实也可以有一些提示，比如原文 lock 是个比较明显的隐喻，基于我们生活中常用的实物，是一个意象鲜明的实物，而原文的 down the road 则是一个图像图式隐喻，所以图式隐喻比较容易被忽视，也符合我们前面对隐喻的描写。

Is your money taking you where you want to go? Get there. （James World Funds）

阁下的投资有否更上一层楼？登峰造极。

这句广告中的隐喻显然是将投资当作是旅程（INVESTMENT ISA JOURNEY），而译文根本没有使用原文的隐喻结构。尽管采取原文的思路并非不能翻译（把你带到了你想去的地方），但是译者不会沿着这个思路翻译，因为它太缺少对读者的感染力，结果译者完全使用了另外一个全新的隐喻"更上一层楼"。从认知隐喻的角度看，原文的隐喻也是基于意象图式隐喻（JOURNEY），因此不去翻译它的可能性就很大，因为这类例隐喻尽管有认知的价值，却在达到广告目的方面没有什么价值。这里，翻译的目的高于原文的隐喻特征。其实，即便是一个意象鲜明的隐喻，也必须服从广告的翻译目的，未必就一定要在译文中反映出来。

How FAST will the new high-speed internet actually be?

Well, put it this way. Tie yourself down. （infineon technologies）

新的高速互联网究竟有多快？

请您系好安全带。

这则广告把互联网比作了高速公路，一问一答都是基于 the Internet is a highway system 这个隐喻，而译文完全保留了这个基于概念概念的语言隐喻。这个概念隐喻目前基本已经广为接受，所以没有交流的障碍，译者同时也觉得原文作者用了 Tie yourself down 这个由基本隐喻派生（extended）出来的意象鲜明的隐喻，可以成为译文的一个"卖点"。结果，原文和译文隐喻层完美对应。但是，这种对应毕竟不是语言的考虑，更不是背后概念的考虑，说到底仍然是翻译目的驱使的结果。

本部分探讨了翻译的目的论及其和隐喻的关系。觉得目的论由于把关注点放在了客户身上，所以原文的隐喻往往不是译者关注的焦点。换句话说，任何强调翻译目的论的人，大概对原文的隐喻以及隐喻背后的概念不会特别关注。

（四）隐喻视角下的翻译决策

1. 从隐喻的角度看准确性

尽管不少翻译理论家不怎么看得起对等理论，但翻译实践者面临的毕竟是对等的问题，换句话说，仍然是准确与否的问题。我们毕竟是在把别人说过的话，在另一个语言中再说一遍，所以再高深的理论，在实践者那里，还得落实到准确这个议题上来。

但准确这个概念又很难把握。一篇文章细节处照顾得相当周到，字词句层面上相当准确，但批评家会说，整体并没有反映出原文的风格，所以人家仍然可以说你不准确。比如下面这段广告中节选的文字：

When an iceberg is born, the sound is like thunder. The impact shoots water hundreds of feet into the air and waves lap gently against your ship. You relish every moment, marveling as the sights and sounds of calving glaciers thrill you again and again. That's the lure of enchanting Glacier Bay, where the most astounding natural forces'take center stages.

当冰山诞生时，其声如雷霆一般，其冲击力将海水射向数百米高的空中，激起的波浪轻拍着你的船。你品味着这每一刻的时光。冰川崩裂之状、之声让你一次又一次震撼，同时你也惊叹不已。这就是令人着迷的冰川湾的诱人之处，在这里最令人惊叹的自然力量占据了中心舞台。

你看译文毕恭毕敬，唯恐遗漏，结果面面俱到，读起来甚无味道，怎么起到广告宣传的作用呢？那么我们放弃烦琐的细节如何：

The shift in economic policy that took place during the 1980s has continued into the 1990s and has reached virtually all developing countries.

早在 1980 年代，经济政策的转变就开始起步了，且一直延续到 1990 年代，几乎所有发展中国家都经历了转变。

这个译文重组了原文的结构，没有在细节处求准确，但是原文描述的基本事实却都包括在里面了。译者很满意，却没有想到被批评为在原文细节上有偏差，不够准确。批评者认为，原文的基本框架式 The shift has continued and has reached.，所以这样的文本应该求得细节上准确，比如可以译成"1980 年代出现的经济政策的转变在 1990 年代仍在继续，并且事实上已经波及所有发展中国家"。可见准确性没有一个单一的标准，文本因素和目的要求，都可能左右译文的准确性，原文文本承载事关重要的信息，对准确性的要求自然就更高些，相反，就可能不需要过于斤斤计较。但是，即便是重要的文本，也不见得就处处亦步亦趋，不得介入解释，比如下面的例子：

Our China Practice provides Corporate, Intellectual Property, and Tax expertise, and includes structuring and financing of China-based businesses, cross-border mergers, acquisitions, and the representation of U. S. companies investing in and doing business in China.

我们的中国业务部提供公司法、知识产权法以及税法方面的专业服务，包括为以中国为基础的商业机构设立公司并提供融资服务，跨国兼并和收购，以及为美国公司到中国投资和从事经营活动提供法律服务。

句中斜体的词并没有按照原文的词义翻译成"代表"，而是翻译成了"提供法律服务"。在这里当然可以翻译成"代表美国公司"，但是"提供法律服务"恰恰是代表美国公司所需要做的具体工作，所以不用原文的文字仍然可以接受，有时甚至更好。

除了从细节和总体看准确外，有时我们甚至可以提出一个更为大胆的问题：我们有必要处处都那么准确吗？具体的翻译需求从来都不是脱离社会现实的真空需求，因此译文使用者的需求并非和原文文本的特征一致，也就是说，译文的使用者完全可能不需要非常准确的译文。目的论的支持者可以找出说不完的例子来支持这个论点。最能说服人的例子就是林纾的翻译。众所周知，林纾不懂外文，他是依靠别人口述来翻译的。假如我们以文本为准绳，那么林纾在翻译中的错误或增删之处肯定不少，但是当时的社会现实需要林纾的翻译，林纾也不负社会的期望，满足了人们的需要。所以准确并非是一成不变的。因此有些翻译理论家就认为，在满足特定目的的前提下，译文够好了就行，比如目的论的学者就举出下面的例子说明这个道理：

In Parliament he fought for equality, but he sent his son to Eton.

斜体字 Eton 到底需要怎么翻译，要看很多因素，比如翻译的目的、读者对这个词的了解等。译者没有必要去追求绝对的准确，过度的努力是没有必要的。根据这个建议，如果是翻译成中文，我们首先要了解一下我们服务的读者群是否知道这个词，如果知道的话，不妨简单地翻译成"伊顿公学"，也不需要解释，因为大家都知道，这可是一个一般人上不起的学校。但是如果读者根本不知道这个词的意思和文化内涵，则不妨删掉"伊顿"二字，就说贵族学校。译者没有必要去求绝对准确，达到交流的目的就够好了（good enough）。可以这么说，在有些场合，达到了最低标准就已经够好了，没有必要去追求那个最高标准，因为毕竟还要进行"经济核算"，不能无止境地去追求完美。比如，Pym 就提出高危险

（high risk）和低危险（low risk）这对概念，认为一篇文章里，有些地方事关重大，得非常谨慎，翻译时花去的时间就会较多，比如一个牵涉主体的名词；但是有些地方则没那么重要，花费的时间就可以少一些，比如一个仅起修饰作用的形容词，译者不应该均匀地分派时间。

到底是强调微观的细节，还是宏观的整体？我们似乎可以看出一个倾向，背景是语言学的学者较容易关注细节，强调文本的准确，而以社会学为背景的学者常喜欢强调宏观的社会效应。作为一个翻译实践者，我们不需要陷入这类争论，但是却有必要知道，准确不是一个一成不变的概念，到底需要准确到什么地步，也可能因为文本、目的之不同而变化。尽管我们知道有时确实可以接受"够好了"这样的建议，但我们追求精益求精的目标不会因此降低。换句话说，"够好了"和精益求精之间并不矛盾。假如"够好了"是最低标准，而精益求精是最高标准，译者也许常常得不停地纠结，以便在两者之间寻求平衡。

2. "翻译"与"释义"

（1）翻译概念与释义概念的界定。

一般说，有些文本的翻译，比如信息类文本的翻译，说出信息就行，不必计较信息的表达方式，仅有内容就行，但有些文本的翻译，则需要照顾到表达方式，就是内容载体，即语言本身的特征。在翻译和释义这对概念中，可假设翻译更严谨，不轻易放弃文字上的对应，因此沿用原文中表达法的机会较多，而释义不太关注细节的对应，自己消化后重组的可能性就较大，释义者很关注可读性，所以仅求语义的相近，不希望让太过精确的语言表达影响了译文的流畅和整体效果。当然我们充分意识到，不管任何类型的翻译都不可能完全被文字牵着走，跳脱原文文字的束缚是不可缺少的，所以就这个意思来说，翻译活动中不可能没有释义。但释义这个方法可偶尔使用，不宜过度使用，因为 To translate does not mean to explain or comment on a text，or to write it as we see fit（Pym，2010：52）。可见在这些学者看来，解释原文不属于翻译活动的范畴，而对原文添加评论当然就更不用说了。

相反，我们这里说的"翻译"就有比较靠近原文，不轻易添加解释，更不引入评论的倾向。有时我们确实这么做，比如经济报告的翻译、科技翻译，甚至比较严肃的文学翻译等，"翻译"的成分就会较大，也就是说，不宜仅满足于意思的大致对等，不宜将隐性的理解过程显性化。一句话，不宜有过多"释义"的成分，因为后者不很关注细节的对应，仅求语义的相近，而且还会将理解原文时的一些过程呈献给读者。但是有的时候，这类略有增减、稍加修正的方法却并无不可，太严谨了反而不好，比如一般的游记或旅游景点介绍，大可不必锱铢必较，把意思说出来就行，不一定要用同样的说法，但需要同样的意思。打一个比方，"翻译"就是不仅需要获得同样价值，而且在某些地方，在某种程度上还需要同样的钱币，但"释义"更多是需要获得同样的价值，却不一定需要使用同样的钱币。我们这里说的"翻译"和"释义"就是在这样的背景下定义的，而且两者之间也没有明确的界限，从一方到另一方不是突变，而是渐近的。而在具体翻译中，这两个概念拿捏不当的例子是非常多的。

（2）翻译和释义概念的应用。

比如较正规的文本，那些与政治原则、经济利益、思想理念密切相关的文本，翻译的时候就不宜采用过多释义的方法。请看下面的例子：

The economic problems that afflicted so many developing countries in the wake of the debt crisis of the early 1980s, were at the origin of the reform process.

1980 年代早期，债务危机引发了经济问题，进而影响了很多发展中国家，也促进了改革进程。

上述译文中释义的成分似乎多了些。尽管中译文很顺畅，三个递进的关系（引发了、进而、也）表面上非常得体，但细看原文就会发现，原文的逻辑关系和译文的逻辑关系不一样。原文的核心意思是 The economic problems were at the origin，其他的意思都是附着于这个核心意思的。但译文把三个动作处理成渐次递进，这样就打乱了原文的逻辑关系，最终造成译文的意思和原文有了差别。鉴于这是联合国的经济报告，所以避免过多释义，采用更多翻译的处理方法就更恰当些：

在 1980 年代初期债务危机之后影响众多发展中国家的经济问题是这一改革过程的根源。（联合国译文）

再看下面这句。这也是和国际政治有关的文本，而且原文的语域比较高，句法结构属于正规语体：

The Universal Declaration of Human Rights, adopted unanimously by the U. N. General AssemblV in 1948, represented an authoritative articulation of the rights that Member States are generally obliged to protect and promote under the U. N. charter.

《世界人权宣言》是联合国大会于 1948 年一致通过的文件。这个文件采取了法律的形式将人权的概念确定了下来。因此各成员国必须遵照《联合国宪章》宗旨保护和促进人权。

如果我们从句子的大意来看，这个译文和原文基本差不多，原文几个信息译文都包括了，如 1948 年通过了《世界人权宣言》，成员国遵照《联合国宪章》宗旨保护和促进人权，"法律的形式将人权的概念确定了下来"这部分原文没有，但引申一下的话，这个意思原文里似乎也有。然而，译文解释的力度太大了，不仅原文的逻辑关系被改变，而且还有添加，比如将"《世界人权宣言》是联合国大会于 1948 年一致通过的文件"单独列为一句，就是将一个次要信息放到了主要信息的地位，不符合原文的逻辑关系；"因此各成员国"中的"因此"把一个原文没有的因果关系添加了进去。我们似乎可以诊断出这个译文的病症在哪里。关键的问题可能是，译者在翻译的很早阶段就脱离了原文，在头脑中组织阅读中得到的信息，结果大致信息也许并没有丢弃，但细节对应不起来，而偏偏这又是一个比较正规的文本，细节的吻合又非常重要。就本例来说，句子的核心是 The declaration represents articulation，这是句子的主干，是说话人最想表述的内容，其他的都是次要信息，所以表达这个核心意思就当然应该是译者的首要任务。下面的译文多少避免了释义的弊病：

在 1948 年联合国大会上一致通过的《世界人权宣言》权威性地表述了成员国根据《联合国宪章》有责任要保护和促进人权。

不妨从逻辑驱动和情感驱动这个角度，看翻译和释义的应用范围。一个文本如果是逻辑驱动，即文句的展开多以逻辑牵动，则翻译过程中就应该多倚重较为注意细节、严谨的翻译法。所以科学技术的文本、政治法律的文本、正规的经济贸易文本（如经济合同）比较适合使用翻译法。其实有些很正规的文本除了逻辑驱动这一特征外，还有另一个特点，即有些词的译法已经早有规定，译者自己很难做决策，所以这种情况下释义的机会不多。相反，若译文主要是以情感驱动，即原文文句的展开多被作者的情感牵动，则有可能适合释义成分多些的译法，因为这时译者确实可以做出自己的选择。所以风土人情的描写、个人的抒情回忆、旅游景点的介绍等非正规的文本，适当地朝解释这个方向倾斜一点也许有益无害。比如下面这一段：

To those of us who cannot be there, I offer my consolations. Do not despair. At least we don't need to sweat in the gym to lose those undesirably gained pounds or to dye our hair to gain back those irretrievably lost years in order to look better in front of our classmates of yesteryear, especially those on whom we had a secret crush.

对于我们中间不能到场的那些人，我送给你们安慰。不要绝望。至少我们不必到健身房去流汗，去甩掉那些不受欢迎的赘肉，或者去染头发，设法赢回一去不返的岁月，以便在当年的同学前看上去更好看，特别是那些我们曾经暗恋过的同学。

这就是一篇以情感牵动的文本。我们当然不能说这里文句的展开没有逻辑思维，但我们可以马上就能分别出这段文字和上面逻辑驱动文本的差异。所附的译文四平八稳，也没有什么可以指责的，但译者似乎仍然没有摆脱逻辑驱动的思维。此时稍为抑制一下逻辑，加大一些释义的成分，译文的效果也许更好：

不能赴会的同学，我送上安慰，大家无须失望。我们至少不用为甩掉几磅赘肉去健身房流淋漓大汗，不用去理发店染黑白发求流年倒转，仿佛瘦了身染了发，在当年的同桌前你便英俊，在暗恋的女友旁你便潇洒。

当然到底应翻译还是释义，并不是仅用逻辑与情感这两个概念就说得清楚的。有时仍需要具体情况具体处理，学习翻译的人不应该指望用几个规则去指导五花八门的翻译现实。

（五）隐喻翻译实例分析

1. 原文

Teenagers and young adults mingle[1] in a society of abundance, intellectual as well as material. American youth in the twenty-first century have benefited from a shower of money and goods, a bath[2] of liberties and pleasing self-images, vibrant civic debates, political blogs, old books and masterpieces available online, traveling exhibitions, the History Channel, news feeds... and on and on A. Never have opportunities for education, learning, political action, and cultural activity been greater. All the ingredients[3] for making an informed and intelligent citizen are in place.

But it hasn't happened. Yes, young Americans are energetic, ambitious, enterprising, and good, but their talents and interests and money thrust[4] them not into books and ideas and history and civics B, but into a whole other realm and other consciousness. A different social life and a different mental life have formed among them. Technology has bred it[5], but the result doesn't tally with the fulsome descriptions of digital empowerment, global awareness, and virtual communities C. Instead of opening young American minds[6] to the stores of civilization and science and politics, technology has contracted their horizon[7] to themselves, to the social scene around them. Young people have never been so intensely mindful of and present to one another, so enabled in adolescent contact. Teen images and songs, hot gossip and games, and youth-to-youth communications no longer limited by time or space wrap them up in a generational cocoon[8] reaching all the way into their bedrooms. The autonomy D has a cost: the more they attend to themselves, the less they remember the past and envision a future⑨. They have all the advantages of modernity and democracy, but when the gifts⑩ of life lead to social joys, not intellectual labor, the minds of the young plateau at age eighteen. This is happening all around us. The fonts of knowledge are everywhere, but the rising generation is camped in the desert, passing stories, pictures, tunes, and texts back and forth, <u>living off the thrill of peer attention E</u>. Meanwhile, <u>their intellects refuse the cultural and civic inheritance that has made us what we are up to now F</u>.

2. 译文

青少年们一起相处在一个富足充裕的社会，不仅物质富足，而且知识充裕。二十一世纪的美国年轻人欣逢金钱和商品的甘霖，又沐浴在自由和令人陶醉的自我形象中，还受惠于活跃的民间辩论、政治博客，更得益于网上获取的尘封旧书和大家名著、巡回展览、历史频道、新闻摘要等，不一而足。教育、学习、政治行动、文化活动的机遇从来也没有像现在这么多。培养一个有知识有智慧的公民所需的一切都已万事俱备。

但这个智慧的公民却并没有出现。没错，年轻的美国人活力充沛、雄心勃勃、事业心强，人很不错，但是他们的才智、兴趣和金钱并没有把他们引向书本、思想、历史、公民知识，相反却将他们推进了另一个领域和另一个意识空间。一种不同的社会生活和一种迥异的精神生活在他们中间形成。技术孕育了这种生活，但结果却并没有像人们所说的那样实现了数字赋能、全球视野、虚拟社会。恰恰相反，技术并没有打开年轻美国人的心灵，让他们去接受文明、科学、政治的宝藏，技术反而把他们的视野拉回到身边，使他们围绕身边的社会环境画地为牢。年轻人从来没有像现在这样相互关注，相互接触，善于年轻人间的交往联络。年轻人的影像和歌曲，青少年热衷的闲聊和游戏，不再受时空限制的交流，所有这一切把一代人如蚕茧一样包裹起来，影响力所及，直逼他们的卧室。这种自主自顾是有代价的：他们越关注自己，就越少回顾过去，越少展望未来。他们有现代和民主所能提供的所有好处，不过生活赠予他们的尽管如此丰盛，可换来的却仅是社交场上的欢乐，并不是追求知识的耕耘，年轻人智力到了十八岁就不再发展了。环顾四周，此等例子比比皆是。知识的源泉随处流淌，但正在成长的一代人却在沙漠中安营扎寨，相互传递故事，分享照片、音乐和文字，靠同辈关注所带来的刺激而活着。同时他们的思想却又拒绝接受文化和社会的传统，而我们今日之所以是我们，却恰恰有赖于这些传统。

3. 注释

这里的注释主要分两部分，一部分是与隐喻有关的注释，一部分则是对非隐喻语言点的注释。我们不可能将文章里所有的隐喻都照顾到，但我们将把文章里与翻译关系比较大的隐喻尽量做一些解释。本文议论的成分多于纯粹的信息，所以文字的特征可能需要有所反映，以便反映作者的口气与态度。但这毕竟不是文学作品，译者不必陷入文字游戏中去，无须过度纠结于那些仅仅起修饰作用的辞藻。

（1）隐喻翻译问题注释。

①动词 mingle 也是一个不易发现的隐喻，背后的概念隐喻是 RELATION-SHIP IS COHESION。显然这不是一个十分有意义的隐喻，翻译时把意思说出来就行。有些学生总是不能放弃"混"这层意思，其实没有必要。这句的大意就是说年轻人在一起相处交往，这样说就足够了。

②这里有两个意象强烈的隐喻，即 shower 和 bath。第一个 shower 至少需要有两个隐喻概念支撑才能成立，首先作者要把金钱和物质比做大雨，其背后的概念隐喻是 MATERIAL IS WATER，但是这里还隐含一个量的比喻，就是说不仅是把金钱等物质的东西比作了雨水，还有量大的意思，背后的概念隐喻是 QUA-NTTY IS WATER。另外 bath 也是隐喻，其背后的隐喻概念和前面的 shower 一样，都是水，即自由比作了洗澡水，且也表示量大的意思。这两个隐喻不是意象图式隐喻，而是鲜明的意象隐喻，或者说是临时组合的隐喻，不是语言体系内已经存在的隐喻，又称 one-shot metaphor。一般认为这类隐喻的价值会比较大，比如说一般情况下，文学作品里如果出现这类非常抢眼的隐喻，只要汉语基本可以接受，译者一般都应该保留。但在非文学文本中这类隐喻就基本起一个修饰的作用，没有重大意义。换句话说，保留不保留这个隐喻仅是一个选择，比如翻译成"二十一世纪的美国青年拥有大量的金钱和物质，享有很多自由和良好的自我形象"，就是"大量""很多"取代了这两个隐喻，完全可以被接受。但这并不是说不可能保留隐喻，若翻译成"欣逢金钱和商品的甘霖，又沐浴在……"，就很自然地保留了两个隐喻。毕竟保留隐喻后文字更有新鲜感。

③这里的 ingredients 就是隐喻，它背后的隐喻概念是 REQUIRED CONDI-TION IS FOOD。如果按照这个食物的思路翻译下去，那么就应该是"成分""原料"等食物方面的用语。但这样的隐喻都没有什么意义，因为他已经成为语言体系内的一种表达法，隐喻已经淡化，且汉语本身还很可能排斥"食物"隐喻的用语，如"所需的原料"在这里就很别扭。因此译者根本不必把精力花在这个词

上，根本不必去问"这个词到底该怎么处理"。翻译成"所有的条件""所有的要素"，甚至完全放弃这个词都可以，如参考译文"培养一个有知识有智慧的公民所需的一切"。

④之所以说这句是隐喻，是因为句中的主语不可能真正做出 thrust 这个动作，换句话说，这个动作只能是隐喻意义上的动作。诱发动词 thrust 的概念隐喻是 NON-PHYSICAL THING IS FORCE。但这个隐喻基本上已经进入语言体系，我们已经习惯 thrust 的这个用法，翻译时选择任何一个表示动力的词都可以，如"驱使"。但是在学生的翻译作业中也看到译者没有注意这个 force 隐喻的后果，看下面这句"他们的才能、兴趣、金钱不是投注在书本、思考、历史以及公民知识上，而是其他领域和其他想法。"译者没有沿着 Things thrust them into a place 这个基本的 force 隐喻思路翻译，结果意思就和原文有些出入。

⑤这里动词 bred 背后的概念隐喻是 TECHNOLOGY IS ANIMAL。这个隐喻在中文和英文里都不是非常突兀的比喻，一般汉语里能很自然地接受这个隐喻，如"科技孕育了这种生活"，倒是故意回避原来的隐喻反而更困难，如"造成了""促成了""带来了"虽然都不错，但"孕育"又准确又上口。

⑥这里的 opening 显然是隐喻。我们可以打开一间房子，打开箱子，但是 mind 是无形的思想，怎么打开呢？所以只能从隐喻角度将思想等抽象的东西打开。此时 mind 就是一个三维空间的地方，你可以打开，也可以关闭。打开后干什么呢？那么就应该看一下下面的 the stores of civilization and science and politics，显然这又是一个隐喻，store 这个词后面的概念隐喻是 INFORMATION IS COMMODITY，其字面意思就是 supply of information，文明、科技、政治是无穷无尽的源泉，就像商店里的物流一样，而前面被打开的 mind 是可以来摄取这些"商品"的。所以如果能先形成这样一个隐喻的图像，头脑心灵开了，文明科技等构成的资源供心灵享用，那么译文出错的机会就不大，但是我们在理解时没有这样一个图像，那么翻译时自作主张、偏离原文的可能就大。我们当然不是说译者必须向原文作者的思路一样翻译，但理解原作者的思路为我们准确理解原文提供了基础，况且有时按照原文的思路并非不可取。另外要指出的是，这里的 open 和 he has an open mind 的意思略不同，后者的概念隐喻是 OPINION IS PERSPECTIVE，表示观点非一层不变，换句话说，就是 I don't have a fixed opinion。

⑦此处的 horizon 显然是隐喻。一般来说这个词至少可以从两个方面看出它的隐喻联系，如 when he went to university his political horizons expanded 中句中的 horizons 就表示知识等意思，诱发它的概念隐喻是 KNOWLEDGE IS VIEW，说视野实际在说知识、观点等。但在下面一句中 there are glimmers of hope on the horizon，horizon 的意思就不再是知识了，而是人们所关心、希望的东西。所以必须搞清楚这个词在本文中的隐喻意思。只要看下文（intensely mindful of and present to one another）就知道，horizon 这里指年轻人所关注的范围，所以其概念隐喻就是 AWARENESS/INTEREST IS PROXIMITY。这个关注圈子的大小映射到关心感兴趣的范围的大小上，而所有依照这个映射思维的翻译都基本可以接受，但关键的是这个隐喻的映射图像必须正确。

⑧名词 cocoon 显然是一个隐喻说法，其背后的概念隐喻是 HUMAN IS IN-SECT，其意思就是说人被包围起来受到保护了，如 they were cocooned in a girls' boarding school。在这个文本里，该隐喻没有特殊意义，未必需要保留，但和前面的一样，刻意回避也很困难。如果直接用作隐喻困难，可以将其变成明喻的方法，如"所有这一切把一代人如蚕茧一样包裹起来"。本句还可能有一个很小的理解问题，即 reaching 的主语应是前面的 Teen images and songs，hot gossip and games，and youth-to-youth communications，而不是 cocoon。正是这些东西走进了年轻人的卧室。结构上看，解释成修饰 cocoon 最合适，因为比较近，所以有可能原作者确实意在让 reaching 这一短语修饰 cocoon，但结果事与愿违。这种情况在大量写作过程中有时确会发生，所以译者必须在翻译中做出适当的判断。有趣的是，这个句子大部分人一看就懂，所以若以整句为翻译单位，意思不至于出差错。

⑨这里 envision a future 的概念隐喻是 PROSPECT IS SIGHT。隐喻意思已经不强烈了，所以翻译时没有特殊要求，可以保留隐喻，如"展望未来"，但如果一定想放弃隐喻也可以做到，如"思考未来"，但显然除掉隐喻不如保留隐喻更好。我们已经反复证实，隐喻若被体系接受，翻译时就无须考虑隐喻，而且往往直译确实也能被读者接受。一个反复见到的现象是，直译隐喻的机会远大于我们原来想象的。

⑩这里的 gifts 指的就是前面一系列的优越条件，显然也是隐喻，但这类说法汉语完全可以接受，不存在跨文化的障碍，如翻译成"生活的礼物"。但是也不一定非要这么翻译，比如将这个短语分解开也可以，如"不过生活赠予他们的尽管如此丰盛，可换来的却仅是社交场上的欢乐，而不是追求知识的耕耘"。

（2）其他翻译问题注释。

A. 这里需要谈谈这一长串的名词如何处理。显然原文的 and on and on 告诉我们这一长串的东西总算完了。首先所有这些名词都是跟在 benefitted from 后面的，另外，bath 后面跟的仅有两个（liberties and pleasing self-images），再后面的与 bath 无关，但都与 benefitted from 有关，结果就发现必须在 bath 这个短语后，再用一个词把后面的名词和前面的 benefitted from 连起来。译者可以只用一个，如"受惠于"，然后将所有剩余的名词都跟上，若感到太长，就在适当的地方再加上一个类似于"受惠于"的词，如"得益于"，视译者的需要而定，没有什么定律。另外，这一句中还有几个词要注意，如 civic debate 中的 civic 表示民间的，老百姓的；History Channel 是美国很受欢迎的有线电视频道；news feeds 可作为科技专业名词用，如微软的词汇表中就翻译成"新闻源""新闻摘要"（繁体），但这里并非当专业词用，所以不见得需要那么准确，翻译成"大量的新闻"也行，当然用"新闻摘要"也可以。

B. 此处的 civics 应该是指与公民社会中的公民教育有关的知识，对照前面的 civic 的差异。

C. 本句中的 tally with 基本上就是 agree with 的意思，也就是 the results doesn't agree with the descriptions，就是说，所得结果和原来夸夸其谈描述的大相径庭。fulsome descriptions 则表示当时人们对数字技术的描述吹得太神了，言过其实。fulsome 是负面的词。这句中的 the fulsome descriptions of digital empowerment，global awareness，and virtual communities 可分解成 people（not present in the text）describe the digital empowerment, global awareness and virtual communities in a way that makes you think that the description is fulsome。其中 digital empowerment，global awareness，and virtual communities 表示三个概念，比较简洁的译法是"数字赋能、全球视野、虚拟社区"，但这种文本不是技术文本，不见得要寻找标准答案，所以加几个词，把意思说清楚也未尝不可，如"获得了数字赋予的力量、无远弗届的视野和虚拟的社区"。

D. 这个 autonomy 主要指独立，不依靠别人，自己做主。这可以从上下文看出来，所以仅查英汉词典，然后翻译成"自动化"是不对的，要给出语境意义。

E. 短语 live off 原来表示经济上依靠某人才能生存，但此处已经隐喻化，表示要靠 thrill of peer attention 才能生存。这个 peer attention 就是年轻人需要同辈人的关注他们才会感到激动和兴奋。所以比较简单的译法是"靠同辈关注所带来的刺激而活着。"但如果需要行文上增添一些色彩，也可以译成"有了同辈的相顾便欣喜若狂，缺了伙伴的关注便无以为生"，意思一样，但这种变化需要根据文本以及译者整篇的文风而决定，一般情况下建议使用简单的译法。

F. 这里的 cultural and civic inheritance 表示文化和社会的传统，句中的 CIVIC 主要指社会体系中与公民最相关的内容，如对选举、政府运作、公民参与等的关注。另外，最后一句有人翻译成"他们的思想拒绝接受铸就我们今天的文化与社会传统。"这样处理很不清楚，最好的办法是将这句分成两句，如"他们的思想拒绝接受文化和社会的传统，而我们今日之所以是我们却恰恰有赖于这些传统"。如果不将 that 从句分开，就无法将 what we are up to now 这部分的分量凸显出来，而在这里凸显这一点是重要的。

第五章　基于功能翻译论的商务英语笔译教学研究

笔译在大学英语教学中有着独特的特点和作用，如何搞好商务英语笔译教学，提高学生的翻译水平，是每一位外语教育工作者必须正视和探索的问题。本章在英语笔译教学的理论与实践的基础上，重点对功能翻译理论对 MTI 笔译教学中的应用做了论述。

第一节　英语教学的笔译理论研究

一、笔译的场景要素和界定

（一）笔译的交际场景要素解析

笔译的定义包括笔译这一交际场景所含的所有重要因素，除了时间、地点、交际动机、理解条件等，主要还有源语语篇的作者、翻译任务的委托人以及他们各自的交际意图；译语语篇的接受者及其期待；译者自身。

下面分别具体说明笔译交际场景的各个要素。

1. 作者

源语语篇的作者可能就是翻译委托人，可能知名或匿名。源语语篇的作者在文章中表达一定的看法，他给源语语篇赋予了某种功能，并认为接受者有能力在自己理解的前提条件下能够体验这种功能。

2. 委托人

翻译委托人提出完成译语语篇的翻译任务，他也赋予了译语语篇一定的功能。最重要的是，他要确定译语语篇对其读者是否应具备与源语语篇对其读者同样的功能。

翻译委托人可能是源语语篇的作者，也可能是译语语篇的接受者，还可能是第三者（如出版社）。在翻译教学过程中，教师就承担了翻译委托人的角色。

3. 翻译任务

翻译任务包括确认交际伙伴（作者、委托人、接受者）的交际需求（译语语篇的功能）；确定完成译文的条件（时间和形式以及委托者交付源文和翻译者交付译文的其他条件）。

翻译任务也是翻译者在选择翻译对策时，决定译文特点的根据。

4. 源语语篇

源语语篇是翻译者完成译文的基础，是翻译者确定翻译对策总原则和具体操作方法的参照根据之一。

源语语篇大致可以分为四种：为源语和目的语的交际群体中潜在一致的接受者拟写的语篇（如专业语篇）；专为源语的交际群体拟写的语篇（如政治讽刺小品）；主要朝向源语，潜在的也是朝向译语的语篇（如畅销书）；本来就是专为译语接受者拟就的语篇（如某些广告语篇）。

5. 翻译者

翻译者需要根据源语语篇作者的意向和翻译委托人的意图写作，通过语篇分析尽可能地弄明白原作者的意向，然后对源语语篇进行翻译。翻译者面对的是不同的语言和文化特征、不同的语篇种类以及接受者不同的理解前提条件，所以，翻译者也要根据不同的交际场景条件，采用各种不同的方法，去解决不同的翻译问题。这些方法因不能完全客观化，因而也难以系统化。

6. 译语语篇

源语语篇内容用译语重新成文的结果是译语语篇。译语语篇也是处在一定的特殊交际情景之中，由接受者作为整体来理解的表述，带有一般的文化特点和特有的语言特点，传达各种各样的信息，它只服务于作者与异语言和异文化读者之间的交际。因此，它要符合读者对语篇的一般要求和对有关语篇类型的具体要求，是按照他们的需要和期待来完成的。

7. 语篇功能

语篇的功能与作者的意图有关，但主要还是由读者赋予的。一方面，读者按照语篇的结构形式来判断，这可以从语篇类型特有的、反复出现的语篇结构范式明显地看出来；另一方面，语篇功能取决于读者如何看待这个语篇（对语篇的期待、要它有什么用）。

对于翻译来说，源语语篇的功能可能和译语语篇的一致，也可能不同。

8. 忠实性

在翻译实践中，译者的忠实性是多维度的，忠实的取向侧重是可能变换的：必须通过其工作实现委托人的意图；必须保证满足译文读者对译文应有功能的期待；必须忠实于源语语篇的作者。译者必须决定，源语语篇中的什么不能变，什么能变，什么必须改变，决策时始终要考虑到译文的目的。

9. 接受者

翻译者对译语语篇的接受者越熟悉，就越能更好地进行翻译。他可以考虑到译语语篇的接受者的年龄、职业、文化程度、社会地位、对相关领域的已有知识、对源语语言和源语文化的了解与否和可能的熟悉程度等，推导出接受者对译语语篇的期待，交付一份"量体裁衣"的译文。

在实践中，翻译者常常不知道接受者是谁而必须要以假设的"平均水平的接受者"为对象。

10. 笔译的外在条件

译文的特点不但受译者个人的主观翻译能力的制约，还受译语语篇产生过程的外在条件制约。所谓的外在条件包括：源语语篇的存在形式；必须完成译文的时间；是否具备相应的辅助手段；对译语语篇的形式要求（纸版还是电子版）。

（二）笔译的界定

根据以上对笔译工作相关因素的概述，可以给笔译作如下的定义（图 5-1）：

二、笔译的种类

根据译语语篇在异语言和异文化中的交际意义（即具有什么样的交际功能和

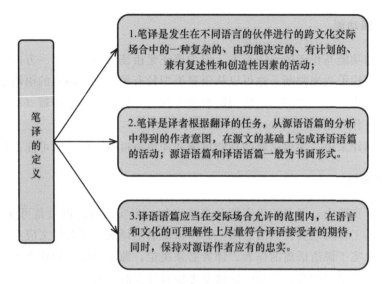

笔译的定义

1.笔译是发生在不同语言的伙伴进行的跨文化交际场合中的一种复杂的、由功能决定的、有计划的、兼有复述性和创造性因素的活动；

2.笔译是译者根据翻译的任务，从源语语篇的分析中得到的作者意图，在源文的基础上完成译语语篇的活动；源语语篇和译语语篇一般为书面形式。

3.译语语篇应当在交际场合允许的范围内，在语言和文化的可理解性上尽量符合译语接受者的期待，同时，保持对源语作者应有的忠实。

图 5-1　笔译的定义

目的），从功能意义的原则上将笔译分为文献式翻译（documentary translation）和工具式翻译（instrumental translation）两大类。

（一）工具式翻译

工具式翻译是现代翻译工作实践中最常用的翻译方式，也是功能翻译学主要研究的对象，它也应当成为翻译教学中的主要翻译方法。工具式翻译的译语语篇虽然在内容和形式上仍然以源语语篇为基础，但有时或多或少地与其相异。如何翻译，决定性的标准是要实现译语语篇应有的功能。

工具式的翻译与语言式的翻译最重要的区别在于，工具式的翻译为了实现希望达到的功能和目的，会在译语语篇之中给予某些辅助理解的"解释"，采用一定的"语用学的转述"，如"增补"或"改变表达方式"。

（二）文献式翻译

文献式翻译是将译语语篇只看作是对源语文化和语言群体内部完成的交际行为的文献记录，它包括所有翻译形式。译文的目的和功能就是在异文化和异语言中充当被研究的文献，给异文化和异语言的读者提供有关源语文化和源语语言群体内部所完成的交际行为的信息。

文献式笔译这一大类中包括语言性翻译（linguistic translation）和逐词逐句的翻译（literal translation）。

1. 语言性翻译

下面一例是关于美国国庆日的翻译，我们通过实例来说明语言式翻译的特征。

It takes place on the fourth of July and celebrates America's freedom. Welcome to WatchMojo. com and today we'll be learning more about Independence Day.

那在七月四日举行，庆祝美国的自由。欢迎收看 WatchMojo. com，今天我们要了解更多有关美国国庆日的事。

Independence Day is an American national holiday that celebrates the adoption of the formal declaration of independence on July 4, 1776. This landmark document decreed that the 13 colonies were no longer part of the British Empire and had become independent states.

美国国庆日是庆祝 1776 年七月四日通过正式独立宣言的美国国定假日。此份具重大意义的文件判定十三个殖民地不再是大英帝国的一部分，且成为独立的州。

The declaration came about, thanks to Richard Henry Lee of Virginia who proposed its creation. Founding father John Adams advanced the idea of a manuscript, and the committee of five, led by chief author Thomas Jefferson, composed the written draft. Final edited version of the Declaration of Independence was approved on July 4.

独立宣言诞生，多亏了提出其创作的维吉尼亚州的 Richard Henry Lee。建国之父 John Adams 提出了手稿的想法，接着五人小组，由首席作者 Thomas Jefferson 领导，拟出了草稿。独立宣言最终修订版本在七月四日通过。

In it was one of the most famous sentences in the English language, which outlined the belief system of this new country and became a cornerstone of American society: We hold these Truths to be self-evident, that all Men are created equal, that they are endowed by their Creator with certain unalienable Rights, that among these are Life, Liberty and the Pursuit of Happiness.

在独立宣言里有英文这语言中这最知名的句子之一，那简述了这个新兴国家的信念系统，成为美国社会的基石：我们相信这些真理不言自明，也就是人皆生而平等，他们由造物主赋予若干不可剥夺的权力，其中包括生命、自由及追求幸福的权力。

Celebrations of American independence have taken place since the adoption of the declaration. Meanwhile, the City of Philadelphia first laid the groundwork for today's celebrations with fireworks, speeches, music, parades, and displays of red, white, and blue.

美国独立的庆祝活动自独立宣言的正式通过后开始举行。同时，费城首先奠定了今日庆祝活动的基础，运用了烟火、演讲、音乐、游行和红白蓝的摆设。

Eventually in 1938, the celebration became a paid federal holiday. All traditions continue as well. For example, at military bases, a 50-gun salute is fired to commemorate the independence of each of the 50 states.

最后在 1938 年，庆祝活动成了联邦的带薪假。所有传统也持续下去。举例来说，在军事基地，会鸣放五十响礼炮来个别纪念五十州的独立。

Today Independence Day is a prominent summertime event marked by shows of patriotism, outdoor activities, and tributes. There are also parades in the morning and firework displays at night. Plus the national anthem and other patriotic songs take center stage.

今天美国国庆日是由爱国主义的表演、户外活动和敬意所标志的重要夏日活动。早上也有游行，晚上则有烟火表演。此外，国歌和其他爱国歌曲也是瞩目的焦点。

The holiday has become so popular, the first week of July is the busiest time of the year for travel in the United States, as Americans extend the long weekend to celebrate the birth of America and a defining moment in American history.

这个节日变得如此受欢迎，因此 7 月的第一个礼拜是美国国内旅游最繁忙的时间，因为美国人自行延长周末连假拿来庆祝美国的诞生，以及美国历史中决定性的一刻。

语文式翻译方法的应用领域：

（1）常用在学术领域的翻译中，尤其是文化历史文献的翻译。

（2）对国内外时事报道的翻译（《参考消息》上的国外新闻及报刊文章，对外宣传机构对中国政策、事实的报道等）。

（3）为委托人（如报刊编辑、报告撰稿人、规章制度制定者等）作为"半成品"完成的参考资料翻译也是语言式翻译方法的常用领域。

2. 逐词逐句的翻译

逐词逐句的翻译又可以分为逐词/逐字的翻译（word-for-word translation）和逐句的翻译（verbatim translation）。有时还会遇上逐音节甚至逐音符的翻译（如人名、地名的翻译）。严格地讲，在汉外翻译的交际场合中，汉语拼音的转写也是一种翻译。这几种翻译形式一般都属于文献式翻译。

（三）功能相异的翻译

功能相异是指译语语篇面对其读者的功能应当与源语语篇面对其读者的功能不同。决定采用功能相异的翻译，必须或者根据翻译任务委托人明确表示的意愿，或者根据译者的经验作出理由充分的估计。不明确时必须与翻译任务委托人商谈。功能相异的翻译的应用领域主要包括以下几个方面。

1. 综述式的翻译

综述式的翻译是指翻译委托人要求翻译者将有关某题目的相关资料的重要内容翻译出来。比如：赴国外考察团领导要求随队翻译把国外报刊上对此次考察活动的反映综合翻译出来。

2. 缩写翻译

缩写翻译是指翻译委托人要求翻译者以较为简化的形式翻译源语语篇的语言或内容。如将一部长篇小说缩译成适合青少年阅读的版本。

3. 直线性翻译

直线性翻译是指翻译委托人要求翻译者翻译有关语篇时不做修饰、尽量不改动语序、词义和表达方式，以便通过其他人进行再加工。

4. 粗译

粗译是指翻译委托人要求翻译者在短时间内，为翻译者所了解的译文接受者，将源语的信息内容较为准确地翻译出来，但允许行文上存在不完美。

5. 净本翻译

净本翻译是指翻译委托人出于某种意识形态、宗教文化、伦理道德或其他的情感原因，要求翻译者在翻译时对源语作品进行"净化加工"，删除或改动"反动的""污秽的""色情的""侮辱性的"内容和表达方式，以达到能以"净本"的形式出版的目的。

6. 文献翻译

翻译委托人要求翻译者将准备供教学或研究用的源语语篇作为文献版本翻译

出来就叫作文献翻译。此类翻译常常有明确、细致的要求，根据需要采用某种或几种文献式的翻译方法，在必要时以不同形式加以注释，有时还需要提供不同的译法作为比较。这种翻译需要查阅与源语和译语文化及其语言相关的大量资料，包括专门的术语、概念、源语文化和历史的背景等。

7. 诗歌韵文的散文式翻译

诗歌的散文式翻译是指，翻译委托人要求翻译者将合辙押韵的源语诗作翻译成散文。当译语和源语的语言及文化差距很大时，这是常用的做法。很多西方的古典戏剧韵文的中译本就作了大量的类似处理。

8. 专业语篇或书籍的科普翻译

专业语篇或书籍的科普翻译是指，翻译委托人要求翻译者将源语中为专业人士拟写的专业文献内容，用较为通俗的语言和较少专业的语汇为较为广泛的受众翻译出来，用以普及科学知识。

（四）功能相同的翻译

功能相同是指译语语篇面对其读者的功能和源语语篇面对其读者的功能相同。从翻译的实际工作来看，如果翻译任务的委托人不另作说明的话，功能相同是通常的要求。功能相同的翻译的应用领域主要有以下几个方面。

1. 广告翻译

广告翻译译文功能与源语文化中相同，其目的是影响顾客的行为，"说服"更多的顾客购买产品。广告翻译必须非常贴近受众的文化、习惯、爱好以及心理倾向，因此广告翻译是可能对源语广告的表达方式改动最多的翻译类型，这种改动可能涉及的不仅是语言的形式和内容，也可能包括副语言信息（字体大小、美术字）和语言外的信息（相关的图片或影像背景）。

2. 说明书翻译

比如，出口药品或出口设备、仪器所附带的使用说明书的翻译。译文功能与源语文化中相同，为使用者提供正确使用药品、设备、仪器的信息。此类翻译需注意译语的交际环境中有时有不同于源语交际环境的规定和要求。如在翻译中国出口药品说明书的时候，必须根据国外相关的国家工业标准，必要时改动源文，并添加译语国家标准中所要求的内容。

三、笔译的接受阶段

笔译的过程包括两个阶段，源语语篇的接受阶段和译语语篇的产出阶段，这是两个相互关联的阶段，在时间上并没有严格的划分。因为在接受和理解的同时，翻译者已经在考虑译文，在动手下笔翻译时，也常要进行再理解，再查阅。尽管如此，把翻译从行为方式上分为进行分析工作的理解阶段（对源语语篇的接受）和写出译文的产出阶段（译语语篇的产生）还是有指导性的意义。

翻译过程可以细致地分为以下的具体步骤：

（1）接受源语语篇和翻译任务。

（2）阅读源语语篇，必要时修正语篇中有可能存在的错误和问题。

（3）分析源语语篇，查阅调研。

（4）合成译语语篇。

（5）审校译语语篇。

（6）根据要求完成译语语篇的格式编辑，向委托人交稿。

前三个步骤属于笔译的接受阶段，后三个步骤属于笔译的产出阶段。

（一）语篇的理解

1. 源语语篇理解的运作方式

读者在理解源语语篇时，源语语篇的"框架"（即语言的形式或其他信息元素）使读者通过联想或反应想起相关的"场景"（即自身的认知结构或意识内容）。他把自己对世界的认知投射到要理解和要翻译的语篇中去。"你知识越丰富，你理解得就越多。"就是这个道理。翻译时做查阅调研，就是一种对己认知结构的补充，就是在补充新的"场景"。

我们可以这样来设想理解的过程：从对语篇的某种期待出发，读者将语篇中被自己识别出的信息与自己的长期记忆中存储的信息（经验、知识）联系起来，将新的信息整理排列进已有信息之中，并从新旧信息的关联之中推导出新的知识。在这个意义上，语篇的意义是读者所赋予的。

2. 对源语语篇内容的理解

笔译中，对源语语篇的理解不是简单地进行"输入语言"的符号对符号的译码（或解码），而是一个心理认知过程。在这个过程中，"语言的输入"激发起翻译者大脑意识中已有的知识，并和新进入的语言信息结合起来，建构起一个统一的又很具体的意义，成为翻译者所理解的语篇。

正如斯陶尔策所说："在翻译时，不是去理解语言，而是通过语言去理解。"理解与翻译不仅仅是对语言的编码信息的解读，也包括理解语言表述中语言之外的要素，要读懂"字里行间"的意义。

3. 不同人的不同理解

理解就是新信息和个人理解前提条件的结合。因此，即使是同样的信息，个人理解的前提条件不同，理解也不同。

一般来说，所谓理解的前提条件包括：语言的前提条件（母语和外语的水平差异）；非语言的前提条件（常识、教育水平、专业知识、对价值观的理解、智力因素、心理因素，甚至个人的生理状态）；直觉能力（不靠有意识的解释、证明、逻辑推理，就能对事物直接从整体上进行把握和理解的能力）。

这些理解的前提条件决定了译者对于同一事物的理解各有差异，有时甚至会截然不同。

4. 翻译者的理解方式特点

根据翻译任务和给定的译语语篇的功能要求，翻译者要使多义的语篇部分依自己对交际场景的理解单义化。翻译者绝不是要理解所有的细节，而是要根据交际场景的不同，突出某种意义，忽略其他意义或降低其他意义的作用。

翻译的理解要受到翻译这种交际行为的其他参与者的监督，主要是读者的监督。尤其是当读者多少会一些源语的时候，翻译者就可能会遇到麻烦，有时不得不为自己的做法说明理由，进行自我辩护。

翻译的理解是个复杂的过程，会有不同的结果。这必然增加了翻译教师授课的难度，翻译特有的理解过程和理解能力的培养应当有目的、有步骤地纳入到翻译教学中去。

（二）语篇的类型表达及其划分意义

语篇种类是指在具体、明确的交际场合中，母语使用者普遍认可的、靠经验掌握的、受社会文化因素制约的、对复杂的事实内容进行口头或书面表述的、有共同结构范式的语篇类别。

语篇种类以特有的语言应用范式为特征。语言应用范式也称作语篇惯例。对母语者而言，创作语篇时使用这些惯例常常是无意识的，接受语篇时，能条件反射式地从语篇惯例中马上意识到语篇的功能。

对于翻译者而言，必须通过学习来了解这些惯例。熟悉语篇惯例有很多好处，原因是：

（1）语篇惯例是识别语篇类别的标志。比如：开篇使用 Once upon a time（从前有个……）的语篇大多是童话。

（2）语篇惯例调节着译者对语篇的期待。

（3）语篇惯例使译者更容易理解语篇。

语篇应用范式或语篇惯例在语言上体现为一定的结构和层次，体现在语篇的某些词汇、句构、标点和非语言的要素以及所谓的语篇组块之中。这是一再重现的、程式化的、种类特有的、层次明确的表达方式。

译者应当了解经常出现的语篇种类的惯例，包括母语中的和外语中的。如果它们不同，就可以直接用译语中的语篇惯例代替源语中的语篇惯例。

但是，也要注意到：

1）语篇惯例只是人们所期待的一般范式。

2）语言使用者可以有意地打破习惯。

3）一个语言交际和文化群体的习惯也可能发生变化。

4）源语语篇有时也会包括一些使用不当的惯例（常见于使用说明书中），翻译者要对源文也保持一定的批判眼光，不要盲目接受语篇惯例。

1. 语篇种类的类型归属

下面介绍语篇种类的类型归属。根据语篇主要的功能（而非其他次要功能或可能的潜在功能），把具体的语篇种类归到三种不同功能的语篇类型。

类型Ⅰ：表情类语篇

表情类语篇共同的主要功能是传达作者的表达意向、意境和风格，表情类语篇类型涵盖几乎所有的文学作品的语篇种类。表情类语篇包括诗歌（如韵律诗、散文诗等），剧作（如话剧、戏剧、电影、电视剧等），其他文学作品（如文学散文、小说、连环画，文学评论、杂文、逸事等）。

类型Ⅱ：运作类语篇

运作类语篇的主要功能是对接受者表达"劝说"意向，直接达到促成接受者行动或改变接受者态度的效果。

运作类语篇包括商业广告、宣传品、布道演说、竞选讲话、讽刺、笑话等。

类型Ⅲ：信息类语篇

信息类语篇类型所包含的语篇种类可以下分为科学类语篇和非科学类语篇

两类。

（1）科学类语篇。

1）学术类语篇：服务于学者对学者之间的交际活动，包括学术专著、学术论文、科研报告、词典条目、作者报告、学术会议报告等。

2）专业实践类语篇：服务于专家对专家之间的交际活动，包括交易行情报告、专业讨论记录、装修手册、装箱单、检验证书、专业会议发言、工厂车间谈话、课堂讨论等。

3）科普类语篇：服务于学者、专家对外行之间的交际活动，包括药品使用说明、设备使用说明、菜单、提供给股民的股市报道、大众杂志上的专业语篇、推销谈话、聘用面试等。

（2）非科学类语篇。

1）报刊文章：主要指各种报刊上的新闻、时事评论、报道。

2）正式文件：包括招商、招聘广告、合同、保险单、学习条例、结婚证书、学习证书、毕业证书、保修单、法庭判决、海关规定等。

2. 语篇类型划分的意义

最后，再综述一下认识和区分语篇种类所属的语篇类型的重要性。

（1）实际翻译工作和翻译教学中总是要进行语篇种类的比较和鉴别。因为各类语篇的类型归属是决定翻译的主要关注领域和主要翻译方法的前提。

（2）实际上，存在"混合类型"的可能性，应当根据具体情况灵活决定翻译方法的取向。

（3）有了对不同语篇类型的知识，就便于在翻译教学和学习中更恰当地、有针对性地选择翻译练习资料。

（4）便于认识、比较和掌握同一类语篇在源语和译语中相同和不同的语篇惯例。

（5）对有意或无意违反具体语篇种类的标准语言用法的情况，能增加识别能力。

当然，不要忘记在分析源语语篇的功能类型时，主要参照标准是交际过程的三个要素（言说对象、作者和接受者）以及语篇的三种基本功能（信息传达功能、表情功能和影响接受者的功能）。

（三）语篇的阶段分析

语篇分析，不仅仅是篇章语言学意义上的分析。现代翻译学指导下的语篇分析的目的是多方面的，以便把握所有影响翻译者理解语篇的因素。

下面介绍的分析过程和方法，主要参照了贺尼西和诺德提出的方法论。

1. 第一阶段——通过总体理解确定宏观对策

自设明确的理解目标问题：

（1）我看得懂吗？

（2）此语篇是为谁而作？

（3）语篇的交际功能是什么？

（4）语篇的陈述和结构对源语接受者产生了什么影响，感觉如何？

（5）语篇的层次是如何划分的？

（6）翻译此语篇是否适合于实现翻译任务提出的目的？

（7）是否有必要在翻译时对内容和形式作某些改动，以便使译语语篇能够实现翻译任务提出的目的？

（8）如果此语篇不是外语的，它面向的译语读者是否能够毫无困难地理解它？

（9）根据翻译任务的特殊性、完成任务的时间要求、查阅资料的可能性等，我可以接受这一翻译任务吗？如可以，要有哪些条件？如不可以，为什么？

问题（1）至（4）是对源语语篇类型和功能的思考。问题（5）至（8）是对如何实现译语语篇目的或功能的思考。问题（1）和（9）是对翻译任务难度和是否可以接受任务的整体的考量。这些就是语篇分析的第一阶段的总体任务，是一种以翻译的目的为出发点对语篇的总体理解。

2. 第二阶段——确定有针对性的微观对策

语篇外在要素的分析：

（1）寻找关于语篇作者或翻译任务委托人的信息。

（2）语篇作者或翻译任务委托人的意向、意图。

（3）关于语篇接受者的信息。

（4）媒介的种类有时非常影响语篇的形式。

（5）源语语篇使用的地点。

（6）创作源语语篇的时间。

（7）源语语篇产生和使用的动机和目的。

语篇外在要素的分析，可以形成对语篇所处的交际场景和语篇功能的清晰认识。一方面，可以在总体上证实翻译者确立的宏观对策的正确性，在某些具体问题上使宏观翻译对策精确化或对其进行微调；另一方面，翻译者可以从中得出应当采用的微观的具体翻译对策的初步结论。

语篇内在要素的分析：

（1）语篇的题目/主题。

（2）语篇整体的宏观结构和语篇部分或语篇成分的微观结构。

（3）页面排版的编辑手法、文字的体例、颜色、插图、象征符号等。

（4）使用的词汇特点。如专业文献中的专业术语的来源、专业程度，专业词汇与普通词汇的关系、比例。

（5）语篇特有的句法手段（语句种类、主从句的关系、从句类型等）。

（6）反映"语气"的，除了词语和句式外，还包括一些跨成分的特征和标记，比如重音标记、段落的划分或者标点符号等。

（7）语篇的内容。

（8）语篇作者没有写出，但隐含的前提内容。

（四）查阅调研手段的利用

1. 语篇的收集和利用

（1）类似语篇的概念。

类似语篇也叫做平行语篇（译语中存在的、与要翻译的源语语篇可比较的语篇）。类似语篇是翻译准备阶段进行查阅调研的重要手段。

类似语篇包括：内容可比的类似语篇（在译语文化与交际群体使用的内容相似而可能形式不同的语篇）；情景可比的类似语篇（在相似的交际情景中产生的、有同样用途的语篇）；结构和语言可比的类似语篇（语篇结构和语言用法习惯方面可比较的语篇）。

（2）背景语篇的概念。

背景语篇也是译语中存在的语篇，也是翻译准备阶段进行查阅调研的重要手段。

背景语篇包括：主题背景语篇（不是在与源语语篇类似的交际情景中产生的，但涉及的领域相同、主题相关）；知识背景语篇（不属于同样的语篇类型和种类，但涉及与源语语篇内容相关的基础知识）。

（3）如何利用类似语篇和背景语篇。

类似语篇的用处主要在于，让翻译者注意不同种类的译语语篇的规范。收集类似语篇是翻译的准备，而参照类似语篇进行翻译更可以算作译语语篇产出阶段的工作。

类似语篇的参照作用依语篇类型的不同而大不相同。

1）在信息类语篇的各类语篇中，类似语篇的参照作用非常大，它们多是强习惯型语篇，有很多通行的惯例（包括词汇、概念、语法、句型、结构等）。

2）在表情类语篇的各类语篇中，因为它们非常个性化，通行的惯例少，参照类似语篇的意义也就不大。

3）在运作类语篇的各类语篇中，虽然很少有通行的习惯用法，但类似语篇的参照作用也很大。其参照对象主要在于对文化、社会和心理方面问题的处理方法和技巧。

背景语篇最重要的用途是帮助翻译者了解专业术语。某专业的新术语在任何常用词典和词汇表中都查不到，有时却可以在译语圈内的专业文献中找到，还可能在专业教科书中，在报刊上，或者在网络上等。

类似语篇和背景语篇还能帮助翻译者和学习者进一步理解"词语背后隐含的现象"。花时间去寻找和利用类似语篇和背景语篇是值得的。一方面，可以改善翻译者当前的翻译工作，另一方面，可以在总体上增强学习者的翻译能力。

2. 科学地使用词典

词典是重要的查阅手段之一。必须学会正确地使用词典，学会使用正确的词典。

（1）选择和使用词典前应当注意的事项。

在选择和使用一本词典前，必须熟悉和了解词典的类型、用途、编撰时间和词典结构。熟悉和了解词典的重要方法之一是仔细阅读使用说明和缩写列表。这也应当成为翻译教学的内容，使学生明白其重要性。

（2）译者选择词典的具体标准。

1）收词规模：大约10万词条的词典基本上可以满足要求。

2）内容的表述和词典的质量：有完整的定义以及对应词语；有针对性很强的用例；有对相关词条（如近义词等）的引导标记；版面设计和编辑使用方便；纸张经久耐磨，装订结实耐用；既有印刷版，又有电子版。

3）年代：新词典中的新鲜词比老词典的多，如果翻译老文章，选择老词典可能更好。

4）目标群体：对于初学者来说"学生词典"肯定更合适；百科全书式的词典对于有经验的翻译者（外语水平较高的人）获取新知识和新信息很有好处。

5）作者：对于双语词典来说，本国人使用本国作者编辑的词典可能更合适；

职业的专业翻译需要包含专业术语的专业词典和专业词汇表；图解词典和插图词典对于查阅一国国情和文化相关的概念很有用。

（3）词典能解答译者哪些疑问。

词典主要分为两种：单语词典和双语词典。单语词典给出所查单词的一种或数种定义；双语词典给出所查单词在译语中的一种或数种对应词语。

定义或对应词语的基础是相关词的意义（义位）。义位又是由很多意义成分（义素）组成的。很多单词都有不止一种意义，它们是多义词。

双语词典的问题在于：单词在不同语言中的义位（意义）的结构不同，即义素（意义成分）的分布不同。而源语和译语中"对应"概念的义素结构极少百分百地重合。这个矛盾在双语词典中几乎看不出来。双语词典中只有相关的对照词语。

双语词典：armchair, chair, bench, stool

这组词都有"椅子"的意思，其区别是：

armchair 指有扶手的椅子。

chair 通常指带有靠背的椅子，有时也指有靠背有扶手的椅子。

bench 指可供两人或更多人坐的长凳或石凳，多置于公园或划艇中。

stool 多指方的或圆的无靠背、无扶手一人坐的凳子。

这个例子足以说明，在一个具体的语篇中，很多也可能用到的对应词语，双语词典中都没有考虑进去；为了翻译的准确，有时还必须了解单语词典的定义。

准确理解陌生词是翻译者的任务。

经常会碰到的情况是，单语词典中的定义和双语词典中的对应词语都不合适。

因此，重要的是：

1）要认识到所有词典的局限性。

2）不要盲目相信词典。

3）确定具体的词义最关键的始终是上下文、交际情景和个人的认识，使用其他的查阅调研手段的必要性（尤其是类似语篇、背景语篇和咨询人）。

（4）什么时候该使用词典？

1）在别处认识这一单词，但不懂它在面对的特定语篇中的含义。

2）在语篇中遇到多个近义词，分不清词义的具体区别。

3）在一般用语中认识这个词，但估计此词在相关的专业语篇中作为专业术语另有别义。

4）不知道专业语篇中的专业词汇的准确含义。

5）在一个专业术语的组合词中，只认识每部分的意义，却不了解专业术语的整体意义。

6）不知道译语语篇中的对应词语。

7）知道多个对应词语，但不知道哪一个适用于译语语篇。

8）对于译语语篇中选出的对应词语应如何组合没有把握。

（5）译者该如何充分利用词典。

由于好的单语词典原则上几乎将所有的义位和义素作了系统区分，并附有应用实例，所以，了解源语单词的词义，单语词典是无可替代的。另外，单语词典里的应用实例也会给选择译语对应词语提供有用的启发。

单语定义词典最大的优点是，单词的含义是通过更抽象的上位层次界定的。使译者比较容易摆脱源语的单词，而选择将源语的名词译成动词，或将源语动词译成词组，甚至选择一整句话作为源语相关单词的对应词语。

定义词典仅仅使用一个语言系统内的手段，这对于经验少的人来说是个困难。初学者更愿意使用双语词典。如果双语词典好，这也是可以的。但事实上，很多双语词典不好或不够好。问题主要表现在：

1）有时没有包含单词的全部义位。

2）经常没有给出具体的对应词，只有源语定义的译语解释。

3）用例很少或只有"人造"（非摘引的）例句。

4）出现数个对应词时，没有细分，好似近义词；放在最前面的常常是词典作者自己估计的"最常用的"对应词。

5）有关对应语的实际交际场景中使用条件的说明太少（如：修辞特点、用语的社会领域或专业领域、常用搭配等）。

在有多个对应词语时，双语词典经常不能帮助选择词语。所以，为了选择适合于场景和习语搭配的对应词，经常有必要补充采用两种查阅方式：一是在单语词典中再查阅一遍；二是进行从译语至源语的反向检查式查阅。

当然，专业翻译所处的场景不同，专业翻译者离不开双语词典。但是专业翻译也不仅仅是专业术语的翻译。面对专业术语以外的内容，专业翻译者也面临上述同样的问题。

（6）如何建立个人的词汇表和利用数据库、互联网。

大多数职业翻译者都要为专业语篇的翻译建立自己的术语词汇表。

建立词汇表，应当遵循数据收集的原则：结构统一，用例典型，单设词条（包括同义词），结构灵活，预留空间，易于扩展，查询迅速。

词汇表应包括下列数据：源语概念，源语定义，上义概念和/或下义概念，当前的译语对应词语，不同写法，缩略形式，同义词，反义词，词语搭配，条目设立时间，专业领域，参阅标记。

越来越多的人利用计算机数据库来进行词汇收集和整理。数据库的优点是：时效性强，数据量大，数据管理方便（可排序、组合、链接），查阅迅速，方便复制，容易改动。它的功能明显优于逐步消亡的单词本或卡片。

原则上有三种数据库可以利用：①电子词典。电子词典可以在处理语篇时同时打开，并随时查阅。但是，电子词典仍然像印刷词典一样，有一定的时效局限性。另外，电子词典提供的常常也是语言系统之间的"等值体"，如何在翻译的言语场景中表达，仍然需要翻译者自己决定。②术语概念管理系统。可以在自己的计算机上装载术语概念系统管理软件，建立自己的数据系统。个人数据系统可以随时任意设立、改变、扩大、缩小、合并，可以有较强的专业针对性，也可以较为一般化。③网上数据库。查询网上的各种数据库，并与之建立联系或链接，包括网上词典、专业数据库（术语解释、双语对照表、专用名称与图片库等）。学习利用互联网查找信息应当是翻译教学的重要内容之一。

3. 充分利用咨询人

咨询人首先是指相关领域的专家。可以通过不同的渠道寻找专家。要想尽可能地利用好咨询人，必须准备好有用的问题，才能得到有针对性的回答。所以，不要将咨询人当作双语词典，滥用咨询人；不要与源语的咨询人讨论译语的表达方式；最好将咨询人当作"单语定义词典"，把标记了问题的源语语篇交给他看，请他解释和说明事物的意义、背景或因果关系。

除了专家，可以充当咨询人的还有其他的译者或同事。学习者还可以请教同班同学以及其他相关专业领域的同学。

4. 建立"个人图书馆"

一个职业的翻译者必备的"个人图书馆"的书籍。

（1）单语的专业书籍和词典（母语的和外语的）。

1）至少含 10 万词条的通用词典；

2）语文词典；

3）百科全书；

4）大型世界地图册；

5）文字处理和翻译标准手册。

（2）双语词典。

1）普通双语词典；

2）专业双语词典；

3）缩略语词典。

除此之外，网上的双语词典、专业数据库也是层出不穷，更方便了翻译者的工作，突破了传统的"个人图书馆"的局限性。

四、笔译的产出阶段

源语语篇理解阶段（笔译的接受阶段）之后是译语语篇的产出（笔译的产出阶段），是在分析之后的一个综合的过程。

对源语语篇的分析理解和译语语篇的拟写是一个翻译过程的相互关联的两个部分。区分这两个阶段只是为了明白地进行表述。在分析理解源语语篇时，头脑中总是要想到译语语篇的功能和目的，在拟写译语语篇时也要始终回顾源语语篇。

（一）译语语篇的拟写

这一小节主要阐述拟写译语语篇时，对源语语篇的切分步骤，即"翻译的单元"问题。

赖斯·费尔梅尔指出："我们不可能'等值地进行翻译'，而是译语语篇可能被视作与源语语篇等值。……在这个意义上，等值是个描述产品、描述结果的概念。等值在我们的定义中是适宜性的一种特殊种类，即源语语篇和译语语篇功能相同时的适宜性。"

功能取向的翻译观以及随之而来的对"等值"概念的重新定位意味着：如果"翻译单元"的系统化的等值关系不存在，似乎也不需要去刻意地明确"翻译单元"。

但是，翻译的过程自然不可能是：阅读、理解、分析之后，将源语语篇放置一旁，一气呵成地完成整个译语语篇的写作。翻译者还是要从较小的单元出发逐步构建译文。这是些什么样的单元？是单词还是更小的语素和音位？还是作为"意义单位"的词组、句子或段落？事实上，所有上述的语篇片段都可能作为译语语篇的"构件"，关键在于，它在整个语篇中有什么功能，对整个语篇起什么作用。

关于翻译单元选择的分布，最常见的是词组，稍少的是单个词汇，而多于一句的语段和整个语篇则相对少得多。

为所有可能的语篇确定相对标准的语言学的"翻译单元",既不可能,也无意义。即便在两个特定的语言之间也做不到。换句话说,翻译者切分出来的小的翻译单元是从源语语篇分析中得出的。它们依个人不同而不同,依情景不同而不同,依源语不同而不同。

(二)翻译的难点及其处理方法

1. 翻译中的难点

当源语语篇的翻译单元不能自动通过一对一的译语译码重现,而要做词汇、语法、修辞功能甚至语义改变的时候,就表现为翻译的难点。参照诺德较为系统化的建议,我们将翻译的难点问题分为三类:语用学意义上的翻译问题、两种文化之间特有的翻译问题和两种语言之间特有的翻译问题。而其中存在的部分问题,想一次涵盖全部问题是绝对不可能的。

但是,需要说明:翻译难点的归属类别不是唯一的,某些地方会出现交叉现象。列出的难点问题没有为教学目的区分主次,没有区分中心问题和外围问题。

(1)语用学意义上的翻译问题。语用学意义上的翻译问题包括所有因源语和译语的不同交际场景(包括其中的不同的交际伙伴和要素)带来的问题。其中包括语篇的功能、作者、作者意向、读者、媒体、地点、时间及交际的动机。

1)与源语语篇和译语语篇功能相关的问题。下面举两个译语语篇与源语语篇相比功能变异的例子。

例一:当翻译者要将法庭的宣判翻译给被告时,翻译任务是省略全部法律细节,只翻译判决内容和理由。因而译语语篇的功能就与源语语篇不同了。

例二:当翻译者用逐字逐句的文献式翻译法翻译孔夫子的文章时(比如以语言学分析为目的),译语语篇的功能也改变了,他只是在提供关于源语语篇的信息。

2)与作者相关的问题(作者的语篇写作能力如何、个人特点、是否能从语篇中或通过其他方式知道作者或源文的委托人是谁)。

3)与作者意向相关的问题。

4)与读者相关的问题(如,在广告中习惯突出直接对读者的称呼。在中译德的广告中,源文中没有对读者的称呼就需要在译文中补充进去)。

5)与媒体特点相关的问题(如由于译语广告的版面小,受到空间的限制就要使用缩写或简洁的表达方式)。

6）与地点相关的问题。

很多与习俗、实物或法律规定相关的源语语篇信息，只有源语接受者在当地的交际场景和文化氛围中能够读懂，译语语篇就要对这些信息进行补充、转述、解释或删减。

7）与时间相关的问题。

如果源语语篇的时间关联性较强，又和译语语篇的完成时间有较大的或明显的区别，在必要时就要作出调整。

8）与交际起因/动机相关的问题。

（2）两种文化之间特有的翻译问题。产生两种文化之间特有的翻译困难和问题，是因为源语语篇根植于一定的文化之中，而翻译时将译语语篇的形式"移植"到了另一种文化中去。具体问题阐述如下：

1）语篇种类的惯例和习惯表达方式。翻译者对源语语篇的惯例和习惯用法都要能够识别出来；对译语语篇的惯例和习惯用法也要能够自如地运用。只有这样，他才能合格地完成委托人交给的翻译任务，合乎接受者的期待与利益，最后交出一篇符合功能要求的译语语篇。

2）形式上的约定俗成。在翻译中还有一些形式的问题要考虑，在两种语言文化中可能处理的方式不同。

（3）两种语言之间特有的翻译问题。两种语言之间特有的翻译问题源于源语和译语的语言系统结构不同。它们表现在两种语言中经常出现的某些词汇、语法以及一般文体现象。"普遍适用"的"结构对应"规律或系统结论是没有的。这些问题主要表现在以下几个方面：

1）词汇问题。

2）句法问题。

3）修辞风格问题。

2. 翻译难点的处理方法和策略

语篇分析的翻译准备过程已经表明，因为每次翻译的译文都预设于某种特有的交际场景之中，所以，翻译的固定对策是没有的。翻译者必须在宏观对策（即实现译语语篇的交际功能）的大前提下，同时顾及源语语篇和译语语篇各自特有的交际场景要素，为即时解决某些无固定对应规则的翻译难题而采用的微观对策的操作方法。具体有两种方法和对策可以参照。其一，"逐词逐句的翻译法"：源语语篇中的成分由内容和形式基本一样的译语语篇成分来替换；其二，"非逐词逐句的翻译法"：源语语篇成分在译语语篇中有了较大的内容和形式的改变。

因为分类采用的是选择性的原则，所以下述的翻译方法和对策也不会孤立地以纯粹单一的形式出现，多数情况下是结合在一起使用的。

（1）在语法上改变语素、词汇或句法的翻译方法和对策。

1）语法范畴内部的变化。语法范畴内部的改变是指源语及译语有同样或相似的语法（形式）范畴，但表述形式不同或表述的意义不同。

名词的数（单、复数形式）、动词的态（主动/被动态形式）、人称形式（变位形式）、时态（时态形式），都是基于词汇本身的形态变化。汉语的名词、动词本身都没有形态变化。因此，英汉翻译基本不涉及语法范畴内部形式的改变，所涉及的都是语法范畴类别的改变。英语的这些语法范畴在汉语译语中全部丧失了。相反，在汉译德中必须补充上这些语法范畴。

2）语法范畴类别的转换。①词类的改变；②语法范畴的丧失和回归。在源语语法范畴丧失的同时，常常要有译语语法范畴的回归。可译性的根据是一定程度上语义的相同或类似。因此，翻译时不必考虑更多的语法范畴上的约束，重点在于意义和表达效果。

3）句法和句子结构的改变。①句法关系的转换；②短语构成成分的换位；③句子直接成分的转换；④句子直接成分的顺序改变；⑤语句之间顺序的改变；⑥句子之间连接的转换（句间连接词的改变和增删；句子成分与从句/分句之间的转换）。

（2）改变语义的翻译策略。

1）概念义的改变。①用近义词翻译。近义词翻译主要指两种情况：一是源语中的词汇在译语中没有对应词；二是由于其他原因（如在修辞上为避免过多的重复），不能或不应当反复使用一个词语。②用反义词翻译。当源语词汇在译语中不存在对应词语，或译者一时想不起来，或因为修辞习惯，或为了避免重复，可以使用否定词加反义词来表达。有时因语言习惯差异，必须用反义词表达。③压缩及隐含。为了使译文更加简明易懂，或更适宜译语表达习惯，使整体表达更加流畅，或在译语中不必要，可压缩源文中一些内容，或者把源语中明确表现出来的隐含起来。有时在文学作品翻译中，要把作者想表达的意图隐含起来，这样更显内敛含蓄，且激发读者的想象空间。④扩展及显露。由于表达习惯不同，或者为了使译文中一些不易被人附带理解的内容简明易懂，降低受众阅读的难度，便于受众理解和接受，可扩展源文字面表述的意义，把源语中的隐含义明确地表露出来。⑤一般化。一般化指用译语的一般概念代替源语的具体概念。这种方法常见于翻译源语语言文化圈中独有的无法翻译的概念时，用其上位概念来翻译；一些面向大众的科普语篇中读者无法理解的专有名词可以用一般概念代替具体概念，以达到更简单、更易接受的目的。⑥具体化。为了使译文表达更清楚具体，便于理解，可将源文中一般性概念在译语中用其下位概念具体化、使抽象概念形象化，或适当给予说明。⑦改用比喻、谚语的方法。⑧用转述代替译语中的缺项词。⑨替换。在表现类语篇中为保持一定的形式美（如韵律、反复、对仗），有时可以在译语中用语义不同的表达手段替换源语的表达手段。⑩模拟语篇种类的范式和使用惯例。因某些语篇在不同语言中习惯使用不同的表达手段和格式，因此在译语语篇中可以模拟使用符合译语习惯的通用表达方式。

2）修辞义的改变。①比喻变直白，即用译语中的中性词语替代源语中的形象比喻。②直白变比喻，即用译语中的形象比喻替代源语中的中性词语，表达更生动。③使用附着语篇的注释，附着语篇的注释包括文后直接加注、脚注、尾注、前言、后记等。为了保证和方便读者理解，作注释是个既不得已又有必要的方式。好的注解甚至可以方便或加深对语篇的理解，又不影响语篇译文的通畅。④修辞格的变动或喻体的改变。为了在一定程度上保持生动性，又要适应译语的语言文化习惯，有时会发生修辞格的改动或喻体的改变。修辞格的变动可能是修辞格的提升也可能是降低。⑤口语与方言的相互替换。如果源文有意使用方言、土语，可以在译语中用方言、口语的某些表达方式来代替。源文特意模仿某人的口误，在译文中也可以用不准确的谐音字代替。

（3）言语行为句式的改变和意向的保留。

系统语法认为，祈使句表达命令、请求，疑问句表达怀疑或询问，陈述句传达信息。但是，在运用语言的具体场景中，即在一定场合的言语表述中经常要通过语境和上下文来判断言语行为的真实意向。因此在翻译中，祈使句改为疑问句或疑问句改为祈使句常常能表达相同的意向功能，但前提是不同句式在当前场景中表达的语用意向一致。

（三）译语语篇的编辑策略

由于译语语篇产出的过程是由很多较小的翻译单元构成的，常常无法满足或不能完全满足语篇整体完整、连贯、通顺的要求，所以，译语语篇产出后，为了保证其目的和功能的实现，译者对语篇做最后的编辑、加工、修改和润色是绝对必要的。

语篇的编辑和加工应当从一开始就规划在翻译的例行工作中，因而也应计划在翻译教学过程中。

语篇编辑时应当检查的具体内容有以下几个方面。

（1）检查译语语篇的完整性。

语篇的完整性包括连贯性（coherence）和衔接性（cohesion）两个方面。需要翻译者检查的主要是语篇的衔接性和逻辑性，主要包括以下问题：

1）是否保证了指称关联的统一性。

2）是否保证了修辞、风格的一致性。

3）如果译语语篇是英语，语篇内部的时态关系是否正确。

4）连接已知信息和新信息的主题—述题顺序是否符合逻辑。

（2）检查译语语篇中出现的源语干扰现象。

定位这类干扰现象的最好方式是翻译完成后，把译文搁置一段时间，不看源文，大声朗读译文。译文搁置一段时间后，翻译者大脑中源文干扰的印象就会减弱，他就会用新的目光来重新审视译文。即便是翻译者自己连续朗读整个语篇，也会发现很多需要改进的地方。

（3）检查译语语篇中可能出现的误译和漏译。

这种检查当然要仔细与源文对照进行。因为翻译过程中总是跟较小的理解和翻译单元打交道，误译或漏译的可能性是很大的。

（4）检查文字。

编辑的最后工作是进行外语正字法或汉语错别字的检查，对标点符号（包括外语分行符号）的检查。检查文字时，可以利用现代计算机文字处理程序中拼写和语法的检查工具，提高效率。但是，计算机检查程序不能完全取代人工的通读检查。检查标点符号时，也要注意"源语干扰"现象，比如类似的标点符号不表明它们的用法相同。

（四）译语语篇的形式

译语语篇的形式经常被人忽视，但它却有可能成为一个译者或一篇译文成败的决定性因素。

如果没有预先规定，译者应遵循各自国家语篇文字处理的书写和建构规则。

当今的时代要求每一个未来的翻译者具备使用现代计算机文字处理程序的基本能力，这些文字处理程序至少应当包括：

（1）必要的中外文字符集。

（2）不同语言混合输入和编辑的可能性。

（3）带源语和译语的正字法和分音节规则的电子词典。

以上这些，根据与时俱进的要求也应成为翻译教学必要的组成部分。

第二节　笔译教学的要求与条件

一、笔译教学的主要目的讨论

笔译教学的主要目的是培养学生的翻译能力，所以应当以翻译学理论的思考为基础、从笔译过程的实际流程出发、顾及笔译职业工作的特点、通盘考虑教学法与方法论。

笔译教学法不仅关系到笔译理论，还关系到一般的教学理论与教学法，关系到语言研究，而且也关系到教育学。笔译教学的主要目的体现在以下几个方面。

（1）以提出挑战性目标的形式，提高学生学习的积极性，但目标不能过高，也不能过低。

（2）在学生原有的学习基础上，带给学生新的内容，并巩固原有的基础。

（3）以带着学生解决问题的方式，增强学生面对问题、提出问题的自觉性。

（4）学生应当有解决问题的意识，并能够越来越好地解决问题，办法就是在先天能力的基础上补充知识。

（5）教给学生解决问题的方法，这些方法应当是来自个人和他人翻译实践的经验，并有较为系统的理论支持。

（6）应当教会学生，掌握了一项对策，能够举一反三，运用到解决其他类似的问题中去。

由于影响教学的因素很多，具体的目标还需要教师根据自己面对的教学目标和要求，学生的起点和条件，独立决定。

二、笔译课教师应具备的条件

笔译课教师应具备的素质体现在以下几个方面。

（1）具有尽可能多的笔译实践经验。

（2）具备扎实的语言学的知识、翻译学的基础知识。

（3）能够明确地、有论据地、有实例地、使人信服地"授人以渔"。

在以语用学与交际理论为基础的功能翻译学思想指导之下，这些对教师的要求意味着教师的地位、角色、作用和任务的转变。其主要体现在以下几个方面。

（1）他不再是掌握和传播唯一正确译文的人，而是为学生提供帮助的人。在源语语篇的理解和分析、适宜的译语语篇的撰写、翻译结果有根有据的评价过程中，他要给予辅导和咨询，进行协调。

（2）根据不同的需求扮演不同的角色：像学者一样阐述翻译理论问题；像翻译公司的负责人一样发布翻译的委托任务；像笔译者一样分析和执行翻译任务；像翻译公司的编辑一样评价和审改他人的翻译作品。

（3）要结合练习，向学生传授必要的理论知识，为学生面对当前或以后类似的情况下的同类问题提供决策方法和解决问题的途径。

（4）要有能力说明教学方法和步骤的理由，从练习材料的选择直到对学生译文的修改和评价。

（5）要保持翻译实践的实际操作，主动积极地不断自我进修，尤其是不断改进笔译的教学方法。

三、笔译课学生应具备的基本素质

笔译课学生应该具备以下基本素质。

（1）具备按照规则来行动的一般能力，如分析能力、决策能力和判断能力以及创造性。

（2）掌握比较丰富的母语和外语的语言和文化知识。

笔译课程的主要任务不是传授外语语言和文化知识，而是笔译者把一个源语语篇适宜地译作译语语篇所需要的专门的熟练技能：①对笔译任务有把握的解读；②有效的源语语篇的分析；③有目的的查阅调研；④迅速地了解新事物、进入新领域；⑤有把握地估计委托人、作者和接受者的需求和期待；⑥相应地选择适合的笔译对策；⑦熟练地完成页面、段落和字体的编辑任务。

在笔译教学中，教师要明确地区分和界定学生在笔译各个阶段的具体能力和技能，确定提高这些相关能力和技能的练习形式和练习内容。

四、如何选择笔译教学的素材

笔译课程的准备首先遇到的问题是教材的选择和教学法的处理。在这里有针对性的对选择教材的原则和标准作一个综合的说明，为担任笔译课程的教师提供一些帮助（图 5-2）。

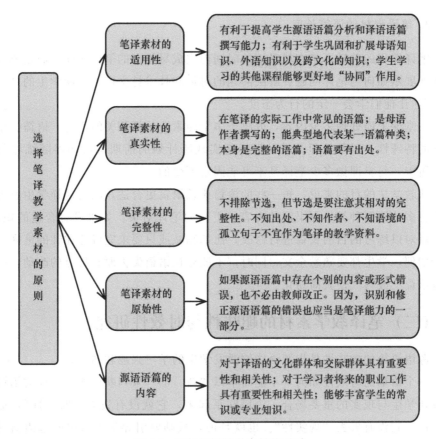

图 5-2　选择笔译教学素材的原则

（一）笔译素材的语篇难度、种类与长度

1. 笔译素材的语篇难度

（1）主题和内容方面要适合于学生的文化与专业水平。

（2）语言方面要适合于学生的语言能力。

（3）笔译任务和笔译技术方面要适合于学生的翻译水平。

（4）工作技术方面要适合于学生所处的场合。

2. 笔译素材的语篇种类

选择的语篇应当能够代表笔译工作实践中实际存在的某个语篇种类（信息类语篇、表情类语篇、运作类语篇），也就是译语文化存在潜在接受者的语篇。

3. 笔译素材的语篇长度

笔译课程的关键不是在尽量短的时间内完成尽量多的笔译作业，而是要尽量有效地展示如何与笔译问题、解决问题的对策和技术打交道，扩展学生的"一般修养"，让他们学会一定的行为态度。

一堂课上能处理多少内容，取决于多个因素：包括相关的语言、语篇、学习目标的特殊性，以及教师为教学目标的实现所计划的前期练习和伴随练习的特点。所以，每堂课做多少笔译是不可能固定不变的。

从教学法的目的来说，短一些的语篇比长语篇更合适，因为这样学生就可以接触更多的语篇种类、更丰富的内容、更多的笔译对策。如果没有合适的短篇，那么就对以练习的目的长篇进行修改，比如删减或只要求完成综述性的笔译。但无论如何，学生都要熟悉全文，同时，不能做让语篇失去原有特点的改动，绝不能将语篇"改写"使其简易化。

（二）笔译教学素材的趣味性与时效性研究

源语语篇的趣味性是指源语能够激发学生的学习兴趣和动力。

一个语篇的时效性如何，不能简单以"新、旧"来判断。如果选择的语篇还可以让学生与现实的重要场合、语境联系起来，它就没有失去"时效性"，更准确地说，它没有失去"现实性"。也就是说，教师要引导学生认识所选语篇的重要性。说语篇"过时了"，主要是指其中包含的语言习惯现在已经不适用。

第三节　笔译教学实践

一、源语语篇接受阶段的练习

在进行各种练习形式之前，有必要先做以下说明。

（1）所有的练习都是为了提高总体翻译能力所必要的具体技能。它们应当根据需要选用，成为笔译课程有机的组成部分，为笔译本身做准备、做补充。

（2）这些所建议的练习形式中没有包括一般外语教学的教科书和教师手册中已经列入的语篇理解练习、理解技巧练习、课文练习等。笔译课教师应当参照外语教学的练习，并根据需要将其有机地纳入笔译的课程。

（3）只要没有特殊说明，各类练习都应当先用母语或针对母语进行。只有当学生已经熟悉了练习的类型和方法后，再用外语或针对外语进行。

（4）除特殊说明之外，原则上学生在练习时都可以使用词典或其他查阅资料。

（5）为便于课堂的展示，个人或书面完成的练习结果都应当根据教学条件，或者写在透明胶片上（用投影仪展示），或者写在纸上（用实物投影仪展示），或者写在计算机文稿里（用投影机展示）。如果都不行，就必须复印给所有学生。

（6）当分小组工作时，教师应穿行于小组之间，根据需要参与进去，必要时引导讨论，给予指导。

（一）理解能力的练习

1. 记忆翻译的练习

【步骤】

（1）教师发一张印有约 15 行源语语篇的作业纸。

（2）学生认真地读这篇文章数遍，尽可能记住它的内容。

（3）教师收回作业纸。

（4）学生把读过的内容用译语写在纸上。

（5）在全班介绍几篇个人完成的"记忆译作"；讨论译文中漏掉了哪些源文的信息，分析可能的原因。

（6）再次发下作业纸。

（7）学生分小组参考各人的第一次译文，共同整理出新译文，并且简要记录这篇译文接受了哪些第一次的译文。

（8）各组派代表在全班汇报结果。

（9）课后作业：每个学生独立完成这篇短文的翻译。

【目的】使学生认识到理解语篇的方式是整体的、联想的和有选择性的。

2. 缩写与重构的练习

【步骤】

（1）发给学生作业纸，内含一份事实内容较多的语篇，篇幅最长一页。

（2）要求学生在 10 分钟内读完，然后分小组以提示语或电报文的形式说明语篇的内容。

（3）教师收回作业纸，各小组交换"电文内容"。

（4）各小组根据"电文内容"分别重构源文。

193

（5）各组在全班介绍答案及"电文内容"，并且论述问题。

【目的】引导学生关注语篇中的重要成分，快速识别这类成分是个选择和归纳的过程，有助于翻译的初学者理解源文。

3. 快速阅读的练习

【步骤】

（1）发给学生印有篇幅为一页的母语或外语语篇的作业纸，其内容是学生熟悉的。

（2）给学生5分钟读母语语篇，或8分钟读外语语篇，要求快速浏览。

（3）教师收回作业纸，学生根据记忆回答下面的问题（或类似的问题）：这篇文章的主题是什么？内容要点是什么？作者的观点是什么？他否定了他人的哪些看法？译语国家的读者会对这篇文章感兴趣吗？如果感兴趣，为什么？请数名学生在全班公布自己的答案，然后讨论。

【目的】训练学生通过快速阅读抓住语篇的重要因素。

4. "搭积木"的练习

【步骤】

（1）教师把一篇文章在每个"结构性标识"（例如：一方面，另一方面；首先，最后）前剪开，打乱它们的顺序后，给各段编序号。

（2）分小组根据自己的理解复原这篇文章。同时记录，说明新排序在内容上的逻辑性，以及排序依据的是哪些"结构性标识"。

（3）全班汇报和讨论各组的工作结果。

【目的】通过重建语篇逻辑的练习，让学生认识到，对于理解语篇意义和调控读者期待来说，预示性的和承上启下的"结构性词语"所具有的重要作用。

5. 补充练习

【步骤】

（1）教师用投影仪或投影机投放出几个不完整的句子。

（2）学生补充内容，同时说明他们决定各句的后续内容时，参考了哪些重要的"结构性标识"。

【目的】引导学生学会预设式理解方式的基础性前期练习。

6. 词汇填空的练习

【步骤】

（1）教师发给学生一篇"词汇填空"的文章。

（2）学生两人一组填空。

（3）各组在全班介绍他们的练习结果，并且说明是怎样找到答案的。

【目的】引导学生根据上下文去思考，是锻炼推断外语语篇中新词词义能力的初步练习。

7. 意义填空的练习

【步骤】

（1）教师发给学生一篇"意义填空"的文章。

（2）学生两人一组填空。

（3）全班介绍并讨论答案（以源文的意义为准），特别要找出语篇中那些帮助完成填空的指示性信息。

【目的】加强学生对自己的预测能力和联想能力的自信。

8. 划分段落的练习

【步骤】

（1）教师以一篇源文为基础，去掉任何段落标记（例如：语篇标题、文内小标题、另起一行的段落、突出的字体、插图等），重新打印后发给学生。

（2）学生分小组把这篇文章重写成想象中的读者喜闻乐见的样式。

（3）在全班介绍各组的答案，并对照源文。

【目的】引导学生注意文章的段落特征和结构特征，并提高对语篇种类之惯例的认识，以便在阅读语篇时主动把这些特征当作理解的辅助手段。

9. 联想翻译的练习

【步骤】

（1）教师发一张印有容易理解的 10 至 15 行源语语篇的作业纸。

（2）学生读一或两遍。

（3）教师收回作业纸。

（4）学生尽可能详细地把读过的内容用译语写下来。

（5）教师把带源文的作业纸再次发给学生。

（6）学生借助词典翻译源文，并写在作业纸上，同时把他们认为困难的地方标出来。

（7）教师收回这两次翻译的作业，回去分析、整理。

（8）第二次课上，用投影仪或投影机就数个学生如何处理他们一致标出的难点，展示和讨论典型的实例。重点展示的内容为：

1）第二篇译文引用的第一篇译文的成功部分。

2）第二次翻译没有使用的第一次翻译中的成功部分。

3）第一次翻译不很成功，但是第二次翻译比较成功的部分。

【目的】鼓励学生相信自己的联想能力，即相信通过阅读源文的语言表述条件反射引发的对场景的联想，而不是仅仅相信词典。

10. 修改源文的练习

【步骤】

（1）教师把一篇（在其语言和逻辑结构方面）有问题的语篇发给学生。

（2）学生分组完成编辑修改这篇有问题的源文。

（3）全班交流、讨论、总结经验。

（4）课外作业是笔译这篇修改后的源文。

【目的】学习翻译实践中常见的也是必需的一种理解技术：编辑源文（问题尖锐时还应和作者沟通）。

11. 图书介绍的练习

【步骤】

（1）教师把不同主题的书籍发给学生（文学书籍、专业书籍）。

（2）全班分为两人小组，各组的任务是：在 20 分钟内用提示语准备一个介绍本书的报告。准备时，只能借助书中下列部分提供的信息：封面折页的文字、目录，可能有的章节提要和小标题，以及前言、编后语和可能有的作者的综述。

（3）请一组或两组学生借助自己的记录向全班作报告。

【目的】学习快速、合理地获取信息；学习预测能力和逻辑推断能力。

12. 联想概念的练习

【步骤】

（1）教师在黑板上写一个主题词。

（2）请学生说出自发联想到的东西，并用提示语形式顺序写到黑板上。

（3）发给学生一篇和这个主题词有关的语篇，进行分析。

【目的】运用"头脑风暴"构建"联想图"。此方法是一种过渡性练习，是为进行语篇类型识别练习、语篇分析练习所做的准备。

（二）语篇类型识别能力的练习

1. 完整描写语篇特征的练习

【步骤】

（1）教师发给学生一份关于语篇特征的不完整的描写记录和一份汉语或外语的药品说明书复印件。

（2）学生分组，回答语篇特征的描写记录中尚未回答的问题。

（3）在全班讨论各组的工作结果，进行必要的修改。

【目的】有助于学生先不想着翻译，去自主地使用语篇分析的方法，注意识别同类语篇中反复出现的结构模块。

2. 识别语篇特征的练习

【步骤】

（1）教师请学生把母语报纸和外语报纸上的天气预报带到课堂上。

（2）分小组借助对语篇外在要素和语篇内在要素的提问，描述不同语言的同类语篇的特点。

（3）在全班比较结果。在黑板上写出这类语篇完整的统一的特征描述以及列出这类语篇的典型结构模块表。

【目的】有助于学生先不想着翻译，去自主地使用语篇分析的方法，注意识别同类语篇中反复出现的结构模块。

3. 语篇种类的甄别练习

【步骤】

（1）教师发给学生属于不同语篇类型和不同语篇种类的若干语篇片段，不注明来源。

（2）学生分小组推测这些语篇的类型和种类归属，填写一份用于语篇分析的"分析简表"。

（3）全班比较各组的分析结果，说明各小组进行分析归纳的标准。

【目的】让学生认识区分语篇类型的最起码的特征。

4. 分析类似语篇的语篇惯例的练习

【步骤】

（1）教师发给学生主题、文体和场景相同的源语和译语语篇各一篇（例如：菜谱），其中一份有事先做好的语篇特征说明（例如：关于英语菜谱）。

（2）学生分小组讨论分析另一语篇的外在要素和内在要素，一个学生负责记录小组的分析结果。

（3）在全班比较、讨论各组的分析结果，做必要的补充，为这个语篇完成一份完整的语篇特征描述。

【目的】引导学生识别语篇的使用惯例（结构模块）。为翻译者提供译文的文体和语体规范，使他们能够产出符合译语规范的译文。

5. 鉴别同类语篇的不同次类的练习

【步骤】

（1）教师把隶属于同一语篇种类的不同次类的语篇片段（例如：属于信息类语篇的报告、说明书、新闻）复印在一张纸上，发给学生，不注明出处。

（2）学生分小组推测这些片段属于哪些次类的语篇。

（3）在全班比较各组的分析结果，并说明他们归纳的依据。

【目的】引导学生认识区分语篇类型的最起码的特征，归纳它们的结构特征和语言特征，培养学生文体鉴别能力和写作能力。

6. 认识和运用童话语篇的文体惯例

【步骤】

（1）教师发给学生汉语和外语童话各一份。

（2）学生分小组分别标出两篇文章中他们认为具有典型文体特征的语篇部分。

（3）在全班讨论各组的工作结果，进行修改和补充。

（4）课后作业是学生翻译另一篇童话。

【目的】练习引导学生识别语篇的文体惯例，并在翻译中运用所获得的知识。

7. "语言内部"的翻译

【步骤】

（1）教师把主题相关又隶属于同一语篇种类的不同次类的语篇片段发给

学生。

（2）学生分小组完成"语言内部"的翻译，他们要在翻译时改变"源文"文体，例如：把学术论文改写成科普文章，使用年轻人的流行语，使它饶有趣味等。

（3）在全班讨论改写结果，必要时进一步完善。

【目的】锻炼学生语篇分析能力，因为只有进行了仔细的语篇分析之后，才能进行"语言内部"的翻译。

8. 表述的明确性和语篇的类别练习

【步骤】

（1）教师将同一语篇片段的三个不同版本发给学生。

（2）学生分小组界定三个版本的不同，想象它们产生的原因，设想它们是为哪个读者群写的。

（3）以"语篇的明确程度及其对译者的重要性"为题在全班展开讨论。

【目的】引导学生认识到，根据翻译任务的要求和读者的不同，在翻译时有时需要适当改变表述方式的明确程度，有时甚至要改变语篇的类别。

9. 比较同一内容的不同语篇的练习

【步骤】

（1）教师把若干个语篇片段复印到一张纸上，发给学生。这些语篇片段的题目和内容相同，但使用的词汇和句法不同。

（2）学生分小组借助练习描述各语篇的特征。

（3）在全班比较并讨论各组需要说明的答案。

【目的】引导学生认识区分语篇类型的最起码的特征，有助于提高学生对于语篇种类与其功能、目的相关的理解意识。

10. 变更语篇文体练习

【步骤】

（1）教师发给学生一份口语体的独白短文。

（2）学生分小组，把它改写成不带感情色彩的书面语描述语篇。

（3）各组向全班介绍自己的改写结果，全班讨论，必要时修改。

（4）作为课后作业翻译这两篇文章。

【目的】引导学生学会注意语篇惯例、文体和修辞，从而增强汉语和外语的语篇写作能力。

11. 改正语篇惯例的练习

【步骤】

（1）教师发给学生一篇有意违背了语篇惯例的文章（不是书写、用词和语法错误）。

（2）各小组分析文章的哪些方面不得体，讨论为什么。全班总结大家的讨论结果补充并纠正它。

（3）分组或作为课后作业完成语篇惯例的修正。

【目的】加强学生对语篇惯例重要性的意识。

12. 按照语篇惯例选词填空的练习

【步骤】

（1）教师把一篇需填空的外语语篇发给学生，另外还有一张按字母顺序排列的单词表，上面有应当填入的词语和按照语篇惯例不应当填入的词语。

（2）学生分成小组，讨论填写词语，使文章完整。

（3）全班讨论各组的填空结果，并且说明理由。

【目的】加强学生对语篇惯例重要性的意识。

（三）查阅调研能力的训练

1. 使用工具书的练习

（1）认识词典词条的局限性的练习。

【步骤】

1）教师发给学生一张作业纸，上面写着含有一个同样单词的若干语篇片段（语篇层次之下的语义语境比较独立的单位），同时附有单语词典中这一词条说明的复印件。

2）学生分小组笔译这些语篇片段，不允许使用词典。因为不用词典，教师可以在作业纸上注明某些词的意义，但是不注解这一练习所关注的那个单词。

3）翻译后，教师把各组对那个单词的译语对应词语一一写在黑板上。

4）讨论、评论并修改各个译语的对应词语。

5）共同为这一单词编写一个双语词典的词条。

6）将工作结果与教师打到屏幕上的不同双语词典的同一词条进行比较。

【目的】引导学生认识到，有些对应词语是"偶然"存在的，是与具体语境相关的，另一些可能的对应词语篇幅又可能太长，无法全部纳入词典。另外，学生能够更加看清词典里词条的结构。

（2）词典词条的结构的练习。

【步骤】

1）教师把较新出版的单语词典的一个词目注释复印到一张纸上，发给学生。

2）全班学生把说明这个词目的不同信息类型列成一张表。

3）利用几本不同的单语词典为同一词条的内容结构列一个对照表。

【目的】这个练习引导学生注意了解词典编辑的原则。

（3）比较近义词的练习。

【步骤】

1）教师把一组近义词和含有这些近义词的例句发给学生。

2）全班共同分析义素，把结果以表格形式写在黑板上。

3）教师把不同单语词典关于这些词的定义投影到屏幕上，与大家分析出来的义素做比较。

4）教师把搜集到的不同双语词典关于这些词的译语对应语发给学生。

5）学生分小组列出这些词的各个译语对应语的义素表。

6）将全班的与各组的义素分析结果加以比较，明确它们的共同点和区别。

7）让学生完成需要用这些同义词的汉语和外语填空练习，以巩固和检验他们新得到的知识。

【目的】引导学生认识看似“近义词”之间的语义差别，以及它对翻译的重要性。另一方面他们应该认识到源语和译语的义素分布有时差别很大。

（4）词条义素的比较练习。

【步骤】

1）教师把含有学生熟悉的某个单词的若干语篇片段复印在一张纸上发给学生。

2）小组分析找出这个词使用在各个语篇片段中有哪些共同点，哪些不同点。

3）全班讨论罗列出构成义位的语义特征（义素）。

4）教师用投影仪或投影机把不同单语词典中关于这个词目的相应片段投影到屏幕上，学生分析这些注释是否包含以及怎样包含了大家所推导出的义素。

5）然后教师再把双语词典的相应释义投影到屏幕上，学生再分析是否包含以及怎样包含了他们所推导出的义素。

6）学生将所用词典词条中的不同的信号（包括缩写）用语言表达出来。

【目的】使学生认识词典的结构和质量。

（5）比较定义的练习。

【步骤】

1）教师把单语词典对某常用词的定义发给学生。

2）小组的任务是：一是从双语词典查找它的对应词语；二是在单语词典中查从双语词典获得的对应词语；

3）学生将源语和译语单语词典中查出的相应词条进行比较。

4）全班归纳、讨论各组的比较结果。

【目的】引导学生注意词义重叠程度的不同，同时熟悉（单语词典中）"定义"这一语篇种类。

（6）比较双语词典的练习。

【步骤】

1）教师从母语（或外语）中选出三个不同词类的多义词。

2）学生分组在两本双语词典（一本是袖珍词典，一本是大词典）中查找这三个词。

3）注意袖珍词典是否含有这些词的最重要的对应词语和其他重要的信息。

4）全班讨论各组的比较结果。

【目的】引导学生应该认识到：

1）因为大词典含有多种多样的信息，所以优于袖珍词典；

2）使用大词典必须始终把一个词条从头看到尾；

3）有时双语词典中的第一个对应词语并不是最重要的；

4）必须注意词典中所使用的符号和标记。

（7）认识上下文作用的练习。

【步骤】

1）教师让学生翻译一篇短文。

2）学生分三组翻译：一组不使用词典，一组使用单语词典，另一组使用双语词典。

3）全班比较三个翻译结果。

4）教师引导学生集中讨论语篇中选出的两个或三个词语，在黑板上列表对比不同的对应。

5）教师把学生所用词典中的相应词条投影到屏幕上，与大家共同得出的"最佳"版本进行比较。

【目的】学生通过这个练习可以意识到具体的上下文对于理解和翻译的作用，认识到，即使是"很简单"的词，上下文也是至关重要的。

（8）练习查阅多词惯用语。

【步骤】

1）教师提供若干常用的惯用语、成语，这些词语必须在学生掌握的词典中能够查到。

2）小组借助所有的单语和双语词典查其译语对应词语。要记住，在不同的词典中是通过哪个词检索到惯用语的。

3）各组在全班汇报他们是以哪些工作步骤找到这些词语的。

【目的】学生练习根据主要意义载体合理地查找多词短语的方法。

（9）练习验证性地查词典。

【步骤】

1）教师发给学生一张作业纸，包含一个常见多义词不同用法的若干语篇片段，并给出它们的译文，但是空出这个多义词在译文中的相应位置。

2）学生分成小组，各自使用一本源语—译语词典和一本译语—源语词典，再加一本译语的单语词典，完成译语语篇片段的填空。

3）各组在全班介绍他们寻找答案的工作步骤。

【目的】引导学生注意两种验证性的查词典方法，一是从译语到源语的逆向反查，二是对译语的对应词语没把握时，可以再查阅译语的单语词典。

（10）练习利用其他语种的词典。

【步骤】

1）教师准备一篇专业性的短文，文中的一些专业词汇无法在源语和译语的双语词典中查到，但可能在其他语种的双语词典中查到这些词。

2）让学生在图书馆翻译这篇短文，可以查阅那里所有的词典。

3）各组由一名学生记录翻译的工作步骤，然后把译文写在透明胶片或投影文件上。

4）全班比较各小组的翻译结果和查阅词典的工作记录。

【目的】学生应该对翻译实践中常见的这种情况有思想准备，必须使用并且学会使用第三语言或多语种词典。

2. 借鉴类似语篇和背景语篇的练习

（1）练习借鉴类似语篇翻译同类文章。

【步骤】

1）把学生分成小组。

2）一半学生得到一份外语的烹调食谱，还得到两至三份母语烹调食谱。学生的任务是，先找出母语食谱中常见的语篇组块和此语篇种类的其他特征，然后把外语食谱翻译成意义相同的母语。

3）另一半学生只得到需要翻译的另一份外语食谱，没有母语食谱。

4）翻译后，两组交换他们的翻译结果（不交换源文），评判译文的质量（不考虑源文）。

5）全班交流翻译的经验。

【目的】这个练习使学生注意到，没有参照母语烹调食谱的小组翻译出来的文章可能让读者感到生疏和别扭，因而不符合以实现相同功能为目的的翻译要求。

（2）练习比较不同语言的同类文章。

【步骤】

1）教师发给学生在两个交际群体的同一常见药品（例如：阿司匹林）的外语和母语包装说明书复印件。

2）学生分小组比较这两个语篇，记录比较结果。

3）在全班讨论两个版本的异同。

4）把讨论的相同点和不同点分别列在黑板上。

5）课后作业是翻译一份比较简单的另一种药品的说明书。

【目的】引导学生了解不同语言的同类文章中语言结构和语篇结构的异同，因而有助于他们认识如何提高翻译的效率。当然，这个练习的素材也可以用来练习描述语篇的特征。

（3）练习撰写不同语种的内容提要。

【步骤】

1）教师把一篇母语和外语的内容提要（学术文章的综述）发给学生。

2）学生在全班比较这两篇提要在词汇、句法和惯用语方面有哪些共同点和不同点，把讨论结果写在黑板上。

3）教师把从母语和外语杂志上各节选的一篇不太长的（没有综述的）文章发给学生。

4）学生的任务是为这两篇短文分别写一个内容提要（综述），或者在课上小组做，或者作为课外作业个人做。

【目的】学生应当通过这个练习认识这两个语种的同一类语篇的典型表达方式和拟写思路，并学会自主地使用这些表达方式和拟写思路。

（4）练习利用类似语篇和遵循译语文化。

【步骤】

1）教师发给学生：①一份母语的原件复印件（翻译的源文），如汉语的药品说明书；②一份逐字逐句的文献式译文；③一份译语的类似语篇；④一份必要的背景语篇或语篇片段（摘录）。

2）教师布置明确的翻译任务，比如：为一种想打入外国市场的中医药品完成一份在对象国具备有效性，即内容和形式上符合通常规定的药品包装内附带的外语说明。

3）教师根据类似语篇，引导学生重点讨论必须注意的形式规格。

4）教师根据必要的背景语篇，引导学生认识那些在源文没有的、但是在译文中必须有的信息。

5）学生分小组，可以利用文献式译文的某些药品成分的译名，但必须模仿译语中类似语篇的模式、遵照译语文化中背景语篇的内容和格式规定进行笔译，尽可能好地完成翻译的任务。

6）全班比较、讨论翻译结果。注明有哪些格式的更改，有哪些语言和内容的补充，以及有哪些必须与翻译任务的委托人协商的问题（缺少的必要信息）。

【目的】引导学生认识利用类似语篇的好处，以及在有的情况下必须参考背景语篇的原因。

（5）练习查阅背景语篇。

【步骤】

1）教师发给学生一篇名词术语较多的语篇，但是不注明语篇的来源。

2）学生先全班确定语篇的专业领域、语篇类型和语篇种类。

3）各小组找出难理解的词，查阅单语和双语词典。

4）各小组记录他们的查阅方法。

5）各组在全班介绍、讨论他们各自的查阅方法。

6）课后作业是运用他们的查阅方法去查阅其他的专业词语。

【目的】引导学生认识到，在翻译新兴科技文献的时候，背景语篇是必不可少的，学会从背景语篇中推导新专业术语的含义。

（6）练习系统地利用背景资料。

【步骤】

1）教师把一份中国军衔等级表发给学生。

2）学生分小组利用双语词典设法把军衔名称翻译成外语。

3）教师把译语国家的军衔名称表发给学生，在全班要求学生把外国的军衔和中国的对应排列起来。

4）将排列结果与靠双语词典查到的对应词语相比较。

5）课后作业是书面记录对应排列结果，并记录查阅调研的方式。

【目的】引导学生认识到背景语篇及背景资料对翻译的重要性。

二、译语语篇产出阶段的练习形式

笔译过程的译语语篇产出阶段的练习形式比源语语篇接受阶段的要少，因为部分在源语语篇接受阶段的练习也可以结合一定的翻译任务扩充为译语语篇产出阶段的练习。

（一）练习隐含前提的语言表述

【步骤】

（1）教师发给学生一份关于国家内政主题的源语语篇。

（2）学生分小组阅读，并把他们认为源语读者能够读懂（即能够附带理解的某些隐含的前提条件），而对译语读者来说必须明确用语言表达出来的部分标记出来。

（3）在全班介绍、讨论各小组的分析结果，介绍时要说明理由。

（4）学生课后利用源文中的语义信息和附带理解的信息，编写一篇可以发表在译语报纸上的译语语篇。

【目的】有助于学生更加注意源语语篇中那些不言自明的隐含前提，并在译语语篇中明确用语言表达出来。这一练习也可以作为产出译语语篇之前的准备练习。

（二）译文分析的练习

【步骤】

（1）教师把一份自外语译为母语的语篇发给学生，但是不发源文。

（2）学生分小组讨论，以译语读者的角度审视译文：一是是否存在源文的干扰，一看就有"翻译腔"；二是有没有看不懂的地方，如果有，表现在哪些地方？为什么会觉得别扭？问题可能出在哪里？

（3）全班讨论各组的结果。

【目的】强化学生注意译语受众的语言和非语言的理解前提条件的意识，引导学生认识补充缺少的理解前提条件的各种可能性。

（三）直接修改译文的练习

【步骤】

（1）教师发给学生一份需要修改的译文。

（2）学生分组，在没有源文的前提下分析译文，找出源文的语言是什么，检查语篇的连贯性和可能存在的源语干扰现象或其他的缺陷，讨论问题产生的可能的原因和修改的建议。

（3）在全班介绍各组的讨论结果，说明理由。

（4）课后作业是完成这份译文修改版。

【目的】引导学生感受翻译表达存在的普遍问题，但尤其注意与译文的编审有关的问题。

（四）转述与翻译的练习

【步骤】

（1）教师发给学生一份内容和语言上没有特殊难点的母语语篇。

（2）学生分组练习：一组用译语转述母语语篇的内容（例如：告诉你的同学文章里写的是什么），另一组翻译这篇文章。

（3）向全班介绍、比较"转述组"和"翻译组"的工作结果，对照源文分析这两种工作结果的优点和缺点。

（4）课后作业是学生参照两个工作结果翻译源文，并且写一份报告，说明沿用了哪个结果的哪部分，以及为什么。

【目的】引导学生认识到翻译时采用较小的"翻译单元"可能出现的译语结构问题。

（五）记录翻译与源文翻译的练习

【步骤】

（1）教师朗读一篇一页半长的易于理解的外语文章（内容是学生熟悉的，如政治时事）。

（2）学生可以边听边做笔记。

（3）学生分小组把所听到的内容凭记忆和记录整理成一篇译语的文章。

（4）教师把书面源文发给学生。

（5）学生课后翻译这篇文章。

（6）下次课讨论根据记忆撰写的文章和译文，比较它们的主要区别和各自的优、缺点。

【目的】学生凭记忆写的文章更注重意义，因为口头朗读使人难以跟上具体词句。因此，整个语篇的交际功能就突出了。综述语篇和译语语篇的比较，又会使学生认识到以较小的"翻译单元"进行翻译的常见问题。

（六） 翻译难点与对策的练习

【步骤】

（1）教师把不同母语语篇的片段及其译文复印在一张纸上发给学生。

（2）小组分析翻译问题：存在哪些翻译难点，译者为解决这些困难采用了什么翻译方法和对策。

（3）各组汇报工作结果供全班讨论。

【目的】这是展示翻译难点和翻译方法的常见练习形式。例如：要处理比喻词语的翻译，可以汇总各种翻译方法。

（七） 数据信息翻译的练习

【步骤】

（1）教师发给学生几个含有数据信息的语篇片段。

（2）学生翻译这些语篇片段。

（3）全班讨论、评价翻译结果。

【目的】提醒学生注意数据信息翻译的特殊问题。经验表明，数据信息在翻译中往往容易出错。

（八） 隐喻的翻译练习

【步骤】

（1）教师发给学生一些包括隐喻词语的外语语篇片段。

（2）学生以小组为单位讨论如何最佳地将隐喻用母语表达出来。

（3）在全班比较、讨论各组的工作结果，相互补充，并说明使用的翻译方法叫什么。

【目的】让学生意识到"隐喻"这一翻译的困难问题以及各种解决方法。

在翻译的过程中，所谓准确，是指译者在将源文语言内容转换到译文语言内容的过程中选词准确，做到概念表达确切，物与名所指正确，数码与单位要求精确，将源文的语言信息用译文语言完整地表达出来，不曲解原义。

例如：

Party A shall have a right of first refusal whenever Party B wishes to sell any of its shares in the Group.

译文 1：乙方任何时候有意出售其持有之任何集团股份，甲方一律拥有优先拒绝权。

译文 2：乙方任何时候有意出售其持有之本集团任何股份，甲方一律有优先购买权。

译文 1 对 right of first refusal（优先购买权）的理解有误，背离了"准确"原则。译文 2 的翻译纠正了这个错误，遵循了准确性原则。

"准确"原则首先体现在选词上。准确地选用译文词是以正确理解源文词为基础的，它体现了译者的商务专业知识和对汉英双语词汇的深刻理解。商务翻译的"准确"原则，主要是规定源文与译文术语概念上的准确传递，并要求表面用词和结构的对应。要做到翻译的"准确"，译者就应扎实地学习母语知识和外语专业知识。译者握翻译的"准确"，就能使源文在译文中达到贴切、到位的表达。

（九）鉴别源文和译文的练习

【步骤】

（1）教师把同一语篇片段的外语和母语版本发给学生。

（2）学生分组讨论，哪篇是源文，哪篇是译文，做记录，把发现的词汇、句法、惯用语、语篇问题分别列举出来。

（3）在全班讨论各组的结果。

（4）课后作业是完成译文的修改版，必要时也可以修改源文。

【目的】类似上两个练习：学会以编审者或译文读者的眼光去审视译文，感受翻译表达存在的普遍问题，但尤其注意与译文的编审有关的问题。

【说明】这个练习中最好使用真实的、发表过的语篇，但也可以使用其他同学根据真实源文翻译出来的译文。

（十）接力回译的练习

【步骤】

（1）学生以 6 人为一组。

（2）教师发给每组一篇大约 5 行长的外语语篇片段。

（3）第一个组员把得到的语篇片段翻译成母语，对折盖住源文，交给第二个组员，第二个组员只看母语译文并将其再翻译成外语，折叠后由第三个组员再将外语译成母语，如此反复进行，直到 6 个组员都翻译过一遍为止。

（4）小组成员比较第一个源文和最后一个译文，查对它们之间可能出现的出入，分析什么时候出的问题，为什么会出现这样的问题。

（5）全班至少介绍和讨论一个小组的工作结果。

【目的】引导学生认识到译文必须意义明确、易于理解。只有这样，才能尽量减少个人对各自的源语语篇的理解差异，不出现无意中对陈述含义的改变。

（十一）学习翻译对策的练习

【步骤】

（1）教师发给学生一份外语小说片段（这篇小说已经翻译成母语）。

（2）学生分小组把外语小说片段翻译成母语（不要看已经发表的译文），录入计算机，以便讨论时可以投影出来给大家看。

（3）教师把已发表的相关译文片段发给学生。

（4）全班分析发表的译文与自己翻译的版本有何不同，寻找其原因。

【目的】考察不同翻译者的宏观及微观翻译对策，思考它们可能有什么道理。

（十二）译码式翻译体验的练习

【步骤】

（1）教师发给学生一份大约 10 行的非专业性的语篇（例如：有关外交的报纸新闻）。

（2）每个学生个人翻译这篇文章，但只能使用双语词典上给的"等值词语"，也就是说，学生要查对所有的词，包括他们认识的词，用这些词去拼合一篇文章。

（3）全班讨论"以词语为导向的"译码式翻译体验。

（4）学生分小组第二次翻译源文，但这次采取"正常"的工具式翻译方法，即使用适合于上下文的译语对应词语。

【目的】帮助学生清楚地认识字符译码式翻译存在的问题。

（十三）电脑翻译的练习

【步骤】

（1）教师发给学生一份未经编辑的电脑翻译的英语译文。

（2）学生分小组讨论译文，把他们认为有问题的地方标出来，界定错误的性质，思考产生问题可能的原因。

（3）在小组工作的基础上全班进一步讨论，必要时，教师可以从理论上阐述机器翻译或计算机辅助翻译的问题。

（4）学生得到外语源文，各小组对比母语的电脑译文，判断他们第一次译文分析时的所做的估计是否有道理。

（5）课外作业：根据外语源文加工母语译文，使它达到可以发表的水平。

【目的】引导学生既认识计算机翻译问题，又提高学生编辑修改译文的能力。

第四节　MTI 笔译教学研究

目前，全国很多高校开设了 MTI（翻译硕士）专业，翻译硕士专业的设立对增强翻译教学的市场针对性和适应性，发展翻译学科研究，培养翻译学科高等应用型人才具有重要意义。然而，MTI 教学如何满足翻译硕士课程的要求，如何满足翻译市场的需求，如何探索新型的注重翻译操练的教学模式，成为亟待解决的现实问题。事实证明，以翻译教学评价驱动的教学模式为依托，帮助学生摆脱翻译及语言教学定式的束缚，充分考虑社会的需求及学生的意愿，远比以翻译理论为教学中心的传统翻译教学更具有指导性和现实意义。

德国的功能翻译理论为 MTI 翻译教学提供了理论支撑。功能翻译理论强调翻译的文化转换和交际互动，视翻译为一种以目的语功能为导向的跨文化活动。在 MTI 翻译教学注重实践和应用的背景下，我们的教学内容应更多地转向非文学、应用性的文本体裁，有利于让学生在学校的学习锻炼中充分与市场对接。

一、MTI 基本设置与特点

根据《翻译硕士专业学位研究生指导性培养方案》，MTI 专业的培养目标是："培养德、智、体全面发展，能适应全球经济一体化及提高国家国际竞争力的需要，适应国家经济、文化、社会建设需要的高层次、应用型、专业性口笔译人才。"我们可以看到，MTI 在教学设置、教学内容、教学手段等方面与传统的翻译教学有很大的不同。下面通过对比 MTI 教学与文学笔译教学、MTI 与翻译学硕士的区别，来分析 MTI 教学的特点。

（一）MTI 与翻译学硕士的区别

翻译学硕士属于研究型学位教育，注重培养具有严谨的学术精神及优良的学术潜质，并具备翻译学研究基本能力的硕士研究生。根据翻译学硕士的培养目标，翻译学硕士学生毕业后，可以胜任高等学校翻译专业教学需要的各种课程的教学工作，也可以胜任口笔译翻译的实际工作，还可以继续深造，攻读翻译学博士课程①。

MTI专业则属于专业学位教育，注重翻译实践能力的培养，其目标是培养能适应全球经济一体化，适应国家政治、经济、文化建设的需要，具有熟练翻译技能和宽广知识面，能够胜任不同专业领域所需要的高层次、应用型、专业性翻译人才。

简单说来，翻译学硕士教学的教学目的主要是培养翻译理论研究人才，其主要教学内容应集中于理论学习；而MTI的教学目的是培养翻译实践人才，其主要教学内容应集中于翻译实践。

（二）MTI教学与翻译本科专业教学的区别

翻译本科专业教学大纲规定，翻译本科专业毕业生应能胜任政府涉外部门、新闻宣传文化传播单位、出版单位、科研院所、学术机构、外贸及商务机构、翻译公司、驻外机构、外资企业等部门的笔译及相关文字交际与沟通工作。而MTI专业教学大纲规定，毕业生在笔译方面能翻译各种高级别文字资料、政府文献、各种专业技术资料同时具备担任各种文字翻译的译审工作。

从教学培养目标和培养方向来看，翻译本科专业培养学生在外事部门的初级笔译能力以及外语交际能力，涉及范围较广，要求翻译本科专业学生具备初步翻译能力以及外语沟通能力，主要面向基本的应用性、普遍性的文本翻译。而MTI专业的培养目标要求毕业生具备相关领域高级别文字资料的翻译能力，对某个领域精通，熟练掌握政府文献的翻译策略和翻译方法，具备翻译专业的技术资料的能力，这对于翻译本科专业的学生来说是一个较大的挑战，而这正应该是MTI的培养方向和目标。

从学生角度来看，翻译本科专业学生在进行翻译工作时的主要角色是进行文字初稿翻译，并在学习过程中学习、提高自身翻译能力，积累翻译经验。而MTI学生在经过两年的专业学习后，基本能够胜任各种类型的翻译，并形成对各种题材的翻译文本的翻译经验和翻译策略。在工作中应能够担当主要翻译人的角色，并参与到整个翻译过程中，最终要承担翻译的译审工作，对翻译进行把关验收。

从教师角度来看，翻译本科专业通常有4年的学习时间。翻译本科专业教师会有较充裕的时间关注学生的基本双语能力的培养，翻译技巧和翻译理论的传授，涉及更广泛的体裁和文体。宽口径培养体系为学生进一步的学习打好了基础。而MTI

---

① 仲伟和．英语口译基础教程［M］．北京：高等教育出版社，2007：65.

专业通常只有 2 年的学习时间，学生基础与翻译本科专业的基础也有所不同，那么 MTI 专业的教师就需要在短时间内对学生的基本双语能力进一步深化，对翻译技巧和翻译理论的传授有更深层次的提升。最关键的是，MTI 专业教师应培养学生对某个或某些专业领域翻译的培养和研究，对政府文献翻译策略和翻译经验的掌握。更为重要的是，MTI 专业教师需培养学生的译审能力，对翻译实践把关验收的能力，并需要在实践中历练，宏观把握翻译方向，担当翻译的主要负责人。

总之，MTI 教学面向培养职业译员，与翻译本科专业教学注重在提高外语语言能力的同时提高翻译能力不同；它关注的翻译题材与文学翻译教学有所不同，主要针对实用性文本，而不是文学作品；它的教学侧重点跟翻译学硕士教学的侧重点有所不同，主要培养翻译实践能力，而不是翻译理论研究能力；它的要求与翻译本科专业学位教学有所不同，其目标是在较短时间内培养更高层次的专业翻译人才。MTI 专业在我国起步有三年左右，还在不断摸索的阶段。相关教育机构或教育工作者必须对专业翻译教学有着清晰定位，避免在进行实际教学过程中一成不变地沿用外语学习翻译教学、文学翻译教学和翻译理论教学等教学模式。MTI 教学必须根据自身专业特点，建立新型的翻译教学模式。

二、翻译教学思想探讨

（一）翻译的教学思想

1. 满足社会需求

脱离社会实际的教学形同虚设，中外教育史中都有很多这方面的教训。英美（以及在欧洲不少国家）都进行过多次重大的教育改革，其原因就是因为教育脱离社会实际。

翻译和翻译教学之所以不能脱离社会实际，根本的原因是翻译实际上全面参与了语言的社会功能，而且社会要求这种参与既尽可能同步、尽可能不折不扣，又尽可能高瞻远瞩具有指引性。[①]

根据雅可布逊（R. Jakobson，1896—1983）、韩礼德（M. A. K. Halliday，1925）等语言学家的研究，语言具有以下重要的社会功能：①信息传递功能，这里的"信息"主要指语义信息，包括体现和承载意义的语音和语法信息；②情感表达功能，语言除了达意以外，还有传情；③祈使指令功能，语言可以承载说话

---

① 薄振杰. 关于当前中国翻译教学研究的思考 [J]. 外语界，2011（10）.

者的意向，要求对方加以实施，意向赋予意义以语势（force）；④审美传感功能，语言承载审美信息（包括内容和形式两个层面），从而赋予语言以传感效果；⑤寒暄应对功能，语言中大量的问候语（greetings），担负着启动人际接触和交流的任务，也承担中国传统篇章学所谓"起、承、转、合"的话语应接、延续功能；⑥超语言功能，"超语言的"（extralinguistic）指语言（话语、文本）以外的言外之意、言外之音、言外之情、言外之景，一切尽在不言之中。

如果我们仔细观察，就可以看到，翻译全面地参与并伴随着每一项语言的社会功能，因此可以说翻译的社会功能是语言社会功能的"part and parcel"，是语言社会功能在语际中的特殊形态，原则是 SL 怎么说了，TL 就得怎么说。

翻译在目的语多元文化建设中更肩负着不可替代的任务。我们可以在世界各国文化发展史中找到很多例证，说明翻译的这种不可替代的作用"（non-substitu-tiveness）。佛经翻译在我国唐代文化（尤其是文学，包括文学风格、创作方法、文学样式）发展中"画然辟一新国土"（梁启超，《翻译文学与佛典》，科技翻译对我国明代以还的生产、技术及至学术思想进步更是一种启蒙性推动，成了中国资本主义经济萌芽的重要催化剂。在欧洲，史例更多。可以说罗马帝国的文化兴盛，主要得益于翻译。由此我们可以推导出翻译的多向度文化职能：

第一，翻译反映了目的语文化的渴求，同时又可能反映它的"受侵犯"（being infringed）。

翻译是一种文化现象，它既可以是催化目的语文化发展的"激素"；也可以是旨在弱化目的语文化生命力的"干扰素"（interferon），甚至被认为是侵犯目的语文化的"暴力"，从而成为对抗主流文化或本土文化发展的绊脚石。我们先来谈它占主导地位的积极作用：它反映了目的语文化的需要和诉求，补足了目的语社会文化发展有时是举足轻重的"缺失"。我们只要看看严复（1854—1900），透察其执着于翻译西方社会科学经典的"心志"，即可了然。严复一生翻译了九部针对"吾国振邦富国之亟需"的西方社会学与经济学著作，对清末力图改革维新的激进士大夫来说，无异于雪中送炭，对当时的启蒙运动以及后来的民主思潮影响极深。尼采（1844—1900）曾经针对翻译家这种"各取所需"对原文"涤旧翻新"（refurbish）的社会功利观深表慨叹，并讥之为既"天真浪漫"（naively）又"粗暴无礼"（violently）。其实尼采也很清楚，翻译者之所以这样做，正是他们的"历史敏感性"（historical sensibility）使然。自古以来，翻译家的"历史敏感性"就驱动着他们的翻译行为，以完成使命，满足"振邦富国之亟需"。可以说，这正是翻译的生命力之所在。实际上，目的语文化建设的需求也就是翻译的基本价值取向。在西方，如果没有翻译家对希腊文化（Hellenic Culture）的传播，就根本不可能有古罗马文化近 5 个世纪的蓬勃发展。

但另一方面，翻译行为在特定的人文、宗教、历史、政治乃至种族差异的条件下，也可能形成对目的语主流文化的对抗力量，作为"文化暴力"，力图侵害、颠覆目的语本土文化的主流地位。中国抗日战争时期的"汉奸文化"翻译就属于这种性质。在整个 20 世纪，殖民主义及后殖民主义（post-colonialism）的文化对殖民地或前殖民地的"输入"给后者带来的政治文化后遗症更不可忽视。印度曾经有过长期的"反殖民主义文化运动"，在不少阿拉伯国家也有类似情况，其中翻译起了"反社会"的消极作用，实际上是助纣为虐。因此，将翻译看成对目的语文化发展"是百分之百的积极行为"的观点是有片面性的。在任何情况下，我们的翻译教学都应该采取分析态度，让学生建立不脱离"历史语境"、地缘文化和地缘政治来看待翻译行为的观点。

第二，翻译在技术的层面上有助于社会整体结构的优化和革新。

翻译是一种技术手段、一种"智能力量"，这股"力量"的特点是：①它承载着外域技术、智能基因，具有某种待开发的潜在智能；②这种潜在智能经由翻译的"激活"（activation），从潜隐、潜在状态"转化"为外射的（emissive）能动状态；③被翻译激活（activated by translation）的、处于外射能动状态的技术、智能能量对目的语社会的良性发展成了一种不可或缺的推动力，即可以转化为高于原层次的生产技术能力，推动社会发展。日本在过去 50 年中吸收西方技术以发展国力，就是很好的例子。

从理论上说，目的语社会结构与被翻译激活的"技术力量"之间可能出现三种关系：一是抗拒（resistance）；二是中立（neutral）；三是融合、亲和（blending and affinity）。在大多数情况下（也可以说是在常规情况下），融合、亲和关系为主导形态，也就是上面提到的③。这中间，关键是翻译的"转化"起着决定性作用，即上面提到的②。所谓翻译的"转化"（transform）指翻译者针对目的语社会结构及技术生产水平的具体情况，对原语文本（包括资讯）进行筛选、甄别、调整与加工，以保证原语文本（包括资讯）对目的语社会结构及技术生产水平的适应性（cultural adaptability）。这样就使翻译这一股文化力量参与了主流文化对社会结构的改造，而或迟或早与主流社会形态融为一体，或重新塑造（reshape），终而聚合为一种新的社会—经济形态、新的社会整体结构。明代以前的中国社会经济形态属于生产力极为低下的小农经济。至明代万历年间，以欧洲传教士为先驱，开展了西欧科技经典及教材的翻译。1595 年，利马窦（Matthieu Rici，1552—1610）来华与徐光启、李之藻等人合作翻译科学书籍约 20 种。徐、李二氏力主引进西学，改工、耕旧制，并输入西洋机器以振经济。科技翻译大大促进了明代资本主义经济萌芽的发展。通过翻译引进科技优化、革新社会结构，几乎是 20 世纪各国经济、社会、政治进步的普遍规律，现在的情况是，翻译还远远没有发挥它应有的功能：除了欧洲少数传统上的多语地区或社区（multilingual communities）以外，翻译大抵屈居于弱势文化的格局之中，无缘介入主流文化成为主流社会的基本诉求。这大概是 21 世纪（至少是头 50 年）翻译界（包括专业界、研究界和教学界）必须面对的催人奋发的困局。

2. 指引翻译实务的发展

在这里，适应与指引分属于两个功能层面。适应主要指翻译教学必须服从并服务于翻译实务的需求，这是基础层面；指引是翻译教学更积极、进取的层面。

社会现实的需求往往通过各种手段反映在翻译实践中。因此，教学和社会现实的翻译需要"调和"，就要真正重视翻译实践，加强社会功能的标准和效能。如果翻译教学不侧重于翻译实践，就要把实践教学和需求的素质放在一边，如"皮之不存，毛将焉附"，翻译教学的基本目标和目的不能实现。这是很显然的。

除了这个基本目标和目的以外，翻译教学还有一个更积极、更进取的任务，即对翻译实务起指引、指导作用，这种效应反映在教学内容和计划中，也反映在教师的教学中。在这两个方面，翻译教学应该具有前瞻性和预测性，使教师尽可能了解翻译的发展实践和社会发展趋势，消除"庭院深深"的校园障碍，向社会开放，翻译职业发展的现状和翻译研究的新发展才可以促进翻译教学质量的提高。

今天，新世纪伊始，确立这个教学思想的原则具有更实在、更广泛的意义和依据。下面将加以探讨。

（1）翻译标准的发展观和功能观。"翻译标准"一词历来意涵不定，我们姑且以传统上的意指界定其义。其实不论它的意涵如何，都具有不可忽视的两个前提：

1）历史前提（historical premise）。任何标准、规范、原则等都是特定历史条件下的产物，不可能恒定守常。翻译标准也一样，"超历史"的翻译标准是不存在的。我们今天不能按唐代的"范文"来写文章。

2）功能前提（functional premise）。同样，不存在"超功能"的翻译标准，在特定的语言文化环境和历史背景下，某一翻译标准通常比较适用于某一种功能文体，并不一定也适应于其他的或所有的功能文体。例如，文学翻译的标准完全可能不适用于法律公文。即使是译同一种功能文体，例如诗歌，由于原文类别（诗品）的多样化，翻译标准也就不可能单一不变。

翻译标准的发展观和功能观，是今天指引我们观察翻译实务的新发展的一把钥匙。

（2）译文类别的多样化。"译文类别"（type 或 genre，即"体式"或"样式"）的多样化是翻译传播功能增强的表现。传统上，翻译只有直译或意译（实际上是直、意兼译）。现在除了以上两种体式以外，还有译写（transwriting）、编译（trans-editing）、改写（rewriting）（当然还有摘译、节译等）。从"直译"到"改写"可以说是逐级放宽了对原语的字面意义或字比句次的对应程度（即所谓"忠实""信"），以适应不同的社会需要。因此，这种"放宽"是合理的，也是必需的。从翻译的功能观来看，凡是以最佳方式、最高时效、最强效果出于有助社会交流和多元文化发展的考量而进行及完成的翻译行为，都是合理的。事实上，在翻译史上、在翻译实际中从来就不存在一成不变的、统一的翻译原则（principle）、翻译标准（standard）、翻译准则（criterion）或翻译规范（norm）。品类也好、体式也好、样式也好，都是非自足的，属于开放系统，在保证最佳功能发挥的前提下，开放系统中一切非自足的形态或形式都有"生存空间"。

（3）译文预期功能的强化。所谓的"预期功能"是翻译的任务和目的（Skopos，Vermeer，1986；Wilss，1988；Nord，1988）指的是翻译行为有望实现翻译的效果和完成的角色。在传统观念中，翻译行为的目的通常仅限于个人动机或意图，翻译的个人行为似乎与社会或群体有关，一般通过"书斋式"生产模式出现。进入二十世纪（特别是下半叶）后，商品经济规律主宰一切，翻译成为商品生产，科研，文化建设和日常生活的巨大互动网络；社会功能的翻译大大增强，个人经常处于从属地位，只有符合社会福利或功利要求，才能发展成为行动。在这个时候，社会接受度（social acceptability）上升到翻译者重要考虑的主要原因。这种考虑直接或间接地影响了"忠实""信"等传统的翻译，对于持续性的价值等，使翻译者必须在社会接受翻译中得到承认，以确定其翻译的预期功能、任务和目的，调整原有语言文化中"忠实"的翻译，以达到成功完成的行为。

（4）译文取向的非单一化。翻译标准的功能观还表现在所谓"译文取向"（TL-orientation）上。其实我国早就有译论家提出"发挥译文的优势"以适应其社会功能的要求的观点，而且指出"关键在其特定的社会功能"。因此，译文取向很难规定一个单一的"标准"或"规范"。译文取向的非单一化显示出译者对翻译功能不同的侧重面，不同的功能侧重表现不同的价值标准（文与白、简与繁、忠与顺、美与朴等），自是必然。这也是文贵适境、文贵适体的科学态度。抛开功能来谈"标准""规范"和形式（体式）是没有意义的。译文可以"以原文为取向"（source-text oriented），简称 STO；也可以"以译文为取向"（target-text oriented），简称 TTO，其实都只能说向哪一边倾斜。还有更多的情况是采取兼容、混杂式，STO 及 TTO 兼顾，因为翻译的随机性几乎无处不在。

译文取向的非单一化大致基于以下四种情况。

1）取向不同基于文体功能不同。所谓"功能文体"（functional varieties）指不同的文体类别或文体品类（品种）。功能文体在 STO 与 TTO 之间的大体分布显然不是由一个译者随心所欲所能决定的问题，它涉及翻译的传播理论，也必然设定了一个预期功能（任务与目的）。因此也可以说它涉及所谓"翻译的政治"问题，例如 A. Lefevere（1992）认为翻译必不可免地受译者、当事人（赞助者 patron）和目的语文艺观（poetics）三者的支配或操纵（manipulation），这都是译者在 SI 和 TL 之间作平衡和调节考量的重要因素，译者一般与当事者有所协商，酌情决定。

2）取向不同基于审美价值观不同。翻译在任何时候都有审美问题，而审美态度和审美经验通常因人而异。例如强调翻译效果要保留"原汁原味"的译者，多倾向于 STO；强调翻译要"新瓶装旧酒"或"新时代、新包装"的译者，多倾向于 TTO。这一点大抵与译者本人的语言造诣和艺术造诣有关，也就是与审美经验有关。造诣（competence，attainments）决定译者的语言操控（manipulate）能力。原语造诣好的译者炮制原汁原味得心应手，原语精微处在他手下秋毫无损；译语造诣好的译者下笔生花，收放自如，与目的语文化洽洽调和。因此也可以说，究竟应该是 STO 还是 TTO，是一个描写性规范（descriptive norm），不是规定性规范（prescriptive norm）。将 TTO 说成是"新时潮"，将 STO 说成是"旧观念"显然是不妥当的。

3）取向不同基于实用价值观不同。这里所说的"实用价值"通常表现为时效或应时性（contingency）。译者面对具有高度应时性的材料时常常必须采取 TTO，而无暇对原文的 stylistic features（文体特征或风貌）多做分析、掂量，只求以最便捷的 TTO 形式出手，"实用价值"也常常被视为"艺术价值"的对立面。为应众人实用之需，译者通常的做法是驾轻就熟，利用目的语使用者喜闻乐见的 TTO 式运筹语言。当然，如果将"实用价值"提到目的语文化建设的高度，将艺术价值也涵盖在内，那就不应当将"实用性"简单地理解为"应时性"。这时就必须对 STO 与 TTO 善加权衡，以定取向。

4）取向不同基于翻译观的不同倾向性。这里所说的"翻译观"指翻译思想、翻译主张，通常涉及对翻译的哲学思考和广义的政治态度。对翻译不同的哲学、政治态度可以导致对 TTO 与 STO 的取舍见仁见智，分道扬镳。例如，20 世纪 80 和 90 年代西方（主要在美国）出现了"外域化翻译"（foreignization）和"本土化翻译"（domestication）之争。反对外域化翻译的人认为"外域化"是对目的语文化的暴力行为，异域特色浓厚的翻译（取 TTO 式）抑制"民族文化中心主义"，应该加以抵制，主张以保护目的语文化为目标的本土化的翻译。

与"外域化""本土化"之争的泛政治主张相映衬的是翻译主张之争。一般来说，TTO 论者认为 STO 论者在维护所谓"原著优越论"，此一论点认为原著高于译著，因为原著才是原创的、主导的、独立的、主动的、阳刚的，而译作则永远是模仿的、次等的、依附的、被动的、阴柔的。因此，TTO 与 STO 之争涉及"提高翻译的地位""对翻译的本质认识"以及"如何建设翻译学"等重大问题。

3. 适应素质教学的发展

翻译教学面对社会和社会快速发展的重大任务，实现持续改进，与时俱进，唯一的办法是大力克服保守的风格，快速发展，尽全力实现自主改进。这是我们翻译质量教育教学思想应该最活跃、最进步的一面，可以说是教学成败的关键。

但是在急流勇进中做到自我完善既不是一个空洞口号，也不是一种可望而不可即的"标高"。

现在我们来说明翻译素质教学的特征。在我们看来，所谓"翻译素质教育与教学"应该完全不同于"应试教育"（examination oriented education），前者应具有以下鲜明的时代特征和专业特征。

一是充分利用现有的现代教育，教学资源和手段，开发和培养学生的翻译（笔译和口译）技能，包括语言分析和应用技能、文化分析与表现能力、审美判断和表现能力、双向转换和表达能力和逻辑分析与校正正能力。

二是突破"师生关系"传统观念，充分调动教师与学生的互动，将被动教学的学生转化为积极倡导者，即与老师一起，是"语言游戏"平等参与者，具体表现是：①教师和学生对计划的实施达成基本共识，积极主动地参与其中；②师生在"语言游戏"中是自主的，有酌情权；老师不必指导学生，学生不必凡是附和老师；③师生双方共同制定教学计划，评价教学质量，采取教学方法，承担教学责任；④鼓励学生保持自己的知情权和参与权。

三是拓展"教育环境"（educational envronment，包括教学小组、教室、学校、社团、社区、社会等；有些西方学者认为也应包括家庭），充分利用环境培养学生的综合素质，具体表现是：①道德品格素质，如热爱祖国、热爱社群、诚信正直、宽容有礼、勤学奉献等；②心理调控素质，如既充满热情又不易冲动失控，既充满自信又不偏执骄傲，既力争获优取胜，又不在失利时灰心气馁，等等。

总之，素质教学是教学的完善化。这里首先有一个认知问题。要意识到需要的自我完善，起点就是认识到自己的缺点，不满足于现状，力争找到差距。我们现在的翻译教学状况，比 20 世纪 60 年代、70 年代进步很多，但总体上仍然处于探索和摸索阶段，从完美的差距来看是非常大的，很多地方还没有摆脱"考试导向教育"效应。特别是在具体的教学活动中，我们的指导思想仍然存在于经验主义（例如"外教，我们教什么"）和主体主义（例如"我怎么想，怎么教"）。我们需要学习教学思想、教学的基本原则、科学的教学方法，还需要最广泛的头脑风暴以及制定课程纲要、课程结构、教育计划和各种教学规则。这些都是紧迫的任务。时不我待，我们应该有一种紧迫感。

其次是应该加强"竞争意识"。现在各学科、各部门都处在新世纪的同一条起跑线上，面对的都是一个全新的未来、一个极富挑战性的未来。翻译学既然是一门自立于各学科之林的独立学科，就应该有一种与一切毗邻学科并驾齐驱的独立意识和竞争意识，而不应存在丝毫的依赖性，等待别人的扶持。任何学科的发展主要靠本身的力量和努力。翻译行为是一种特殊的语言行为，它的一切原理、原则、规律、规范都只能主要靠翻译的从业者凭借亲身经验的提炼再提炼来加以系统化、理论化、科学化，不是翻译行为的亲身参与者，实在爱莫能助，也很难知其底蕴。"竞争意识"还包括与国外翻译教学在素质和效果上的竞争，尤其是与西方的良性互补性竞争。自满与自卑都是"泯灭自我"的消极心态，必须洗刷。

翻译教学自我完善的途径是在教学实践中不断进行改革。从现在的情况看，翻译教学改革的任务是实现翻译的素质教育，其主要方面是：

一方面着眼于提高学生的素质，另一方面着眼于提高整个翻译教育的素质，这两方面是密不可分的。因此，可以说这是翻译素质教育的整体观（holism）。下面从学生的素质谈起。

（1）提高学生的素质。根据美国教育学、教育心理学家罗伯特·加涅（Robert M. Gagne）的研究，学生的"素质"实际上是一个结构，他称之为"素结构"。学生素质结构分为三部分。一是先天素质。加涅等人（Miller，1956；Hunt，1978）通过实验证明，人的信息提取速度是一种潜能（如视觉敏锐程度，即"视敏度"），这种潜能有"个体差异"（individual discrepancy），而个体差异则是先天的（inborn），我们应该避免超越学生的先天潜能差异去施教。二是形态素质。形态素质是在发展中形成的，表现为不同的形态。第一种形态是智力，智力虽然有个体差异，但智力与视敏度不一样，它是可以发展的，智力的最高形态是智慧；第二种形态是性格特征，性格特征显然是可塑的（formative），但必须因材施教，关键是适应性（adaptation）。三是习得素质（acquired qualities）。

（2）提高教学素质。教学素质是翻译素质教学整体观中的另一个极重要的方面。在近若干年内，我们的任务是：

第一，强化基本训练和基础教学。

我们的依据仍然是以下基本点：翻译是认知行为特征的认知科学。经验来自实践或"重复实践"。因此，对翻译来说，情感、认知等的认可是从实践中得出的，开始于实践或实践重复。这是我们对"经验"的基本了解。翻译教学（特别是理论教学）如果脱离这个基本点出发，必然会成为空中楼阁，没有真正的效果。

基础教学指基本知识和理论教学，集中于一、二年级。翻译学基本知识包括语言学、文化学（跨文化学）、美学和逻辑知识。基本理论指翻译基本理论。基础教学还应包括第二外语的教学，第二外语是一门必修课（在有些大学，也可以是一种通识课或必修通识课）。学翻译的学生应该通晓至少两门外语。

目前的一般趋势是基础教学比较薄弱，基础训练不够健全，周数也不够。基础培训和基础教学与学生的基本技能密切相关。本科生基本技能薄弱，就业难度较大。这是翻译教育的一大缺口，所以这应该是改革的主要内容之一。

第二，强化针对普遍性（universality）的教学。

这里的"普遍性"是指与"专业性""专门化"相对立的"基础性""共同性"。长期以来，教学界的翻译有两种观点：一是翻译毕业生就业渠道多样化，服务于各个行业，也可以说是"百行百业"，所以在学习期间不应该早日专业化在这个指导下，课程往往很复杂。另一个观点相反，教学阶段难以照顾"百行百业"，只要基本功扎实，未来干哪一个行业都是可以的。后一种观点是有道理的，但它不应该是绝对的，因为"翻译行业"真的涉及数以百计的行业。似乎在学校的专业培训或专注于普遍性的学生是适当的，不是太早专业化，所以基础训练太分散了。其实现在在社会翻译实践中的分工越来越精细，只有"法定翻译"有国际法、民法、刑法等非常专业化的分工；有海洋法、战争法、国际刑法等，依然非常专业。这显然难以在教学和培训中得到应用。这里的关键是普遍性和根本性。一般来说，专业人士大多不在词汇（语言）层面，专业词汇通过不同类别的参考书在短时间内难以掌握。

第三，强化理论指导作用。

可以说，加强理论指导、加强教学的理论性是提高翻译教学的关键，也是目前翻译教改的关键，可以从以下几个方面来看这个问题：

一是理论是坚持教学方向的行动指针。翻译教学千头万绪，主要任务是建立正确的教学观念和基本原则、方针，坚持正确的教育教学方向。为此，我们必须转向理论指导。要主张有关领域的理论研究和讨论，包括政策理论的教学方向、原则和方针；教育、教育心理学、认知科学等教学理论和翻译相关学科的基础理论与跨学科理论。

二是加强教学理论是提高翻译教学的质量和深度，以教学质量为最重要的方式，因为科学的翻译理论是一个集体经验和广泛的多层次的实践总结，往往也包含了前人的"历史智慧"的翻译。理论教学也是激发思维和推动教学研究的重要动力。对整体教学实践具有深远的影响，在实践教学中发挥了倍增作用。在这方面，美国和加拿大等的翻译教学有经验和教训供我们参考。

三是理论是纠正教学偏差的重要手段。科学的理论揭示事物的实质和基本规律，是教育工作者的指导方针，也是我们对于翻译教学的出现的偏差进行纠正的有效手段，翻译教学中的经验主义的普遍存在，要求我们的翻译教学理论要建立正确的教育观念，教学思想和研究新风格。

（二）翻译教学任务

翻译教学的核心任务可以总括为：培养学生的翻译能力和强化学生对翻译的认知，这也是素质教育的基本目标。

所谓"培训翻译能力"，参照加涅关于学生"习得素质"的论述，包括以下五个方面：

第一，语言分析和运用能力。

翻译的对象是语言，工作的目的是满足预期的目的和交换与语言意义的转换相对应的任务，这要求翻译者首先注重于语言分析的努力，包括语义（意义和意图）分析、语法结构分析和话语分析（话语分析）；在结构和语段分析的基础上，正确掌握语言内容和形式，可以自由地操纵。可以说，翻译教学所有的计划、措施、课程、教学环节和过程安排，不应该失去培养能力的目标，首先是语言分析和控制能力。

第二，文化辨析和表现能力。

语言和文化紧密相连，特别是意义和文化密切相关。语义分析与文化参考不能分开。在许多情况下，意义的含义是指文化解释（文化意义），超出了纯粹语义辨析范围，文化参考已成为决策语义的基础。此外，语言文化色彩遍及单词层、短语层、句子层和语言（章）层；声音、文字、风格、文体等功能层级也要提升文化意义的问题。所有这一切都取决于翻译者的区分能力。

第三，审美判断和表现能力。

伴随着语言文化分析的审美判断。事实上，翻译的美学判断不仅限于文学风格，任何风格（包括文献、科技等）都有一个字、句子是否适合、适当，有效地进行考虑，这是审美的标准。高水平的审美任务更复杂，更要有系统能力的培养。美学判断能力从审美经验中得来，关键之处还在于培养。

第四，双向转换和表达能力。

双向语言技能是先进的语言转换活动。"双向"是指从语言甲（原语）到语言乙（翻译语）的语言，也是从语言乙（原语）到语言甲（翻译语言）的语言。其实"出口成章"的功夫之前是"成章"，出口成章是艰苦努力的结果。翻译是一样能够实现"双向"语言转换的，所以双向能力表达了翻译能力的重要指标。因为，首先，"表达"有一个内在的思维过程，它是语言分析、结果文化分析、审美判断三个方面的思考活动的结果，期待着整合的表达和"全程归递"，它标志着思想进入有组织的高层次的形式；其次，这个表达标志着整合，提供了有组织的高层思想内容的"语法"。这个水平，不通过有计划的训练是不能做到的。这涉及交织在一起的三个方面：

一是思维逻辑训练。思维的初级形式必然是芜杂的（disorderly）、紊乱的（desultory）、良莠不齐的（mixed），必须经过梳理，去粗取精，才能进入下一个步骤，所谓"左思右想"，指的正是这个语言材料的加工、遴选过程。

二是句法规范训练。所谓表达必须是"符合句法和惯用法（usage）的陈述"。经过梳理加工的思维必须经句法生成机制，进入句法模式，才能"出口成章"，否则一定是语无伦次，谈不上符合语法的交流表达式。

三是表达风格训练。翻译的复杂之处是涉及双语，而每一种语言都有自己有别于另一种语言的思维表达方式，也就是风格。这样，在双语转换时，操语言甲（原语）的人必须在表达中尽最大努力摆脱语言甲方的表达风格，将陈述转换为语言乙（译语）的风格。这就是维根斯坦所说的"思维图式"（thought-schema）问题：

Just as Germamsms creep into the speech of a German who speaks English well although he does not first construct the German expression and then translate it into English; just as this makes him speak English as if he were translating "unconsciously" from the German —So we often think as if our thinking were founded on a thought-schema; as if we were translating from amore primitive mode of thought into ours.

（就好像一个能流利地讲英语的德国人，尽管他并没有先构建一句德语，而后再把它译成英语，但他的言谈仍然流露出德意志风味；这就使得他说的英语仿佛是从德语"无意识地"翻译过来似的——这也使得我们常认为我们的思想似乎是建立在某种思维图式之上；似乎我们正在把一种较为初始的思维表达式翻译成了德语思维表达式。)

一般来说，每一个人都只可能有一种语言是他的母语，因此在双向表达中贯彻这个原则（摆脱原语干扰），就要求经过严格的训练，这期间，老师的鉴别、引导是至关紧要的。

第五，逻辑分析和校正能力。

上面已经提到了语言表达中的逻辑问题。其实表达中的逻辑问题源于思维逻辑，亦如上述。思维逻辑表现为概念、判断和推理的科学性（包括"清晰性""有序性"和"前后一致性"，指 consistency），这对翻译是十分重要的。有时候，词、句意义把握并无错误，问题出在逻辑上，使整个翻译功亏一篑。因此逻辑校正能力也是翻译能力培养的任务之一。

综上所述，是翻译能力所具有的五个维度结构，也是我们翻译教学对翻译能力培养的主要方面。事实上，翻译能力的培养是一个循序渐进的过程，使受训者从对翻译知识的认识由少及多、由不知到知之、由知之较少到较多最终达到甚多的过程。我们对事物的认知过程是根据自身的经验，和多次亲身实践之后而获取的。翻译者对自身能力的认识也是从一个循序渐进的过程中获得的。

每一位翻译从业者都应该努力培养自己五个维度的能力，以构建一个能应对任何可能被赋予的翻译任务，使自己的能力结构在翻译过程中运作自如（循环式加辐射式，但循环运作是主要的运作模式）。这大概正是清代文论家刘熙载所说的"（则）能者之运斤如流水（矣）"。（《艺概·文概》）

（三）翻译教学理论的指导思想

维根斯坦在其著作特别是后期著作《哲学研究》中提出了"意义即使用"（meaning is use）的功能主义的意义观，提出了包括翻译在内的"语言游戏"（language-game）和"生活的形式"（form of life）论。此外，维根斯坦在著作中也多次提到关于遵守规则的辩证观点、语境问题以及语言的共性与差异（"家族相似"，family resemblance）问题。维根斯坦的语言观和方法论可以作为我们从事翻译教学的指导思想。

1. 意义即使用

怎样获得准确的意义？这是翻译实务教学和理论教学首当其冲的问题。维根斯坦认为"意义即使用"（use，也可以是 application，G. Anscombe）。维氏论证说，儿童学习语言、把握意义就是始于使用，"只有根据语言的各种初始运用来研究语言现象"，才能"驱散（语言的）迷雾"。正是在语言的初始应用中，人们可以清晰地看到词语的目的和功能维氏认为词语的意义是曲它的用法（use）决定的，某一特定的意义适合于某一特定的用法（the meaning fits the use；维氏也说 meaning is the use）。维根斯坦的论断是：

For a large class of cases-though not for all-in which we employ the word "meaning" it can be defined thus：the meaning of a word is its use in the language. A serious and good philosophical work could be written consisting entirely of jokes.（就使用"意义"这个词的大多数情况而言——即使不是全部如此，我们也可以这样为"意义"下一个定义：一个语词的意义就是它在语言里的用法。同时，一个名称的意义有时也可以凭借它指向的载体来加以解释。）

维根斯坦进而考察说，意义其所以取决于用法，是因为意义"肯定必须属于某一语言的某一语境"（"…they must surely belong to a language and to a context"），语境使意指（to mean；to signify）确定化，具体化为此情此景的"对象"，而不再是虚无缥缈或捉摸不定的东西。这样，"语境—用法—意义"之间就有了互为条件的联系，这实在是极其重要的规律，是"语言游戏"最基本的法则。维根斯坦说：

If you were unable to say that the word "till" could be both a verb and a conjunction, or toconstruct sentences in which it was now the one and now the other, you would not be able to manage simple schoolroom exercises. But a schoolboy is not asked to conceive the word in one way or another out of any context, or to report how he has conceived it.

We take a sentence and tell someone the meaning of each of its words; this tells him how to apply them and so how'to apply the sentence too. If we had chosen asense less sequence of words instead of the sentence, he would not learn how to apply the sequence.

（如果你无法说出"till"一词既是动词又是连词，或者不能用这个词造句，其中它时而是动词，时而是连词，那么你就无法指导简单的课堂练习。但是，没有人会要求学童用这种或那种脱离语境的方式来构想词语，或者要他说说他是怎样构想出来的。

我们说出一个语句，并把这个句子中的每个词语的意义都告诉了某人；这就等于把如何使用这些词语以及如何使用这个语句告诉了他。假如我们选择的是一个无意义的词语序列而不是语句，那么他就不能学会如何运用这个序列。）

可见，维根斯坦非常重视语境。他认为不仅意义受制于语境，意向（intention）也蕴含并受制于语境，"意向依附于情景中"（An intention is embedded in situation)，维根斯坦认为意向的自然表达无不伴随与该意向相吻合的情景，"境中有情，情为意表"（情境中表现意向），因此我们可以从把握情境来析出大体的意向，并将它表现在语言中。维氏说：

What is the natural expression of an intention? （意向的自然表达是怎样的呢？——看一只猫潜行捕鸟或一只野兽想要逃走时的情状就清楚了。）

（与关于感觉的命题有联系。）

在翻译中我们如何凭借"使用"来把握意义和意向并赋形（外化）为表达式呢？这里的关键是要运用感性为原语的意义和意向寻求符合情景的译语"自然表达式"（犹如"痛楚"而发出"喊声"——这"喊声"就是自然表达式）。这时，意向就被整合在意义中而外化表现为译语词句了。

2. 翻译是一种"语言游戏"

维根斯坦在《哲学研究》中的一个重要论题是"语言游戏"（language games），已如上述。首先，维氏明确地指出"语言本身就是表达思想的工具"。人在表达思想的行为中"制定规则"并"改变规则"，恰如"玩游戏"。维根斯坦说："我也把语言和行为两者交互组成的整体性叫做'语言游戏'。"维氏的立意是"突出如下事实，即语言是一种活动的一部分，是'生活形式'（a form of life）的一部分。"维根斯坦罗列了诸如发出命令和服从命令、编写和朗读故事、描述事件等十五项语言游戏，其中之一就是翻译。就翻译而言，"语言游戏"论涵盖以下论点：

第一，语言学习过程始于"直指教学"（ostensive teaching），也就是 refemng（指称认定，或"指认"），实际上指认正是意义把握的最初始的行为，也是贯彻始终的行为。在种种不同形式的语言交流中，人们始终在问"这一语言中的这些词语究竟意指什么？"（What do the words of this language signify?）翻译正是这样。译者无时无刻不在探究词语符号下的实际指称（reference，它的实际含义叫作 tenor），探求原作者究竟在意指什么。可以说，把握意指是语言游戏之始，也是语言游戏！之本。翻译也是一样。翻译者在面对两种语言的转换时，首先要确定的是原语究竟在意指什么。因此，维根斯坦说"把握确定性就是一种语言游戏"。（The kind of certainty is the kind of language-game；英文"the kind of"用的是定冠词，指上文说的"那种"，维氏的德文原文是用的"Die Art der"指前面说的恰如要确定一个人是不是在感到"疼"。）

第二，意义和意向含蕴在表达式中。表达式是意义和意向在特定语境的框架下呈现的经过整合的直觉（视觉和听觉）形式，因此，反过来说形式也是我们推导意义和意向的依据，表达式展示词语（和句子）的运用（词和句在特定语境中的用法），将意义和意向蕴含其中。维根斯坦还进一步论证说，特定语境之所以能够蕴含不同的意义和意向，是因为它以不同的经验也即不同的"生活形式"作基础，不同的经验导致不同的表达式，并以"生活形式"为依据。维根斯坦写道：

I look at an animal and am asked: What do you see? I answer: A rabbit. I see a landscape; suddenly a rabbit runs past. I exclaim A rabbit! Both things, both the report and the exclamation, are expressions of perception on and of visual experience. But the exclamation is so in a different sense from the report: it is forced from us. It is related to the experience as a cry is to pain. But since it is the description of a perception, it can also be called the expression of thought. If you are looking at the object, you need not think of it; but if you are having the visual experienoe expressed by the exclamation, you are also thinking of what you see.

但是，既然它是知觉的描述，也就能被称为"思想的表达"——当你看着一个物象时，你不一定正在思考它；可是，如果你透过惊叫来表达视觉经验，你便还要思考你所见到的东西。

可见，通过原语表达式来把握原语意义和意向对翻译来说是重要的意义认知手段。

第三，"生活形式"是语言的依据。维根斯坦认为"生活形式"是"必须接受的东西、给定的东西"（What has to be accepted，the given，is-so one could say forms of life），这不是语言学家、翻译家愿意不愿意的问题，而"生活形式"是无限的。"生活形式"的无限性决定语言游戏规则及其无限性，就如同表达式规则及其无限性源于意义的规则及其无限性一样；同时必须认识到，"生活形式"的无限性必然意味着语境的无限性。我们要把握的是由无限变化的语境组成的广阔视野，在不同的语境中析出词、句的用法，以用法定夺意义和意向，从而达致理解。因此，维根斯坦说，"理解本身是一种状态，这种状态是正确使用的源泉"（The understanding itself），在这里，罗列规则是没有任何意义的，因为"生活形式"和语境（情景、情境）随机性极强，它是"不可穷尽的"（inexhaustible），实在是没有什么固定的规则可言。据此，他的结论是：一切必须诉诸于应用，因为"应用仍然是理解的一条标准"。

第四，游戏都有规则，"语言游戏"当然不例外；有规则就要遵守，语言游戏也不例外。但"遵守规则"有一条辩证法（维根斯坦称之为"规管游戏的自然法则"，a natural law governing the play），人世间所有的"规则"概莫能外——小至体育竞赛，大至战斗征伐，《孙子兵法》就是讲征战规则的辩证法。这条辩证法就是：既要遵守规则，又要在熟谙一切有关规则的前提下驾驭规则。如果没有这条辩证法，那么世界上不仅产生不出任何奥林匹克冠军，甚至于产生不出任何在征战中胜出的赢家、战胜国或是从遵守"生存竞争游戏"规则的失误中醒悟而复兴的民族。维根斯坦是用提出"悖论"的方式说明"遵守规则"和"驾驭规则"的辩证法。他说："这是我们的一个悖论：行为过程不一定能由一条规则来决定，因为每一个行为过程都与规则相符合。答案是：如果每件事都与规则相符合，那么，它也就有可能与规则发生冲突；而且还会出现既不相符合又不相冲突的情形"。

可以看出，这里的误解源自一个事实：在我们论证的过程中，我们给出了一个接一个的诠释，似乎每一个诠释都至少暂时令我们满意，直到我们想出另一个支持前一个诠释的诠释。这点向我们表明：有一种把握规则的方式，它并不是一种诠释，而是在实际情况中显示我们所谓"遵守规则"和"并未遵守规则"。

因此可以说，每一个遵守规则的行为都是一种诠释。但我们应当把"诠释"这个词限定在"规则的一种表达式取代另一种表达式"的范围内。

第五，游戏重在参与，重在互动，因此游戏的所有参与者一律平等。翻译也不例外。这里的关键一是参与，二是互动：游戏中如果没有"凡参与者一律平等"的参与规则就不称其为游戏了；同样，在游戏中如果没有参与者之间的互动规则也不能称其为游戏。一个人当然可以与自己下棋，但这时，对方其实是一个虚拟的对手——自己。翻译也是一样：他的"对手"不仅有（许多）"虚拟"的读者，还有一个"invisible challenger"（隐身的挑战者），也就是原文文本（SLT）的作者；他时时都在注视着译者，企图质疑译者是否正确理解了他和他的 SLT。于是这三个游戏参与者之间的互动就成了游戏能否成功地进行下去的关键，维根斯坦称之为基于"家族相似"而使"活动交织在一起"的默契。很显然，如果翻译语言游戏参与者之间缺乏互动的默契，就肯定不可能进行有效、有成果的翻译活动。这一点对译者尤其重要：现今的翻译活动，已不再是封闭性行为，译者所处的是一个多维的互动网络，再也不是一个容不下很多人参与游戏的"方寸之地"了！

三、功能翻译理论在 MTI 教学中的应用

商务笔译是一种既以传递信息为主要目的、又注重信息传递效果的实用型翻译。就内容而言，商务翻译几乎囊括了除文学翻译以外的所有作品，包括人们日

常接触和实际应用的各类文字，涉及对外宣传、社会生活、生产领域、经营活动等方面面[①]。就文本体裁而言，商务翻译包括政府文件、告示、科技论文、新闻报道、法律文书、商贸信函、产品说明书、使用手册、广告、技术文本、科普读物、旅游指南等各类文本。而商务笔译的各类体裁恰好对应的功能翻译理论的"所指型"和"呼唤型"文本类型。这就决定了这类体裁的主要目的是提供信息和感化受众，出于译文的需要，原文的形式和内容服从译文的交际功能和目的。

同时，在商务笔译过程中，由于英汉两种语言文化存在巨大的差异，为顾及译语的文化规约和译文的通用问题规范，译者常常对原文做较大幅度的调整和更改以适应译入语的文体规范。可见，不论是文本功能、翻译要求还是翻译策略，商务笔译都与功能翻译理论不谋而合，二者之间的确存在着某种内在联系和必然规律。从这个意义上来说，功能翻译理论不仅可以在宏观策略上为非文学笔译指明方向，还可为译者顺利实施不同文本的翻译策略提供可行性方法。

（一）MTI 教学中翻译要求的融入

功能主义翻译理论认为，翻译过程是一种多角度的交际行为。其中，译文发起者、委托人、译文使用者、译文接收者、译语读者之间是一种互动关系。翻译应以目的语文本的功能而不是源语文本规约为引导，文本应当体现整体的语言认知，而不是独立的语言个体。

翻译过程中起主导作用的应是交际活动中的译文发起者、委托人、译文使用者、译文接收者和译语读者，而不应是源语文本。翻译要求的确定，通常是经过委托人和译者协商后确定的，而源语文本是在译者参照源语文字和句子结构时才有所涉及。在确定翻译要求的过程中，翻译委托人会对翻译的时间、地点、目的、媒介、译文的功能和具体读者群向译者做出解释，提出翻译要求，其具体的行为取决于目的语文化而不是源语文化。

经过确定翻译要求的过程后，译者在具体的翻译实践中就完全从具体的翻译要求出发，充分考虑源语的交际目的和译文预想达到的目的，结合译文读者对译文的期待、社会知识背景以及交际的需要等来具体的翻译策略。这时，译者不必拘泥于原作的字与字的对等，应从实现译文交际功能的角度出发进行选择性的翻译，从而实现译文在译语文化环境中的交际功能。这样译者就可以灵活处理原文的内容和形式，按照翻译要求来决定源语文本信息的选择、翻译策略的运用和译文的表现形式。

[①]　方梦之．实用文本汉译英［M］．青岛：青岛出版社，2003：39．

诺德就曾以一篇德国海德堡大学 600 年校庆宣传册的翻译为例，对翻译要求进行了清晰的阐释。其中，对译文的要求是：在校庆宣传画册上要用英、法、西、日等多种语言与图片一起展示。在这种情况下，诺德认为，校庆宣传的信息功能要高于原文的呼唤功能。在二者产生矛盾的情况下，为突出宣传册的信息功能，诺德提出如下具体功能①：

（1）为获取译文预期功能，译文文本须与文本的通用文体规约和正式的语域一致。

（2）文本制作者应考虑预期读者的特有文化知识这一先决条件。

（3）空间和时间指示语着重在海德堡大学和校庆年。

（4）文本须适合画册总体规划额定的版面。

（5）校庆活动信息优先于其他任何资料信息。

总的来说，汉语、英语的非文学文体的体裁并无太大差异，都包含科技性文本、政治性文本、说明性文本、旅游性文本、广告类文本等各种相关体裁。因为汉语、英语在语言文化上的差异，文本的语域、体裁、语式等各不相同。因此，在非文学笔译中常见的外宣文本、旅游文本等"所指型"文本的翻译中，为了满足译文读者对文本预期的"超语言效果"的审美期待、交际需求以及文化感应，以求得译文读者在目的语文化环境中获取与源语读者相同的翻译，那么译者就不可避免地要偏离原文的内容和形式，甚至要调整原文结构、转换原文功能重新构建译文文本。赖斯就曾举出一个很好的例子，当把西班牙语的演讲词翻译成德语后，西班牙人所欣赏的华丽并富有气势的演讲到了德国就变成华而不实的卖弄和炫耀了。

如果采取直译的方式，演讲必然难以达到预期效果，对此，赖斯认为，对于语言华丽注重所指的文本，翻译时常常需要做大幅度的调整。那么，所指型文本的翻译仅仅实现"信息对称"是远远不够的，它还要求语言的精练、文字的流畅、富有特色的行文布局、符合译入语读者的语言习惯和原有经验，从而唤起读者与源语读者相似甚至相同的反应。而要达到这种效果和翻译目的，紧靠语言层面的语言转换和语义分析是不可能实现的。

同样，这种情况在汉英翻译实践中也很突出。比如，汉语注重感情的抒发，强调主体和客体的一致性，即便是在侧重应用性的非文学各体裁的文本中也常有大段评述性和背景性文字做渲染，这是汉语语言表达人文性的特点。而英语重逻

① 克里斯汀·诺德. 目的性行为——析功能翻译理论［M］. 上海：上海外语教育出版社，2006：204.

辑，轻感情的抒发，客体与主体分离，注重文本信息的传达，直奔主题，没有过多的铺垫。而且，汉语、英语各自的读者群在各自的语言文化环境中所养成的审美情趣、阅读习惯、阅读心理也大不相同。这样我们在具体翻译实践中，汉语往往出于声韵对仗、渲染情感气氛时考虑多使用四字句，这时我们就要根据翻译要求顺应英语译文的习惯，对原文采取适当压缩或删减。

（二）MTI 教学中跨文化交际的引入

将功能翻译理论的核心"文化转换"与"交际互动"引入到 MTI（非文学笔译）教学中，把文化因素引入翻译研究，把翻译视为一种"行为方式"和"交际互动"，并把翻译"发起人"这一概念引入翻译活动之中，把委托人对翻译的具体目的、译文读者对译文的期待作为翻译过程中务必考虑的要素，这些都是功能翻译学派的独到之处。

在功能翻译理论的视角下，无论是赖斯、弗米尔还是诺德始终视翻译为一种跨文化交际活动。在翻译的跨文化交际活动过程中，原文作者、翻译委托人、译者和译文读者间产生了一种交际互动。这种互动不单单是语言层面的交际互动，更是一种不同文化间的交际互动，不单单是文本的互动，更包含了人际关系的互动。同样，在选取翻译策略的时候，诺德的文献翻译策略和工具翻译策略可以有效避免异化翻译策略和归化翻译策略的矛盾，不受异化与归化的束缚。基于诺德的观点，功能翻译理论可以涵盖所有翻译体裁。根据诺德的文献翻译策略和工具翻译策略也可以有效避免异化与归化之争。

必须指出的是，功能翻译理论并非一味地要求翻译必须按照译入语的文化规约取代源语的文化规范，而是要根据具体的翻译目的、翻译要求、文本功能类型来决定对源语文化的再现或改编。在诺德提出的文献翻译策略和工具翻译策略中，都强调译文要再现原文的形式和内容，再现翻译发起人和译文读者间的交际互动情景。

（三）MTI 教学中翻译策略的嵌入

在当今经济全球化的大背景下，跨文化、跨语言的交际活动成为翻译研究的一个重要课题。翻译研究领域也从传统的文学翻译领域走向各种应用体裁的领域，即非文学笔译领域。而传统翻译关注的原文和译文的"等值"，转向研究根据翻译要求和文本功能对译文语言作出必要的"顺应"。研究发现，在汉语、英语这种在语言结构和文化背景方面差异较大的两种语言之间，从文本功能的角度出发选取翻译策略，能实现较为理想的翻译目的。那么，在 MTI（非文学笔译）教学中，根据文本功能选取翻译策略就显得尤为重要和迫切了。

1. 不同文本的翻译策略

英汉翻译的过程中，不同的文本类型所使用的翻译策略不尽相同，相同文本类型的翻译策略也有共通的地方。我们将根据不同汉英翻译文本类型所采用的翻译策略进行总结。

（1）表情型文本翻译技巧。

表情型的翻译通常想要以一种形式上的"美"来引起读者的联想，传递美学魅力的同时，对宣传与形象也有很大的帮助，它使文字的感染力大大增强。在表情型文本中，成功的译文往往不会采用直译策略，而是更加侧重意译策略。这是因为具有汉语诗歌特点的文本，要想按照中文的表达形式对应成英语文本是很难的，译者要想传递源文创作者的美学意图，就需要在语言形式上下功夫，同时译者也必须考虑到阅读者以及采用者的利益，不能将源文抛弃在一边，要尽可能地用一种形式"美"来表达发起者的意图，做到最大程度上忠实于源语文本，故译者侧重的意译策略，应使译文在"音""形"等方面达到一种语言层面上的美感，在尽可能地贴近创作者意图的同时，也能在目标语境中起到感染阅读者的作用。

在失败的译文中，有些译者采用了直译的翻译策略，这使得译文失去了其应有"美"，缺失了表情型文本的功能，也有些译者虽然也采取了意译的翻译策略，但是却没有考虑到译语受众的文化和心理习惯，使得译文过于冗长，体现不出英语翻译的特点，造成了翻译的失败。

（2）操作型文本翻译技巧。

在英汉翻译的过程中，侧重的都是用劝诱能力极强的语言去感染消费者，刺激目标读者的真实情感。由于其语言运用的丰富性，决定了翻译过程中所采用的策略也不是单一的，但多以意译、归化的翻译策略为主，同时适当地也会有删译策略出现。成功的译者往往会根据翻译过程中出现的语言结构、文化认知和读者心理方面的差异性，选用归化的策略。依照目标语言的使用习惯、文化方向和心理认知，使译文尽量地"本土化"。一些英语习惯用语的使用更使得目标读者倍感亲切、熟悉，减少了消费者不必要的困惑和尴尬的局面，语言简短，形式多样，译文符合英语广告的特点。对于失败的译者来说，过于"忠实"源文是翻译失败的主要原因。译者往往会将源文一一对应成目标语言，只是单纯地将语言进行转换，却忽略了目标受众的文化和心理因素。

因此，在翻译过程中，过度地依赖"忠实法则"会使得译文达不到源文所具有的呼唤、诱导功能，进而生成了失败的译本。

（3）信息型文本翻译技巧。

归化策略和整合信息策略是英汉翻译的信息型文本常采用的方法。整合信息策略就是要对所翻译的信息进行有目的的筛选，对于能体现文本意图和功能的有价值的信息进行重点描述，分为以下两种情况。

例如，以生产商为导向的"意图"和以消费者为导向的"功能"并不是完全相同的，所以导致了翻译目的的不确定性，这时的译者需要平衡两者间的关系。一是"意图"和"功能"一致：在两者一致的情况下，译者往往采用的是归化策略。翻译目的明确，意味着生产商的意图和消费者的期待相符合，内容上往往没有过于繁多的信息描述，句子结构简洁，以陈述句和短语为主。归化策略的使用能够使译文摆脱语言形式上的限制，去除异语文化、习俗和心理方面所存在的生疏感，使所要传递的产品信息能够客观、准确。二是"意图"和"功能"不一致：在一些信息型文本中，生产商的"意图"和消费者的"功能"并不总是一致的，因为有时候生产商的"意图"是要将产品的全部信息传递给消费者，他们认为宣传的信息量越大就代表着宣传力度越高，以此来刺激消费者购买，然而一些信息并非能够被消费者所接受，原因就是没有符合消费者的文化和消费心理，信息量虽然大，但得不到消费者的认可，这就形成了"意图"和"功能"不一致的现象。所以，翻译目的的确定就要同时考虑"意图"和"功能"。

归化策略和整合信息策略是成功译文通常会采用的策略。考虑到以消费者为导向的"功能"因素，归化策略的应用使得译文符合了目标受众的文化背景，进而使译文更加"本土化"，消费者更容易接受。在"意图"和"功能"出现不一致的情况时，归化策略是译者的首选策略，从另一方面考虑，也是出于对目标读者的尊重。

根据诺德的"功能加忠诚"原则，译文不仅要符合消费者的需求，而且要对发起者负有必要的责任。整合信息策略的应用正是由此而生，在首选考虑消费者的需求后，进而尊重生产商的"意图"，平衡二者的关系，将生产商所要传递的所有信息按其功能和价值进行整理、精简，而不是将信息全部译出。

在翻译的信息文本中，整合信息策略的加入，是满足阅览者文化背景需求的同时，又可以有效地强调、突出翻译者的意图，实现客观精准的表达，从而避免了由于信息过多，致使所传送的信息和阅览者的需求不符的问题，很好地平衡了译文发起者和译文接受者的关系。使译者在翻译过程中，尽量地忠诚于两者。

2. 翻译步骤与策略创新

在英汉翻译过程中存在着翻译四步骤，即：选定源语文本类型—确定翻译目的—运用翻译策略—构建译文。

（1）选定源语文本类型。译者在进行翻译工作的时候，首先接触到的就是源文，为了能够提高译文的质量，译者必须对源文进行深读和剖析，所以在汉英翻译过程中，译者首要的任务就是要确定源语文本的类型。

我们根据赖斯的"文本类型理论"，将汉英翻译分为以下三种类型。

1）表情型文本。在表情型文本中，经常是通过实现"音美""形美""意美"和"辞美"等艺术形式，营造一种意境和意象，让读者产生联想，常常借以习语、成语或诗歌的手法来传递原作者的意图。

2）操作型文本。在操作型文本中，四字、六字等结构较多，节奏感较强，通过并列、重叠、排比等方式相连，句式多样，词汇丰富，其中也不乏许多翻译得体的商标，其意义深刻且具有极大的诱导力，实现呼吁、诉请的功能，从而让消费者产生购买的欲望。

3）信息型文本。在信息型文本中，句式多以陈述句为主，长句、复杂句较多，语言逻辑性强，客观、详细地描述产品的一些事实情况，如口味、特性、质地等相关产品信息，目的是通过一定量的信息，让读者尽可能地对产品有足够多的了解，从而根据个人所需，来选择自己喜爱或对自己有益的产品。

根据三种文本类型的不同的特点，译者在翻译初始阶段可以以此作为确定文本类型的参考标准，只有明确了源语文本的类型，才能够进一步对翻译目的进行分析。

（2）明确翻译目的。"任何翻译行为都是由翻译的目的决定的，即'目的决定手段'"[①]，所以在选定源语文本类型之后，先要确定翻译的目的。

诺德将影响翻译目的的因素概括为两方面，即以生产商为导向的"意图"以及以消费者为导向的"功能"。译者需要根据源文所提供的信息来确定生产商的"意图"，同时也要结合消费者的文化环境来判断"功能"，二者决定了翻译的目的，但有时二者也存在着不一致的情况，例如在信息型文本当中，"意图"和"功能"会有一定的差异，所以翻译目的也不是很明确。因此，在具体的翻译实践当中，目的的确定主要是通过源语文本的功能决定的。

以呼吁、诉请消费者实施购买行为是源语文本的功能的主要方式，同时还有

---

① 克里斯汀·诺德. 目的性行为——析功能翻译理论［M］. 上海：上海外语教育出版社，2001：251.

一些文本的功能是要通过实现一种形式上的"美"，让读者产生联想，此时以生产商为导向的"意图"和以消费者为导向的"功能"往往是相同或相似的，这时的翻译目的即可确定。

然而，当源语文本的功能通过宣传一定量的产品信息来吸引消费者的时候，以生产商为导向的"意图"和以消费者为导向的"功能"并不总是一致的，原因是生产商所要完全表达的产品信息对于消费者而言是不感兴趣的，不愿意全部接受，这时的翻译目的不能立刻确定，这时就要同时兼顾两者的关系。依据"目的论"，要将以消费者为导向的"功能"放在首要位置考虑，来选取源文本中消费者乐于接受的信息。同时，也要遵守诺德的"功能加忠诚"原则，译者要对发起者负有责任。在日常翻译实践中，译者应该以消费者的"功能"为主，在翻译过程中，如果所实施的策略以及对源文作了适当的调整，这些改动都需要向发起者进行沟通和解释说明，做到一个译者应尽的"忠诚"，以此来平衡好发起者和消费者之间的利益关系。

（3）运用翻译策略。

在确定完源语文本类型和分析完翻译目的之后，不同的文本类型应实施不同的翻译策略。

对操作型文本而言，由于其语言丰富、多变的特性，不能过于绝对地将其概括为某种策略，但是通过实践分析可以看到，操作型文本多是以意译策略为主，这是由其文本功能决定的，直译的策略往往不能很好地实现诱导、诉请的功能。当然，有些操作型文本，为了满足目标受众的文化环境和语言习惯，会采用删译的策略，将不符合目标语习惯的内容删去，以此吸引消费者购买。对于表情型文本来说，源语文本的表达方式，决定了其特有的意译、归化策略。此种策略的应用，充分地考虑到了发起者的利益，尽可能地用一种形式"美"来表达发起者的意图，做到最大程度地忠实于源语文本。

但是，对信息型文本而言，翻译策略可选择归化策略或是归化和整合信息策略相结合要考虑到以发起者为导向的"意图"和以消费者为导向的"功能"的异同，来确定其翻译策略。

在"意图"和"功能"一致的情况下，采用归化策略，译者只需考虑将所宣传的信息归化到消费者习惯的文化背景下。在"意图"和"功能"不同的情况下，可采用归化和整合信息策略相结合的方式。译者要先以消费者为导向的"功能"为主，依据消费者自身的文化习惯和喜好来使用归化策略，向目标语归化。然后，为了平衡发起者在翻译过程中的利益，在使用归化策略的同时，采用整合信息策略，将体现生产商"意图"的全部信息进行概括总结，寻求信息简洁、精确，将极为表明生产商利益的、更为有价值的信息进行重点突出。

（4）构建译文。

最后一个步骤是对译文进行构建。它主要是对第三步的策略运用进行深层次的具体实践，考虑多方面因素来构建译文。

在语言方面，归化策略是要尽量地使译文向英文广告行为特点靠近，其中包含主动变被动句、省略主语、小句子变为长句和短语代替句子等；在文化方面，主要是去除中英文化中存在的差异，去除造成消费者不解、困惑的语言点，从而使译文更加"本土化"，例如文化禁忌的避免、对应词的正确使用、对汉语文化采取必要的阐释等；在消费心理方面，要根据消费者的具体情况及个人喜好，按照消费者的接受习惯来构建译文，归化策略的具体方法通常有删减、意译等。

整合信息策略的运用，主要是考虑将能够体现生产商"意图"的信息进行整合分析，将有价值的信息尽可能地分为几个方面，进而对其简要译出，此时翻译的目的不是将源语信息全部译出，而是要重点突出能够实现生产商最大利益的信息，同时整合出的信息也是消费者所期待、乐于接受的。整合信息策略的具体方法有增补、语序调整、删除等。

第六章 功能翻译论的商务英语翻译应用

翻译已经跳出了单一的文学领域，它在政治、经济、文化等活动中都占有一席之地。翻译涵盖了情报信息、标书、合同、专利、科技、商标广告、厂家及产品介绍、贸易谈判、索赔、技术交流和培训、现场施工、进出口业务、信息管理等。凡有人类活动的地方，就有翻译涉足的印迹。在引进国外先进生产设备的大中型企业，翻译工作者是企业的尖兵，是技术人员的向导，没有他们的参与，设备安装施工将无法进行。在以经济、文化领域作为人类主要活动场所的今天，翻译是一种功能性很强的社会活动，无论是政治行为、集体需要，还是个人动机。虽然以目的为导向的翻译活动古已有之，但从未像今天一样有着如此深厚的实践基础、如此广阔的运用空间。

人是社会关系中最活跃的因素，其行为具有极强的目的性。这就决定了翻译活动因目的而起，传统社会是如此，当代社会更是如此。

步入 21 世纪，社会出现了多元结构，行业化、专业化越来越突出，翻译目的个体化和译文个性化现象更加明显，客户、使用者、读者面对大量的技术文本、商业文件、知识读物、教科书、报告、科技文献、公函、宣传材料、公示语、程序化文件等，有着各式选择和要求。这意味着翻译需更具针对性、目的性、实用性，根据目的来选择翻译方式特别重要。

第一节 功能翻译论下的 IT 术语翻译问题

由于术语会影响到整个学科的学术理论表述、学理建构，影响到学术思想的表达，因而术语不能不译，而且需要慎重翻译。以涉及计算机的术语为例，我们来简单看一些对一些常用术语的译文：

bandwidth（带宽）

byte（字节）

computer character（字符）

baseband（基带）

baseband transmission（基带传输）

computer language（计算机语言）

computer program（计算机程序）

click throughs（点击数）

click-through rate（点击率）

click（点击）

computer programmer（程序员）

configuration（设定/配置）

decode（译码/解码）

dialer（拨号器）

dial-up Networking（拨号连接）

digital camera（数码相机）

digital recording pen（数码录音笔）

digital video recorder（数码摄影机）

digital（数字）

human intelligence（人工智能型）

website（网络）

windows（窗口）

word processing（文字处理）

server（服务器）

session management module（会话管理模块）

setting（设置）

diskette（磁片/软盘）

disk（光盘）

hard driver（硬盘）

display card（显卡）

docking（配接）

double-click（双击）

domain（域）

duplicate（复印）

email account（电子邮件账号）

folder（文件夹）

free email（免费邮箱）

free homePage（免费个人主页）

hardware（硬件）

link（链接）

local area network（LAN）（局域网）

log out（注销/退出登录）

login（登录）

memory module（电脑记忆模块）

modem（调制解调器）

modem（modulator-demodulator）（调制解调器）

module（模块）

uninstall（卸载）

update（升级）

UPS（UPS/电源保护 UPS）

user（用户）

screen（屏幕）

screen saver（屏幕保护）

scroll box（滚动栏/滚动框）

lasor printer（激光打印机）

PDA（掌上电脑）

print（印刷广告）

print（打印）

printer（打印机）

prefix（前缀）

program（程序）

词汇和术语翻译困难这么大，在翻译西方理论的时候，就会显得更加困难了。西方现代理论话语对词语中的多义性的运用较多，词语的歧义性和多义性造成理解上的困难，有些常用词，如 communication，discourse，message，context，identity, perception，approach 的意义随语境不同而有不同的含义，尽管该词书写形态不变。同一个词语，在不同的学科中，含义不同，例如 public access 中的 public，是"公众"的意思，译为"向公众开放"，public pollution laboratory 译为"公害研究室"，public relations 译为"公共关系、公众关系（公共关系）"、public service enterprise 为"公用企业"、public transportation 为"大众运输（公共交通、公交）"。在不同语境中中文词必须有所改变，从而失去了用一个书写单元承载若干意义的方便，并因此带来概念理解和用法方面的混淆。就此而言，对现代理论翻译文本的理解离不开译文

的整体环境。尽管懂外语的人越来越多，但是，只有把特定的内容翻译为本国语言文字，也就是说，本国的语言文字中已有词汇可以表达新的思想、新的概念，这种新思想新概念才真正转化为我们自己的东西，为我们所吸收、所运用，激发我们的研究，从而完成了理论的"本土化"（本地化）。

科技术语的指代比较明晰，人文科学、社会科学中的术语在翻译上难度较大。一些术语用字极为简单，但翻译起来特别不好处理。比如一些含有常见形容词的术语，就非常棘手，直译后往往不能准确表示其含义，还需要进一步阐释。比如：

soft news VS hard news 软新闻和硬新闻

cold media VS hot media 冷媒介和热媒介

soft'ware VS hard ware 软件和硬件

soft power VS hard power 软实力和硬实力

high culture VS low culture 高雅文化和通俗文化

high comedy VS low comedy 高级（喜）剧和低级（喜）剧

high-context VS low context 高情境/高语境和低情境/低语境（指对"情境"的依赖程度）

同一个形容词在不同的概念中，需要根据不同的学科来选取不同的译法，而且要注意正反意思的形容词的含义。比如 high culture 和 low culture，并不是哪个高级哪个低级的问题，前者指的是高雅文化，指交响乐、歌剧、芭蕾舞等文化艺术形式；后者指的是流行文化，比如电影、流行音乐、舞蹈等，这里 low 就不能翻译为"低俗文化"，而是相当于 pop culture 里面的 pop（流行文化、大众文化）。

科学、技术的日新月异使得新词、新概念、新术语层出不穷，新词又要以几乎实时的速度在全球传播。如何准确地翻译这些新词、新术语呢？许多横空出世的新事物在翻译过程中，还有一个认知过程，接受心理过程。汉语和英语中，都会产生很多新词，许多旧词还会不断产生新意。新词新意，一直是翻译界关注的课题。权威词典都在不断更新、收录最新词汇。有的词典不断扩充，比如《牛津英语词典》分别于 1972、1977、1982、1986 年补编，共收录补充的新词达 42000条。[①] 可见语言变化之快。

① 金其斌．英汉语新词研究与翻译［M］．武汉：武汉大学出版社，2012：1.

第二节 基于功能翻译的商业广告翻译研究

一、商务广告语言特色

商务广告语言的表现要求如下所述。

（1）鲜明突出。鲜明突出，是指宣传主题的鲜明突出、广告宣传对象主要特色和个性的鲜明突出，以及商品宣传方法的鲜明突出。

（2）简明通俗。指广告语言的运用要简洁、精练，并令人过目不忘。

（3）新颖别致。新颖别致是指广告语言要有创意，要符合受众求新、求奇的心理。只有凭借新奇独特的广告语言才能在浩如烟海的众多广告中立于不败之地。

广告语言的新颖别致就是要巧妙利用所宣传产品对象的特点，通过联想的方式将其他事物联系起来，让受众从一个新的角度看待所宣传的产品。

（4）生动形象。生动形象是指广告语言要风趣，对所宣传的对象的描述要栩栩如生、形象感人，让受众读后觉得妙不可言，并给人以精神上的享受。

二、广告语研究的现状

从文献检索看，以"广告翻译"为关键词检索的文献项有数百篇，这些文章研究的内容是杂合性的，包括了狭义的广告语（词）、商标和广告语篇；以"广告语"或"广告词"检索的文献项却只有数十篇。若将那些篇幅短小、视角或方法雷同、内容重复、译例缺乏新意、评说点到为止而缺乏创意的经验之谈类文章除外，那么，有关广告语（词）翻译理论与实践相结合、具有创意和创译的研究文献则寥寥无几。在理论视角上，这些研究文献中比较集中的是"目的论"（沈继诚，2005；洪明，2006a）、"功能观"（李克兴，2004）、"文化框架"（朱晓莉、汪立荣，2011）、"美学修辞"（洪明，2006b）、"认知语境"（曾立，2003）"接受美学"（封琼、李娟、武广庆，2013）、"生态翻译"（曾萌芽，2011）、"互文性"（罗选民、于洋欢，2014）、"语用学"（蒋磊，2002）、"创意学"（吕和发、蒋璐，2013），等；在翻译方法对策上，这些文章介绍的比较集中的是直译、意译、音译、编译、变译、译写、归化、异化、译创等。如李祥德（1990）提出四字广告词组汉译英时可采用三种方法：直译、意译和修辞译法；有的文章在目的论下讨论广告词翻译，提出以目的语语言为导向，应注重目的消费者的词汇特色、句法特征、文体特征。

从经验交流看，有些研究对广告语翻译中的一些问题进行了经验总结，或从不同的理论视角作出了理据性说明，对广告语的翻译实践无疑具有积极的指导意义。但是，相当一部分文献只是为了概括分类而分类，或只是套用某个理论概念而标新立异，但实际上并不能说明广告语翻译的本质问题，或提供具有价值的方法论原则。有些在直译、意译、语义翻译或异化翻译、对等翻译等概念下归纳出的广告语翻译的实例并没有提供任何新意的说明，只是分类概括而已。如：

直译：

（1）Chanllengethe Limits.（SAMSUNG）

挑战极限。

（2）Hand in Hand, Future in Your Hand.

伴你同行·齐握未来。（太平人寿）

（3）Life is journey. Travelit well.

人生如旅程，应尽情游历。（United Airline 联合航空）

（4）What can be imangined, can be realized.

只要有梦想，万事可成真。（香港电讯）

意译（或归化）：

（1）The color of success.

让你的业务充满色彩。（Minolta 复印机）

（2）Every time a good time.

秒秒钟钟欢聚欢笑。（麦当劳）

（3）We can provide the service above and beyond the call of duty.

殷勤有加，风雨不改。（UPS 快递）

对于研究者来说，若简单地用"直译"或"意译"等概念去套用实例，既不对原广告语的语言特点和所推介的产品或服务特色作出关联性辨析，也不根据产品和服务特点对现有的译文作出任何创意或创译性完善，追求形式与内容的统一，以求实现广告语翻译的最佳社会效应，那么这种分类概括是没有理论和方法论价值的，也不具有实践指导意义。

如有关麦当劳广告语的译文在所有文献中都受到充分肯定，但是如何翻译"every time"和"a good time"应根据麦当劳快餐连锁店的服务特色和质量来进行意译。上述译文将"every time"译为"秒秒钟钟"在汉语中显得生僻；将"a good time"译为"欢聚欢笑"，只是突出一种热闹场面，对于一家充满西方异域饮食文化的快餐连锁店来说，并没有体现出环境特色以及消费者独特的体验感。中国消费者光顾麦当劳这家体现西方异域文化的饮食连锁店，实际上最主要的是想获得一种体验。麦当劳的特色正如广州日报一位记者所写："去麦当劳吃什么？有人总结说，吃档次、吃快捷、吃高雅、吃洁净、吃时髦、吃氛围，……结果吃了半天，还没吃饱肚子。"故我们可将该广告语译为：

Every time a good time.

每次光临，惬意欢畅。

中文的"惬意欢畅"的英文意思是"feeling pleasantly satisfied and thoroughly delighted"（给人一种极度愉悦和满足感），将光顾麦当劳的消费者们对消费环境与服务质量由衷地感到极度愉悦和满足的心境凸显出来。

对于 UPS 快递广告语的译文"殷勤有加，风雨不改"，其中"殷勤"是"好客"（hospitable or eagly attentive），没有凸显广告语中揭示其服务特色的关键词"service"和"duty"，我们还可以将其译为：

We can provide the service above and beyond the call of duty.

译文紧扣快递公司的服务特点，围绕两个关键词，拓展其内涵：将"duty"译为"使命"（意指"特殊的职责或任务"），并与凸出执行使命的信念"真诚"搭配；将快递业务的特性"上门服务"的内涵突显为"贴心服务"，传达给消费者一种温暖的情感体验。

现有的有关广告语翻译技法的归纳概括大多数雷同，并且是套用在一些比较空泛的理论视角之下进行主观印象似的讨论。首先交代或介绍了特定的理论概念后，便转入具体的广告语实例的讨论，但很少见到富于创见或颇有新意的论述，或研究者自己能提出具有别具一格的创译来。如不少用翻译生态学来解释广告语翻译的文章就落入这种窠臼。胡庚申（2008）将生态学的一系列观点和概念引入翻译研究，对翻译实质、翻译过程、翻译原则、翻译方法等问题给予了解释，认为翻译是"译者适应翻译生态环境的选择活动"，并提出了"译者中心"论。遗憾地是，这种宏观层面译观并无相应的系统性的辅助性理论来说明特定文本类型翻译中的具体问题，故当"生态翻译学"被套用于特定的文本类型翻译研究，用来解释具体翻译实践问题时，研究者就又只好回到传统的经验感性认识框架内，说明过程中仍然沿用常用的几个概念。如曾萌芽（2011）在探讨生态翻译学视角下的广告翻译时，认为不论译者采取何种翻译方法，都必须多维度地适应特定的翻译生态环境，采取灵活多变的翻译方法，并真正地做到"三维"转换，才有可能产生出整合适应度最高的译文。这种看似具有"新意"的广告语翻译"三维"观，实质上就是"语言维""文化维"和"交际维"。我们若将三个维字去掉，就剩下"语言""文化"和"交际"几个被无数相关研究文章反复使用的普通概念，而"生态翻译学"宛如一顶大帽子，套在了"语言维""文化维"和"交际维"之上。本章旨在从理论与实践相结合的基础上，探讨狭义的商务广告语（词）翻译的创意理据和创译原则以及一系列相关问题，并力求提出自己的参考译文。

三、广告语翻译原则范畴体系及其理据

由于中西语言文化、民族特质、生活方式、思维特征、审美习惯等差异，广告语翻译很难做到在形式和内容上进行简单的移译，除非是一种双语之间的耦合，大多数情况下是一种跨文化的再创作，译者应能创作出通俗易懂、易读易记又能有力促销产品的广告。其次，广告语翻译要能或最大程度地发挥商业功能，以求达到最佳的预期商业效果。但是广告语涉及各行各类企业，产品与服务形式也具有多样性，是一类题材内容非常丰富的商务文本形式，其翻译研究很难用几个抽象概括的原则概念加以统摄，需要辅以相应的原则范畴体系才能针对不同形式不同内容的广告语的翻译策略与方法作出描述和说明。故从理论的"逻辑范畴体系"角度看[①]，广告语翻译的理论认识应呈一种原则范畴体系的形态，即理论认识应从宏观—中观—微观层次对翻译实践作出指导性阐释，包括目的—需求论原则、策略原则、价值原则、辅助性准则和可操作性规则。黑格尔指出，"每一门科学都是应用逻辑"，广告语翻译属于应用翻译学范畴，从广告翻译事实或经验中总结归纳和概括出原则理论范畴与概念都可以用来描述和规范现实，对应用翻译学的系统建构具有一定的方法论意义。

从商务翻译的市场化关系看，作为翻译实践活动的主体，译者受委托方（公司或企业）翻译广告语必须明确委托方的目的—需求，即获得最佳社会效应或经济效益。从普遍原理性看，任何委托方都会有通过翻译在目的语市场推出有成效的广告语的目的与需求，通过投放广告语以期使自己的产品首先从广告宣传中引起消费群体的关注，留下难忘的印象，甚至喜闻乐见，从而为获得"最佳社会效应＋经济效益"打下基础。故在目的语市场中使广告语产生"最佳经济效益"就是译者或委托人的目的—需求性内容，也成为广告语翻译的最宏观层次的目的—

---

① 澎涟漪.逻辑范畴论［M］.上海：华东师大出版社，2000：19.

需求原则的体现。但是，译者或委托人的目的—需求的成功实现必须了解目标市场受众（消费群体）对广告语语言特征的审美需求，及其所反映的文化心理：形式与内容的创意性，如美感性、愉悦性、可体验性。从可传播性的程度看，受众必然要求广告语形式与内容易读、易记、易懂，这样才能被其所接受，成为潜在的产品购买者或消费者。

一个显而易见的事实是，源语市场推出的广告语针对的是共享母语语言文化的目标群体，必然要迎合源语受众的目的—需求心理。但在跨语言文化的翻译实践中，我们会发现，一个成功的、具有社会经济价值的源语广告语往往难以在目标市场上复制，除了受制于语言文化差异外，还得受制于目标市场受众的文化心理。从理论上说，为了克服差异和迎合目标语市场受众的需求心理才能译出成功有效的广告语，那么就必然选择相应的翻译对策，这就是策略性原则形成的理据，即要求译者从不同维度综合考虑各种破解制约因素的方法，体现为一种"创译"性原则要求。创译性广告语翻译的策略原则范畴涵盖以下几种相辅相成的策略：形式新颖性、形象生动性、意图诱导性、文化顺应性、通俗上口性。

然而，创译性策略原则并非完全取决于译者主体的纯粹主观能动性，还应受诸种语言的、审美的、心理的、社会的、法律的、商业伦理（指广告语应避免虚假性或过度夸张或贬低竞争对手等）等客观因素的制约，这就是构成广告语翻译理论研究的价值论范畴的理据。价值原则的制约性针对的是在翻译过程中译者对源语广告语的音、形、义（意）的特征的甄别与析取，即将广告语置于目标语市场语言文化语境和受众审美心理需求下，考察其所能体现的价值度，或呈正价值或呈负价值，或接受价值度高或价值度低，再根据其价值特征和各种客观制约因素，寻求创译的对策和方法。如广东珠海格力电气股份有限公司推出的广告语"好空调，格力造"，其音、形、义三个层面在汉语文化语境中具有较高的接受度，符合汉语民族受众的审美需求心理，呈正价值特征：简约达意、结构匀称、富于韵律、朗朗上口。若将这中文广告语复制于英语中：Good air-conditioners, GREE makes them. 则不能获得理想的音美＋形美＋意美的统一，其在源语中的正价值在目的语中则转化为低价值，毫无英语广告语的审美价值特征可言。传统翻译散论中的一个重要的不足之处，就是缺失了价值论原则这一理论研究范畴，而在应用翻译学理论研究范畴体系中应重视这一原则范畴理论的建构，赋予它应有的理论地位。有了价值原则这一理论范畴，目的—需求论原则和策略论原则才具有认知逻辑范畴体系的关联性；价值论原则范畴规定了译者可以因诸种客观制约因素及其广告语在语际转换中价值特征的正负高低变化，可以发挥其主观能动性，通过创译而实现价值再造，才能实现委托人期待的目的—需求。

价值原则对应微观层面的语言符号的属性特征，具有主客互动的内在联系。从系统理论建构看，任何一类文本都有其自身的一系列文本特征，这些特征都属于客体潜在的价值属性，广告语的价值再现或价值再造取决于主客观诸种因素的契合或制约。若双语语言文化和审美心理需求呈现出契合性，译者一般则可以予以再现式移译源语广告的价值特征，如英语的品牌名称 CocaCola 与汉语的"可口可乐"在音、形、意三种价值属性方面的契合；若双语语言文化和审美心理需求的不契合而产生制约，则需要译者作出价值再造，一切取决于客观条件。从本质看，理论不是用来规约实践行为的，而是用来说明实践现象或事实的，只有当理论能够合理地、有效地解释和说明事实或现象时，或有助于人们深刻地认识实践，积极地促进实践的发展，这种理论就具有了对一定实践范围之内行为的理论指导性和规约性。同理，广告语翻译原则理论需要实践研究的支持和印证，纯粹概念上价值原则约定并不能解决具体问题。正如格赖斯（1978）提出语用学的"principle of cooperation"（合作原则）只是空泛的抽象概念，其理论职能只能是从方向上对人们的日常会话作出一般意义的原则规约，从理论范畴体系上还需要辅以相应的四条准则（norms）：质准则、量准则、关系准则、方式准则，这四条辅助性准则从四个不同方面或层次对会话作出了规约性说明。广告语翻译的价值原则同样需要辅以相应的辅助性准则范畴，作为目的—需求原则、策略原则、价值原则之下的辅助性准则，这些准则是可选择性的，并非翻译每个广告语要符合或突出所有的这些准则。

广告语翻译实践具有丰富性、广延性、多样性、复杂性等特点，上述原则范畴的内容仍然具有抽象性和一般原理性特点，在理论职能上同样只具有方向性或维度层面的指导性或规约性，只是一种原则上的主观认识和对翻译行为的主观约定，并不解决如何创译的具体问题。故在辅助性准则之下还需辅以若干开放性的可操作性规则，从经验感性层面解释或揭示广告语创译的形态和对策性总结，这就形成了建构"可操作性规则"（manipulative rules）的理据。可操作性规则属于中观层面的理论范畴，并且具有方法论意义。可操作性规则的形成是由下而上的经验归纳性研究，因而必须以一系列反映微观实践层次的具体事实或现象问题为基础。引出"技术理论研究范畴"的研究，既可丰富译学系统理论建构，又能在译者主体间性之间构成沟通的桥梁。将广告语翻译原则范畴体系建构如图 6-1所示。

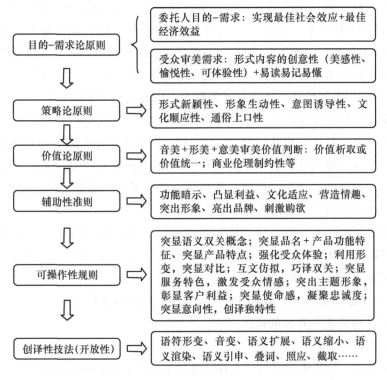

图 6-1　广告翻译原则范畴体系

四、商务广告语创译原则翻译实践

（一）利用谐音，凸显产品功能特征

例 1：We lead. Others copy,

V1：我们领先，他人仿效。（理光复印机）

V2a：我们理先，他人摹印。——理光复印机

V2b：我们"理"先，他人摹"印"。——理光复印机

V1 将源语的字面意思译出，虽然表达了源语广告语所要表达的理光公司复印机科学技术领先，但后句的"仿效"很难说是对 copy 一词的巧妙表达。英语概念 copy 既有"仿效"之意，也有"复制、复印"的双关之意，但中文的"仿效"是指"模仿别人的方法、样式"，并无"复印"功能之意。对于上述英文广告语的创译，我们可遵循"利用谐音，凸显品名＋产品功能特征"的规则进行操作：

首先，对于第一句的创译，可保留源语概念 lead 的语义特征"先"，再从"理光"品牌名称中取一"理"字，并凸显放大字体，使之在视觉上产生变异性凸显："理先"谐音"领先"。当广告语置于理光复印机品牌的平面图文结合的广告语境下，使汉语受众立即领会其概念变异和谐音的效果——"理先"——"领先"。作为广告语的创译之理据，可解释为：理光公司在复印机系统的科学理论与科技应用产品开发方面领（理）先。

其次，第二句译文可从"理光复印机"中析取有关产品功能特征的"印"字，与"临摹"的"摹"字组合成"摹印"，并凸显放大"印"字，使之形态凸显变异，与前句的"理"字照应。其创译之理据是："摹印"既可表达 copy 的"摹仿"，亦可暗示理光复印机的功能特征"复印"。

V2b 则用双引号分别突显"理"和"印"，从视觉形态上给予一定的变异，既照应品牌名又从意义上揭示产品功能特征，从而获得较好的审美价值。

再考察下面有关美能达复印机的广告语：

例 2：The COLOR OF SUCCESS!（Minolta-copier machine）

V1：让你的业务充满色彩！

V2："印"出多彩人生！

上述英语广告语极为简约，不仅巧妙地表达了彩色复印机的功能特点，还暗示出彩色复印机给客户的工作业务带来成功，又具有诱导性语用含义。但字面意思"成功的色彩"或"色彩的成功"在汉语文化语境中则大为逊色，对汉语受众而言，在音、形、意三方面的审美价值都不高，不是一个能获得最佳社会效应或经济效益的汉语广告语。有人将其译为"让你的业务充满色彩"，虽然达意，其形则逊，效果依然一般。再者，彩色复印机的潜在客户群体很广，并非都是用于工作业务中，也有许多客户用作家庭用。V2 具有一定的创译性：一是抓住彩色复印机的功能特征，用双引号标识，使其在视觉上凸显出揭示产品功能特征的概念。印"或隐性关联性概念"映"；二是"多彩人生"既传达一种浪漫的情调，又暗示出产品的特色"彩色"之含义，同时"多彩人生"也是人生成功的一种形象表现。

例 3：Tastes too good for words.（食品广告）

V1：美味尽在不言中。

V2：美味无"语"伦比。

V2 利用了形变谐音之创译规则，使常规表达形式"无与伦比"产生变异，既在语义上表达出源语广告语的意思，在形式上则产生出比 V1 更能吸引受众眼球的效果，具有较高的审美价值。

（二）强化受众体验，凸显产品特点

一些食品饮料广告语的创意特点在于强化受众的感官体验，尤其是通过激发味觉、嗅觉、视觉等使受众获得身体上的舒爽感，或精神上的惬意感。因而，此类广告语的创译原则上应力求突出这些感官带来的体验性特征。

例 4：Take time to indulge.

V1：尽情享受吧！（雀巢冰激凌）

V2：让它融入你的味蕾！

雀巢冰激凌广告语的特点是形式简约、易读易记，在意义表达上突出了产品带给消费者的可体验性。英语概念 indulge 的概念语义特征为：①to allow yourselfto have or do sth that youlike, especially sth that is considered bad for you；②to satisfya particular desire，interest, etc（《牛津高阶英语词典》），在此语境中应取第二个义项。在平面图文广告中与冰激凌相照应则产生 to satisfy a desire in tasty ice cream 的语用含义；take time 则是指冰激凌最好的品尝方式是让其慢慢地在口中融化，从而是消费者体验到那种冰凉的、兴奋神经的舒爽之感。V1 的"尽情享受"是对英语概念语义的简单移译，在中文语境中失去了 take time 所表达的慢慢品尝体验的细腻感，而且整个语句在意义上过于泛化，由于未能提示产品的功能特征，可以用来做很多类似产品的广告语。V2 的独特之处在于凸显了冰激凌的产品功能特性："融入"是指含在口中让冰激凌慢慢地融化，"融入味蕾"强化了味觉甜品的可体验性，融入的过程使消费者体验到通过味蕾的刺激，获得舒爽惬意的满足感。

例 5：Taste that beats the other Colds.（Pepsi-Cola）

V1：一枝独秀，百事可乐。

V2：冰冻畅快，无敌口感。

例 6：Things go better with Coca-Cola.（Coco-Cola）

V1：可口又可乐，顺意更顺心。

V2：可口又可乐，舒心更爽神。

就例 5 而言，源语广告语中的动词"beat"意为"to do or be better than sth"（《牛津高阶英语词典》），意欲向受众说明百事可乐在口感方面比其他冷饮料要更为可口。英语的语句结构无法简单移译，从"凸显产品特点，强化受众体验"的规则看，例 6 的 V2 较 V1 则更胜一筹：V1 仅仅突出了和其他冷饮料的比较性，V2 则凸显了冷饮料的口感特色的独一无二，以及给受众以舒爽畅快的体验性。

例 6 的英语广告语"Things go better with Coca-Cola"（喝可口可乐，事情越

来越好）是抽象的祝愿性说法，但其字面意思在中文文化语境中，由于不能凸显饮料本身的功能特点，也不能激发受众体验感，其价值度很低，也就难以作为目标市场可行的广告语被接受。译者在这类广告语翻译中，化抽象为感性有一定的原则规约性，其创译也有一定的理据和路径，这就是"突出产品特点，强化受众体验"。V1 和 V2 在形式上采用拆分法，将品牌名称"可口可乐"拆分为两组普通的表达感官感受的词组，强化的是味觉和身体的愉悦感；在结构连接上，在词组中间使用表递进的"又"字，与后句的结构形成对称。在保留 better 含义的创译上，用"更"字在两组强化身体和精神、生活体验的词组之间形成递进关系，使得整个广告语在音、形、（义）意方面都获得较高的审美价值再创度。

（三）突出主题形象，彰显客户利益

例 7：Hand in Hand, Future in Your Hand.（The Tai Ping Life Insurance Co. Ltd.）

V1：伴你同行，齐握未来。

V2：携手同行，共掌未来。

例 7 的广告语是太平洋保险公司推出的广告口号，其创意是通过 Future in Your Hand 来凸显保险公司为你解决后顾之忧，彰显了公司对客户自身利益的呵护之主题；其策略是通过"Hand m Hand"的形象，拉近公司与客户的亲密关系。在广告语的创译过程中，尤其是对那些非常简约的广告语，译者应力求注重细节，对每个概念的语义内涵、形象特征及其结构关系作出细致的分析，然后再从音、形、义（意）三方面进行统筹表达。如 V1 的"伴你同行"初看之下似乎表达出了形象性与关系性，但没有体现出英语形式的那种情感性和亲密性。"伴"传达的是有距离的陪伴之意，没有直观地表达出 Hand in Hand 的亲密关系形象；行为动词"齐握"缺乏丰富的内涵，只是双方简单地握住。英语广告语的前后两句都出现 hand 的形象，故如何在译文中再现其形象，又能有效传达其主题性语用含意，要求译者在选词择义方面做出精心的创译。

V2 选用"携手"同行能更显公司与客户的亲密关系，也暗示出公司与客户"风雨相持"的忠诚度；同时，"携手"凸显了 Hand in Hand 的形象；而"共掌"不仅彰显了客户的利益关系，还暗示出客户与公司是平等共赢的主体关系。V2 创译的理据是：参与保险的客户有强大的太平洋保险公司与你"携手同行"，其后潜台词就是"风雨同舟"，无疑给客户增加了安全信心；"共掌未来"突出了保险公司与客户互相依赖和共赢的平等关系，即没有客户就没有公司的存在，没有公司就没有对客户所遭遇突发事故或财产损失的经济赔偿，将损失降到最低或甚至挽回损失。

例8：Whatever makes you happy（Credit Suisse）

V1：为您设想周全，让您称心如意（瑞士信贷，银行业务）

V2：事事顺您意，桩桩称您心

上述瑞士银行的广告语形式简约，易读易记，传达了客户至上、服务至上的主题，使人印象深刻。但在中文语境中，若为了简约而简单移译英语语句，其形意审美价值较低。V1扩展了语句结构，突出了"顾客至上"（设想周全）的主题形象，"称心如意"则传达了银行信贷业务不仅服务质量，还提供令人称心的优惠，彰显了顾客利益。V2不仅力求凸显信贷业务的主题形象，信贷业务事项桩桩都能让客户称心顺意，还在形式特征上采用轭式结构，即将一个语句或词组拆分成两个并行的对称结构，使之在中文语境中产生较高的审美价值度和接受度。

（四）利用互文仿拟，巧译双关语

例9：If your scalp is dry you only need to use your Head.（洗发液广告语）

V1：如果你的头皮干了，你只需要使用你的"头"牌洗发液。

V2：有头屑了，快用"头"牌香波给你的头洗个澡吧！

例9的源语广告语新颖之处在于利用了双关，"use your Head"字面意思既可指"使用脑袋"，其意向性意义则指品牌名称"头"牌香波。V1按照字面意思移译，无法译出原文的双关语效果，在中文文化语境中属于十分平庸的广告语。源语的从句部分"If your scalp is dry"表达的是一种语用含义，英语中有种经验之谈就是：A dry scalp can lead to dandruff，故其广告语前部分的意向性意义是指"头皮干了容易产生头皮屑"，防止头屑，只需使用"头"牌香波。在翻译对策原则上，广告语的创译可根据不同的语境寻求不同的解决方式，并可归纳概括出不同的可操作性规则。如V2利用互文性手段，巧妙地仿拟一则中文广告语"XX牌肠润茶，快给你的肠子洗个澡吧！"，在形式简约性、关联形象性、语音效果（"头"字的重复使用）三方面产生轻松活泼的诙谐效果。

（五）激发受众情感，凸显服务特色

例10：What can be imagined，can be realized.（香港电讯）

V1：只要有梦想，万事可成真

V2：只要能想象，心意任飞翔

V1在结构形态和语义传达效果方面属于一般。梦想成真只是一种励志性的鼓动性口号，与电讯公司提供的服务似乎看不出多大联系。电讯公司的服务是为客户提供远距离的电讯通话服务，客户之间的联系或沟通再远也能实现，其中介就是电波。广告语创译的一个重要内容就是让受众或潜在的顾客或消费者感受自己的利益、情感得到彰显，V2 的创译理据就在于是从受众的这种心理出发：你有多大的想象，多大的心意，香港电讯公司都能助你实现；想象是无限大的，可以充斥宇宙，而电波则能使你的想象插上双羽，穿越太空。同时，我们还可运用"利用形变，凸显对比"的可操作性规则，在平面图文广告设计上充分利用图文结合的多模态语境，将"想象"和"飞翔"放大，凸显其形态，带给受众一种视觉上的刺激，激发其联想：香港电讯公司的服务助你实现所想所愿，突破时空限制，电波为你心愿插上羽翅，翱翔于太空，与你的亲朋好友等实现远距离的连接。相对于 V1 而言，V2 的创译在结构形态韵律、服务特色关联性暗示几方面略胜一筹。

例 11：Life is a journey Travelit well.（United Airlines）

V1：人生如旅程，应尽情游历。

V2：人生乃旅程，伴君平安行。（本书作者译）

例 12：来是他乡客，去时故人心（中心大酒店）

V1：When you come, you are our guests; when you leave, we are your friends

V2：Coming as guests, leaving as friends.

贾文波（1996）认为，广告宣传如同与人交谈，不动之以情，晓之以理，是难以说服人的。他将广告翻译中的情感表达视为重要的操作策略，认为要考虑受众的需要、情绪、兴趣等，创造一种适合感情交流的气氛，以唤起读者心底的共鸣。但是，在广告翻译语的创译中，唤起受众情感的表达若能紧紧联系所推介的产品或服务性（功）能和特点等，就能达到最佳效果。如例 11 的 V1 未能将航空公司广告语的服务性质与特色和受众利益彰显及情感激发结合起来，将英语的 travel it well 译为"应尽情游历"，未能有效传达其意向性含义。一般而言，坐飞机旅行本身并非"旅游"，特别是长时间的乘机会给人一种很辛苦且沉闷的体验，哪来的"尽情"？众所周知，人们出行乘飞机，尤其是远距离航程，其最大的心愿就是平安到达目的地。在航空公司广告语境中，应创译为"伴君平安行"，与"人生乃旅程"又能大致押韵，故在音、形、意三方面较 V1 的审美价值要更高。例 7 的 V1 在意义上凸显了服务特色，激发了受众情感，拉近了距离，但在形式上将其译为两个主从句，增译了衔接语，使之冗长累赘，缺乏简约美，不具有易读易记以传播的审美价值。V2 则遵循简约美价值原则，不仅结构匀称，富于韵律，同样保留了 V1 的服务特色和情感意义，易读易记，体现出了创译特点。

（六）创译独特性，凸显意向性

例 13：It happens at the Hilton. （Hilton）

V1：事情发生在希尔顿。

V2：希尔顿酒店有求必应。

这种独特性和陌生化的商务英语广告语比较常见。这则希尔顿酒店推出的英语广告语具有模糊性，但充满着审美张力：事情发生在希尔顿酒店。这则广告语最大的效度就在于引起受众的关注或者说吸引其眼球，诱使受众产生疑问：希尔顿酒店发生了什么事情？意图以其模糊性和独特性在受众中将自身广告与其他同行的广告语进行区别，于平淡之中显特色。但在中文语境中，V1 的简单移译使得这则模糊广告语的审美价值和接受效度极低，难以迎合汉民族受众的审美心理。V2 虽然力求避免机械僵化的译文，从目的语市场语言文化的审美价值观看，此类广告语要求译者对其进行创译，创译的理据是根据希尔顿酒店的服务特色，将其广告语的意向性意义和独特性凸显出来：

客临希尔顿，无求亦有应。

将"有求必有应"译为"无求亦有应"，其创意是：一是通过变异使其陌生化，产生审美张力，以期吸引汉语民族受众的关注和产生类似的疑问：常规说法是"有求必应"，为何希尔顿酒店"无求亦有应"？二是从语用含义看，此创译是指希尔顿酒店服务贴心，具有前瞻性，即使客人没有要求也会主动询问有何服务需求，或事先将许多客人没有想到的可能需求提示出来，暗示着"只有在希尔顿才能发生这种'无求亦有应'的事"。这就是动态的忠实及其主客观理据性的典型体现。

第三节　基于功能翻译化妆品翻译研究

随着我国经济持续、健康、快速的发展以及改革开放的不断深入，我国的化妆品行业也得到发展，国际贸易交往日益频繁。近几年来，我国逐步成为了亚洲第二大，世界第八大的化妆品消费市场。[①] 在国外化妆品企业进入中国市场的同时，我国的化妆品企业也开始更多地走出国门，化妆品说明书作为产品最直观的价值体现方式之一，其翻译质量的好坏对企业的经济效益和我国的国际形象有着

---

① 陈莉．中国化妆品目前面临的挑战和应对措施［J］．广西医学，2005（4）．

深远的影响。功能主义目的论是一种较为新颖的翻译理论，它为诸如化妆品说明书之类的应用型翻译提供了依据。功能目的论是一种有目的的翻译行为，是译者根据翻译的目的在源语文本基础上的再创造①，强调翻译目的对翻译策略的决定作用。从功能目的论角度来看，为了使化妆品说明书在目的语文化中达到预期的目标和目的，即促进销售，译者需要根据目的语的文化和语言上的习惯通过调整原文来适应目的语消费者。本章以功能目的论理论来指导化妆品说明书的英译研究，不仅为化妆品说明书英译的研究提供了理论支持，还为其判断翻译质量的好坏提供了标准。

本节尝试从文本类型的角度出发，并通过对真实化妆品说明书英译案例的分析，应用功能目的论框架下赖斯的"文本类型"理论对现今的化妆品说明书进行重新分类，进而研究不同文本类型下的翻译策略。

一、化妆品说明书的语言特征

化妆品说明书属于产品说明书类，我们通过网络、书籍查询产品说明书的定义，其中概括最为全面且最具代表性的定义有两个：《韦氏字典》将产品说明书定义为"Something to give knowledge，to provide with authorities' information or advice，and to give an order or command."（提供知识、权威信息、意见、命令）。《新华字典》将其定义为"关于物品的用途、规格、性能和使用方法以及戏剧、电影情节故事等的文字说明"。

通过以上两个对产品说明书的定义，结合化妆品说明书自身的特点，可以类推出化妆品说明书的定义：就形式而言包括产品说明书、产品外包装、小册子和宣传册，向消费者传递产品的功效、产品成分、产品品牌、产品名称、使用方法、产品介绍及与产品无关的环境保护、观念倡导等；同时还有宣传的成分，用具有美感的语言激发消费者的购买欲望。

化妆品说明书一般由主要成分、使用说明、广告宣传、产品介绍、生产日期、注意事项、产地、与产品无关的环境保护、理念等组成，属于科技实用文体。

化妆品说明书的语言特征：中文的化妆品说明书多具有联想意义的词语、双音节形式、四字结构及语音语调等具有中国特色的语言特征。而翻译成的英文化妆品说明书在词汇上通常使用专业术语，灵活使用复合词，多使用评价性形容词和动词，句式运用特征普遍采用现在时、简单句、祈使句、省略句、复合词。

---

① 卞建华. 传承与超越：功能主义翻译目的论研究［M］. 北京：中国社会科学出版社，2008：56.

二、化妆品说明书样本分类的原则和方法

根据赖斯的文本类型理论，按其功能可分为信息型文本、表情型文本和操作型文本，分别对应的语言功能为信息功能、表达功能和呼唤功能。

信息型文本的功能是提供"纯粹"的事实，只注重事物的客观描述和语言的逻辑，包括信息、知识、观点等，其主要作用是交流信息、知识和意见，传递信息的语言手段是逻辑或指称意义，包括新闻报道和评论、商业信息、商品的详细目录、产品使用手册、专利证书、官章、书籍等。

表情型文本是一种"创作性作品"，是基于原文本的，信息发出者和信息的形式均被放在突出位置。作者利用语言的美学功能特点，注重形式美感，其典型代表为虚构性文学作品，包括各类文学体裁。

操作型文本是指除了传递一定的信息外，还具有呼唤或诱导的功能，重点是呼吁、说服、劝阻、欺骗文本读者或接受者采取某种行为，期望读者在阅读后作出一定反应。

后来，赖斯又补充了另一种功能文本——视听型文本，这种文本并不是用来阅读，而是依赖于非语言性的技术手段，如图表、音响和视觉效果，并和这些非语言手段产生相应的效果。它的传播渠道是声音或图像[①]。

之所以重新对现有的化妆品说明书进行分类，是因为传统分类方法并不科学。传统的分类方法将说明书、商标类和宣传册及广告文本统一归为信息类文本，认为说明性文本的作用就在于向消费者传递产品的主要成分、产品的使用说明和产品介绍等简单的信息，化妆品说明书亦是如此。

然而，在商业竞争日趋激烈的今天，我们注意到很多化妆品说明书的构成已不仅仅局限于传递产品的主要成分、产品的使用说明和产品介绍等简单的信息，而是出现了如广告类的宣传性语言，其目的在于渲染该产品，吸引更多的消费者购买该产品，这一现象无论是在英文化妆品说明书还是中文化妆品说明书中都十分常见。例如：

全新丝绒轻盈质地：细腻质感，带来轻盈柔滑触感，令肌肤不油不黏腻。——欧莱雅多重防晒隔离霜

Hops Smoothing and Reliving Eye Mask——韩国美即眼膜

DYNAMIC MOISTURIZINC E YE FIRM ESSENCE

---

① 范勇. 功能主义视角下的高校英文网页中的翻译问题研究［M］. 北京：科学出版社，2009：58.

keep eye firm，alive and bright——8 杯水水动力眼部紧致精华液

Natural Energy, Mask Skin White And Lustrous Contain the moisturizing and activating energy extracted from land and sea plants, penetrate into deep skin，replenish essences into skin cells，and make skin shining.——法国温碧泉璀璨美白柔肤净化水

以上四个化妆品说明书说明的功能并非单纯传递信息，分别介绍的是产品特效、产地名称、产品功效和产品宣传。根据赖斯的文本类型理论，属于具有感染和宣传效果的呼唤或诱导的功能，文本类型上应归属于操作型文本。

还有些化妆品说明书不能简单将其归类为某一具体的文本类型，这类文本一方面具备了信息型文本的功能和特征，向消费者提供关于化妆品说明书使用等方面的客观具体信息，但同时又兼具了操作型文本的宣传呼唤的功能。例如：

佰草集新七白美白洁面睹喱，蕴含白芍、白蔹、白芨、白蒺藜等七种中草药萃集而成的"新七白"升级精华，能温和洗净面部肌肤，泡沫柔软丰富，令肌肤美白柔润。——佰草集新七白美白洁面啫喱

前两句属于对化妆品说明书的产品主要成分的介绍，后面是对其使用后功效的介绍，这一文本不仅传递了产品的信息，同时还具有宣传效果和感情色彩，兼有信息型文本和操作型文本的共同之处。

另外，还有一些化妆品说明书其主要的功能是对消费者造成一定的警示或是提示作用，类型上属于操作型文本的广告宣传，但功能又远远大于信息型文本所传递的化妆品说明书本身的使用类信息。例如：

Keep fresh——膜法世家绿豆清肌祛痘精华

Caution,: Avoid getting product ino eyes. If youdorinse thoroughly with water, If you experience itchiness, redness, irrtation, or swelling, discontinue, use immndiately and rinse thoroughly with water. If symptoms persist, consult a physician. Keep away, from children. For external use onty.——韩国谜尚 BB 霜

此外，还有一些和化妆品说明书毫无关系的环境保护和观念倡导等的文本，它们既与化妆品说明书本身的信息无关，同时也不具备宣传产品的功能。例如：

Commit to environment protectlon. 支持环保回收包装——8 杯水水动力眼部紧致精华液

传播健康生活方式做健康时尚倡导者——可丽佩翠

以上化妆品说明书案例中的现象，也正说明一个问题，即沿用传统观点将所有化妆品说明书说明归为信息型文本是不科学的。

尽管信息型文本仍然是化妆品说明书的主要文本类型，但却不能概括其所有范畴，因为它忽视了当今化妆品说明书文本的具体功能，如广告、宣传、警示、

倡导等。如此分类过于笼统，也会影响译文的效果。为适应现今化妆品说明书的新形势，对现有的化妆品说明书进行重新分类是很科学的。

现今的一份化妆品说明书往往融合了一种或多种的文本类型，那么我们遵循赖斯的文本类型理论，按其不同的功能将其进行重新分类，具体分为信息型文本、操作型文本和杂合型文本。

（1）信息型文本。化妆品说明书的信息型文本包括产品名称、产品成分、产品制造商、使用方法、净含量、储存方法、生产地址等信息，功能是向消费者提供"纯粹"即提供相关化妆品说明书的信息，语言特征为客观、准确、简洁，具有逻辑性。

（2）操作型文本。化妆品说明书的操作型文本包括产品的产品功效、产品介绍、产品宣传、产品的品质保证等广告类语言，具有极强的宣传和诱导功能。其语言特点是具有艺术美感和强烈的呼唤性，就像是在与消费者进行直接对话，具有很强的交际性。

（3）杂合型文本。新华字典中将杂合定义为集合、聚集。本文中的杂合是一个借用概念。杂合一词最初出现在 17 世纪的英语中，主要应用于生物学领域，用来指"在遗传上具有不同性状的亲代的子代。亲代可以是不同的种、属，偶尔为不同的科"。从生物学概念中我们可以看出杂合体具有两种不同种、属的特点，是两者的混合体。很多学者将杂合引入到翻译和文化中。

因为化妆品说明书很难用简单的一种文本类型涵盖其功能，因此我们将杂合型引入到化妆品说明书的文本类型中。杂合型化妆品说明书文本兼具信息与操作型文本的特征，传递化妆品说明书相关信息同时又具有操作功能，可以达到宣传产品或警示消费者的功能，如商标、警示（过敏的皮肤等）、提示等。还有一些杂合型的文本既非传递信息又非化妆品说明书的宣传，而是观念倡导等，例如提倡绿色环保等的标语。

功能目的论中，文本的功能决定了文本的翻译策略，不同的文本类型由于其具有不同的功能，采取的翻译策略也会有所差异。译者要根据具体的文本功能，从实际出发来选择不同的翻译策略。

三、功能目的论视角下的化妆品说明书英译实践

（一）信息型文本

译者在翻译的过程中应尽力准确全面地再现内容，但文本的选择又受制于译

语消费者的语言和文化的规范。那么在化妆品说明性英译文本中有哪些语言和文化的规范是需要译者考虑的呢？我们将通过具体的真实案例来研究译者是采取何种翻译策略来进行翻译的。

例1：上海相宜本草四倍蚕丝凝白保湿乳名称

> 原文：四倍蚕丝凝白保湿乳
> 译文：QUADRUPLE SILK WHITENING&MOISTURIZING MILK

【翻译过程分析】

原文分析：原文通过凝白保湿传递了该产品的功效，即美白保湿，四倍蚕丝强调的是美白保湿的效果。蚕丝在中国人的认知里面有着很重要的药用和美容价值，容易产生美的意象，进一步渲染了该产品的功效和可信度，达到了传递产品名称的意图。

译文分析："QUADRUPLE SILK WHITENING&MOISTURIZING MILK"采取的是形式上直译，而文化上归化的策略。

目的论指导下上海相宜本草四倍蚕丝凝白保湿乳名称的分析：以消费者为导向的"功能"是认识产品名称，以生产商为"导向"的意图是向消费者传递产品名称这一信息，二者相符，翻译目的明确。

根据译文的目的对准确程度的要求，译者需要首先遵守"目的论"中的忠实法则，译文与原文达到"最大限度的忠实"①，以保证原文信息的充分表达。因此本文在内容形式上采用直译的策略，将原文所要表达的信息逐一翻译，如蚕丝翻译为"SILK"，做到了最大程度的忠实。

为满足消费者的文化认知需求，根据"目的论"中的"连贯法则"，译文"应该在接受它的交际环境和文化中是连贯的，②"译者需要考虑两种语言在文化认知方面的差异。译者在文化认知方面采用了归化策略，使译文"本土化"。有三个词在直译的过程中经过了更仔细的思考，分别是"quadruple""moisturizing"和"milk"。

"四倍"一词有多种翻译，如"quadruple"或"fourfold"。"quadruple"一词是指成倍增加，这里指的是该产品的效果，而"fourfold"则指的是数量上或是大小上的增加，多用于量词。

---

① 范勇. 功能主义视角下的中国高校英文网页中的翻译问题研究 [M]. 北京：科学出版社，2009：230.

② 克里斯汀·诺德. 目的性行为——析功能翻译理论 [M]. 上海：上海外语教育出版社，2001：56.

本文中的四倍想强调的是该化妆产品的效果，因此将四倍译成"quadruple"是十分客观准确的。"保湿"一词有"moisturize"和"preserve moisturize"，本文中运用连贯原则选择了"mois-turize"一词，符合整个翻译的词词对应，但是考虑到 and 前后的一致性用了"moisturize"的现在分词形式"moisturizing"。"乳"这个词也有很多种译法，有的翻译成单词，有的翻译成为词组，如"breast""newborn""give biIth to"和"any milk-like liquid"。考虑到翻译的内容是化妆品，而 milk 一词从颜色上来看符合产品所要传达的美白的信息和英语文化的认知。采用归化的策略，使得消费者更明了。从词汇使用方面考虑目的语消费者使用习惯，做到降低了陌生感，使译文本土化。

因此，"四倍蚕丝凝白保湿乳"译成"QUADRUPLE SILK WHITENING& MOIS-TURIZING MILK"符合功能目的论中的目的、连贯和忠实法则，是一个比较好的译文。

例 2：雅姿滋润清新紧肤水使用方法

> 原文：每日早晚洁面后取适量轻拍于面部、颈部至吸收；或用化妆棉蘸取适量擦拭面部、颈部。
>
> 译文：Apply proper amount to clean face each morning and evening, gendy pat onto face and neck until it is absorbed; or apply proper amount with cotton pads to smear onto face and neck.

【翻译过程分析】

目的确定：以消费者为导向的"功能"与以生产商为导向的"意图"相同，即向消费者传递该化妆品名称使用方法的信息。

文本选择：信息型文本，其功能是完成信息传递。

策略应用：内容上直译与形式上归化相结合的策略。

文本构建：根据"忠实法则"，内容上采取直译的翻译策略，将汉语文本信息翻译成英语；形式上面，考虑到语言的使用习惯以及消费心理等方面的差异，遵守功能目的论中的"连贯法则"，采用归化策略。从语言学分析来看，语言使用习惯要符合目的语消费者使用习惯。原文中语言逻辑顺序要符合英语文化，所以我们将句式作出了调整，向目标语文化的语言逻辑上面归化。在词汇的选择上尽量也要符合目的语的一些固定的习惯用法，采取词汇上面的归化策略。具体翻译如下：

例 3：上海自然堂雪域精粹纯粹滋润眼霜用法

原文：每日早晚洁面后于护肤程序的最后一步适用，取米粒大小的量于无名指腹，点涂于眼周并轻轻推开

译文：Every monung and night, after cleansing, apply it around your eyes and massage gently, by tapping with finger tips, until complete absorption

【翻译过程分析】

原文分析：原文介绍的是上海自然堂雪域精粹纯粹滋润眼霜用法，属于产品说明书的一部分。行文特点为词汇简单，语言较客观具体。介绍了产品的使用方法：早晚洁面后；取米粒大小点；涂于眼周；轻轻推开。这四个重要的信息达到了传递化妆品使用方法的目的。

译文分析：该译文运用归化的翻译策略，而不是采取直译或是逐字对译的翻译方法，从目的语接受者的文化、认知、译文的期待等角度出发，真正达到了以目的语接受者为主的翻译方法。

目的论指导下的用法分析：译文中所体现的"功能"与原文本中所体现的"意图"是一致的，因此翻译的目的明确，即向消费者准确地传递了该产品的使用方法。

根据"目的法则"，"译文应该与对应原文之间存在某种联系"。为完成向消费者准确传递相关信息，要求译者同时遵守"忠实法则"，使译文文本内容与原文本一致。本案例中，早晚译成"Every morning and night"，洁面后译成"after cleansing"，无名指腹译成"finger tips"等几条信息需要完整客观地向消费者传递，无须表达或呼唤功能来宣传，因此在内容上采用直译的策略，做到了最大限度地符合忠实原则。

此案例中，译者注意到汉英语言语法上的差异．便在语法形式上采用了归化的策略，例如，将早晚洁面后译成符合目的语语言习惯的句式顺序"Every morning and night，after cleansing"，使译文更加"本土化"，易为消费者所接受。在词法上，同样运用了归化的翻译策略。在讲述化妆品的功效时常常根据产品的特点使用"cleanse"，因为它更能满足女性对化妆品的心理预期，即滋养肌肤。为使化妆品的使用方法更加准确，译者将汉语中没有表述清楚的意思通过增译的方法翻译出来，便于消费者正确使用，同时也更好地达到了产品的效果。文中"until complete absorption"和"massage"便是运用了归化的方法。"目的论"中"连贯法则"要求，译文"应该在接受它的交际环境和文化中是连贯的"。而译文的受众"有自己的文化背景知识、对译文的期待以及交际需

求。"本案例无论是在语法上还是词法上都做到了译文与目标语读者语言使用、文化背景知识以及心理习惯等的一致，符合目的论中的"目的"和"连贯"原则。

因此，本案例符合功能目的论中的目的、连贯和忠实法则，是一个比较好的译文。

（二）操作型文本

化妆品说明书的文本构成并非统一固定，有一些文本除了可以向消费者传递关于化妆品说明书的客观信息外，还具有一定的感染功能，起到宣传产品的功能，如包括产品的产品功效、产品介绍、产品宣传、产品的品质保证等广告类语言，具有极强的宣传和诱导功能。语言特点是具有艺术美感和强烈的呼唤性，就像是在与消费者进行直接对话，具有很强的交际性。

对于化妆品产品宣传、品质保证、产品功效等宣传介绍，在传递化妆品信息的同时，也起到了广告宣传的作用，期望通过运用具有感染力和渲染力的语言宣传产品，增强消费者对产品的购买欲望并最终购买产品。根据赖斯的文本类型理论，将此类的文本类型划分为操作型文本。

操作型文本在内容上通常没有过多的有关化妆品说明书客观信息的描述，句式简洁连贯，语言富于美感，具有极强的宣传感染力。其"超语言效果"是第一位的，内容和形式则通常让位于"超语言效果"，翻译时为达到同样的效果，译者可能会改变原文的内容和文体特征。

例4：御泥妨美白保湿洁面乳宣传

> 原文：持久滋润亮肤：分层注入并赋予肌肤活力，滋润及抗氧美白，改善肌肤质素，肌肤受到周密保护，持久滋润亮白。
>
> 译文：Constantly moisturize skin and boost luster: contain activating factor, regenerate, moisturize and whiten cells, resistance oxidation, assist to quickly eliminate toxin, improve skin nature, and make skin moist, lustrous and white with reliable protection.

【翻译过程分析】

目的确定：以消费者为导向的"功能"与以生产商为导向的"意图"相符，即宣传御泥妨美白保湿洁面乳的功效，带给人美感，促进消费。

文本选择：操作型文本，具有渲染性的语言特点，已达到完成产品宣传功能。

策略应用：归化策略。

文本构建：遵循"连贯法则"，译文应符合目标语习惯，而非全部将原文本译出，在语言形式上向目标语言归化，以达到其产品宣传功能，促进消费。宣传词语的语言逻辑强且句式紧凑简洁，具有美感功能，符合目的语消费者的语言及消费心理方面的习惯，译文采用短语结构。

例5：屈臣氏婴儿滋润霜宣传

原文：屈臣氏婴儿滋润霜是特别为细嫩的皮肤配制的。蕴含天然牛奶精华，性情温和，不刺激，深层滋养宝宝肌肤，令宝宝天生娇嫩的肌肤倍感幼滑嫩白。成人使用，可令您的肌肤如婴儿般娇嫩，温和滋润不油腻

译文：Watsons Baby Moisturizer has been specially formulated for delicate young skin. Its gentle moisturizing action will smooth and protect from dryness. Keeping skin soft and supple. Ideal for areas prone to chapping and chafing. The mild formulation is also ideal for adult use. Gentle moisturizing without leaving skin greasy

---

【翻译过程分析】

原文分析：原文为屈臣氏婴儿滋润霜宣传，语言简单，便于记忆和阅读。词汇使用上多用动词便于加强产品效果的宣传。如婴儿般娇嫩、皮肤光泽是几乎每一个女人的欲望和需求，这些语言的使用在传递产品功效的同时，真正达到了刺激消费者购买的意图。

译文分析：翻译的方法并非直译或是字与字的对等翻译，而是考虑目的语读者的期望，采取归化的策略，达到了广告宣传产品的神奇功效，感染消费者购买的目的。

目的论指导下屈臣氏婴儿滋润霜宣传的分析：以生产商为导向的"意图"与以目标语为目标的预期"功能"基本一致，目的确定，即通过广告宣传该产品的神奇功效，从而促使消费者购买该产品。产品广告宣传应尽量简洁，富有美感，引人入胜。

翻译目的决定译者需要满足目标消费者的需求，这同时也满足了"目的论"中"连贯法则"的要求。译文首先"应该在接受它的交际环境和文化中是连贯的"，也就是说译文应符合目标语的文化语境，为目标语读者所接受，而"原文只是为目标受众提供部分或全部信息的源泉"。① 译者充分考虑了目标与读

---

① 克里斯汀·诺德. 目的性行为——析功能翻译理论［M］. 上海：上海外语教育出版社，2001：98.

者——消费者对化妆品说明书广告宣传的喜好采用归化策略来处理译文。

具体方法如下：在语言使用方面，译文采用短语、动词等英语国家本土化妆品常用形式，如"formulated""moisturizing""smooth""keeping"等。

在国内的化妆品说明书上，中国人习惯用生动的语言、比喻的词语，而英语国家人的思维方式更偏向于逻辑性和准确性。考虑到这一点，中国人更重视的是直观的效果，通过感官来认知，如果直接翻译会有思维认知上的差异，此处直接缩译更加符合目的与读者的要求，符合目的原则。

例6：上海相宜本草赤豆匀净皙白面膜产品功效说明

> 原文：富含赤豆美白精华，滋养肌肤的同时有效淡化黯沉，净化肌肤的杂质与瑕疵，由内而外均匀提亮肤色，为肌肤补足营养，呈现健康白皙，将整片面膜精华液逐层充分渗透，护肤效果加倍
>
> 译文：Formulated with Red Bean essence , intensively moisturizes skin. Gets skin fairly white and evens skin tone day after day. Special mask paper, softer and smoother than any other ones, helps to inject essence into skin better

【翻译过程分析】

原文分析：相宜本草赤豆匀净皙白面膜主要由 27 种成分组成，其中赤豆是产品的主要功效成分。本文在宣传产品的功效过程中运用了具有渲染产品效果的词语，如健康白皙、提亮肤色、淡化黯沉等，达到了宣传产品功效，刺激消费者购买欲望的意图。

译文分析：译文与原文相比较，通过运用改译的方法，将原文中的信息通过全面的改译，能够大体上达到宣传产品效果，刺激消费者购买欲望的意图。但是在行文语言的使用中，有较不规范的地方，不能达到符合目标语读者习惯的程度，从而没有达到更好宣传其产品功效的意图。

目的论指导下相宜本草赤豆匀净皙白面膜产品功效说明的分析：翻译是在目标语情境中为某种目的及目标受众而产生的语篇，决定翻译目的的最重要因素便是受众，要考虑到受众的语言习惯、文化习惯、消费习惯等[①]。该译文中从全文的结构来看，译文的句式结构用得不当，"Formulated with Red Bean essence，intensively moisturizes skin. Gets skin fairly white and evens skin tone day after day. "此句中句式结构无主语，语言习惯不能符合译语读者的要求，会导致对产品文字可信度的降低，进而达不到宣传产品功效，使消费者产生购买产品的意图。根据

① 卞建华. 传承与超越：功能主义翻译目的论研究 [M]. 北京：中国社会科学出版社，2008：49.

"连贯法则"，译文文本在目标语环境中要有意义，符合目标与受众的习惯。因此，在保证信息传递充分准确的同时，译文应符合消费者语言使用、文化及消费心理等习惯。本文中，译者将原文的语言文字通过重新的整合进行改译，使之符合目的语读者的需求。

因此，本译文虽符合了功能目的论中的"忠实法则"，但违背了"连贯法则"和"目的法则"，没能达到宣传产品，促进消费的意图，是一个应该改正的译本。

改译：Formulated with Red Bean essence, intensively moisturizes skin, it gets skin fairly white and evens skin tone day after day. Special mask paper, softer and smoother than any other ones, helps to inject essence into skin better.

（三）杂合型本文

化妆品说明书中的一些文本兼具信息传递与操作功能，并不单纯属于信息型或操作型文本，如一些化妆品说明书的提示警示，在传递信息的同时也对消费者有警示或提示作用，希望消费者做出或禁止做出某种行为。另外，商标如同化妆品说明书的姓名，在传递此信息的同时也会具有宣传产品的功能。我们将以上不能用单一功能概括的文本统称为"杂合型"文本。

例7：可丽佩翠护肤橄榄油倡导标识

> 原文：传播科学生活方式做健康时尚的倡导者。
> 译文：Spread scientific way of life, do the advocates of healthy fashion.

【翻译过程分析】

目的确定：以消费者为导向的"功能"与以生产商为导向的"意图"相同，即宣传"科学生活方式和时尚健康的倡导者"这一科学理念，完成其宣传功能。

文本选择：杂合型文本，传递的信息是为了完成宣传功能，但这一信息与化妆品说明书本身没有任何关系，属于杂合型。

策略应用：采取内容上直译，文化上归化相结合的翻译策略。

文本构建：依据"忠实"法则，译文应最大限度地符合原文的内容，故在内容上采取直译的翻译策略，做到准确地传递内容信息；依据"连贯"法则，即做到符合目的语消费者的语言使用习惯和文化习惯。采用归化策略将原文的句子变为短语结构，这样符合消费者的语言和文化习惯，并在语言词汇使用习惯上面作出调整，做到降低目的语消费者对产品的陌生感，使译文本土化，以完成其宣传功能。

例 8：雅姿品牌商标

原文：雅姿
译文：ARTISTRY

【翻译过程分析】

原文分析：雅姿诞生于 1968 年，寓意为"典雅高贵、顾盼生姿"，展露了雅姿富于时代感、更具魅力的品牌个性与形象。在向消费者传递品牌的同时更具有美感，能突出产品特征。

译文分析：雅姿标志由英文"ARTISTRY"、钻石星光图形和品牌标语组成。英文 ARTISTRY 笔画纤细，设计简约，灵动的笔触充分体现雅姿简洁、时尚的品牌理念。崭新的钻石星光图形，将原有的菱形钻石标志加以延伸，八条不规则向外放射的金色射线，寓意雅姿的魅力如钻石散发的璀璨光芒，将美丽推广到更多、更广的层面，让更多的人一起感受雅姿，分享美丽。

目的论指导下雅姿品牌商标的分析：此项翻译任务中，以消费者为导向所期望实现的"功能"和生产商的"意图"基本一致，目的确定，即该商标翻译要容易记住，并且受消费者的喜欢。为此，译者从多个方面考虑来满足此目的。

在目的确定的前提下，为传递产品名称，作者没有逐字翻译，而是根据"目的论"中的"连贯法则"，"译文则面向译语文化，而且最终应从译语的角度衡量它的适用性。"[①] 因此，为使译文更符合消费者的需要，应对消费者语言使用和消费心理的需求方面作出归化，译为"ARTISTRY"。

在满足消费者的心理方面，消费者对于品牌信息，倾向于简洁但具有感染性的词语。ARTISTRY 的魅力和美丽的象征充分体现了这一点。这样成功的例子很多见，如"美加净"译成"MAXAM"，"MAXAM"一词选自英语词汇"MAXIMUM"最大化的音和意，使人们产生了无尽的遐想，意思就是洗面奶洗得最干净，润肤露最滋润之意！

因此，"雅姿"译成"ARTISTRY"虽违背了"忠实原则"，但符合功能目的论中的"目的法则"和"连贯法则"，达到了宣传产品、品牌促进消费的意图，是一个比较好的译文。

例 9：广东馥珮品牌商标

原文：馥珮
译文：Fragrance

---

① 杨建华.西方译学理论辑要 [M].天津：天津大学出版社，2009：46.

【翻译过程分析】

原文分析："馥"指的是香气，更有香气、馥香的造句。"珮"也可同"佩"，原指的是身上佩戴的意思，寓指高贵典雅，是与生俱来的独特气质。馥珮连起来可以理解为与生俱来的香气迷人和高贵典雅。

译文分析：采用归化的策略将馥珮译成"Fragrance"，让消费者有一种熟悉的感觉，容易被记住。

目的论指导下馥珮品牌商标的分析：此项翻译中，以消费者为导向所期望实现的"功能"和生产商的"意图"基本一致，目的确定，即该商标翻译要容易记住，并且受消费者的喜欢。为此，译者从多个方面考虑来满足此目的。

"Fragrance"是香味、芬芳的意思，多用于女性，在西方文化中已被广为接受。选择将"Fragrance"作为英译名，首先便是文化上的一种归化，利用目标语文化中已存在的事物进行替换，而非将其直译为 Fu Pei，让消费者有一种熟悉的感觉，容易被记住。

除文化上的归化外，该译文也充分满足了消费者的消费心理。"Fragrance"在西方文化中，常被描述为美丽、漂亮、婀娜多姿，用以形容化妆品的品牌，既含蓄指出该产品的功能，明确向消费者意指使用该产品会令您身体美丽，生活充满快乐，真正抓住了消费者购买化妆品时渴望健康美丽的心理，做到"投其所好"。此案例中的名称归化可谓一举多得，实为经典，无论是对文化的归化还是对消费者心理的细致考虑，都充分体现了译者从翻译的目的出发，尊重目标语读者的需要，符合"目的论"法则中的"连贯法则"，即译文在目标语境中有意义。这样成功的例子很多见，如护肤品"Clean&Clear"的源语信息是：您使用了该产品，肌肤将会干净清爽。但如果直译为"干净清爽"，不仅在发音上失去原文朗朗上口的韵味，而且无法引起人们美好的遐想，无法具有明确的消费群体定位。相反，正因为"可伶可俐"这个笔上生花的名字而受到少女们的青睐，豆蔻年华的小姑娘谁不想用"可伶可俐"保持舒适清洁之余，倍添伶俐俏丽呢？

因此，"馥珮"译成"Fragrance"违背了"忠实原则"，但符合功能目的论中的"目的法则"和"连贯法则"，达到了宣传产品品牌，促进消费的意图，是一个比较好的译文。

四、化妆品说明书不同文本的翻译策略

（一）信息型文本翻译策略

化妆品说明书的信息型文本采取的翻译策略为"直译和归化相结合"的策

略。在化妆品说明书中以消费者为导向的"功能"和以生产商为导向的"意图"通常是相同的，都是旨在传递化妆品说明书的客观信息，所采用的翻译策略为直译和归化相结合的策略。

具体来说是内容意义上采用直译策略，即我们将原文本的信息直接翻译成译文信息不仅准确地传递了原文的信息，而且充分体现了功能目的论中的"目的法则"这一原则，忠实于原文本。

在信息型文本中，不同的译者有不同的译本。成功案例的译者在翻译的过程中注意到了语言文化以及消费心理等方面存在的差异，多选择归化的翻译策略，根据目标语言的语言使用、文化认知习惯以及消费心理等方面的差异将目标语差异归化，即使译文"本土化"，这不仅可以使消费者接收到信息，同时还能降低陌生感，使之亲切熟悉。常用的归化包括对语言的归化，如词上面的归化、语句上面的归化、语法上面的归化和习惯用语方面的归化等；对于文化认知和消费心理的归化主要是将原文本中字词句的翻译根据目的语消费者的文化习惯和语境进行归化。将存在的文化认知方面的差异及影响消费者阅读的语言点，按照消费者的文化语境来进行归化，减少消费者因文化和语言上面的差异所产生的困惑，达到符合其文化和消费心理的意图。

（二）操作型文本翻译策略

不同于信息型文本，操作型的化妆品说明书英译采用"归化"的翻译策略。操作型文本通常由宣传性的语句构成，语言特点是具有美感和宣传力，其主要目的是完成生产商的宣传意图，达到宣传产品的目的。

在化妆品说明书中，操作型文本无论在内容和宣传功效上都多于信息型文本和杂合型文本。在操作型的化妆品说明书中，以生产商为导向的"功能"和以消费者为导向的"意图"，主要是运用富有感染性和艺术性的语言来宣传和渲染该产品，以达到促进消费的作用。操作型的化妆品说明书在形式上并不存在过于严格的要求，通常是以语篇为主，主要的目的是完成对产品的宣传，提高消费者的购买欲望，达到促进消费的意图。因此要求译者充分考虑到消费者的语言使用习惯、文化习惯和文化语境以及消费心理等，尽量最大化地满足目的语消费者的语言、文化、消费习惯，降低陌生感。采用归化的翻译策略能够打破原文本在语言形式上的限制，在语言的使用习惯、文化习惯和文化语境以及消费心理等方面降低译文本所带来的陌生感，增加熟悉度，使译文本土化。操作型文本采用"归化策略"，具体可表现为对体现生产商"意图"的原文本的所有信息按其功能进行精简概括。翻译方法通常为简化删译，也会有增译和改译等。

（三）杂合型文本翻译策略

杂合型的化妆品说明书的英译所采取的策略多为"归化策略"，一些具有警示或提示作用的杂合型文本则采用"内容上直译，形式上归化"的翻译策略。杂合型的化妆品说明书以消费者为导向的"功能"和与生产商为导向的"意图"相同，但由于其包含的文本并不完全属于某一种类型，所以采用的翻译策略也相对复杂。

成功的化妆品说明书的商标的汉译英多采用归化策略。归化的翻译策略的好处在于突破了原文文本形式的限制，兼具美感功能，使商标品牌在消费者的文化语境中达到最佳宣传效果，促进了消费；在一些成功的杂合型化妆品说明书中也采用归化策略，尽管其意图不是为了宣传化妆品说明书，却在符合目的语消费者语言、文化以及消费心理习惯的语境中也起到了"本土化"的效果。而对于一些具有警示或提示作用的杂合型文本在传递信息功能的同时，更要求传递的信息准确客观，因此在内容上要采用"直译"的翻译策略，使之忠实于原文的信息，但在形式上需考虑语言、文化上的差异以及消费心理等方面的差异，使译文"土化"，降低陌生感，宜采用归化策略，相同于信息型文本。

第四节　基于功能翻译的旅游文本翻译

旅游文本主要指以国外普通游客为对象、介绍中国旅游资源的书面体指南性资料。从文体角度看，该类型资料属于说明性应用文体，以描写、说明、介绍为主，主要的功能是向读者传达信息，因而，语言简洁明了，用词朴素平实，文章的组织行文一定程度上呈格式化倾向。因此，它具有信息功能。鉴于旅游外宣传播的功能不仅是向旅游者传递有关旅游产品的信息，而且还要通过对旅游产品的介绍、宣传推广来引起旅游者或潜在旅游者的兴趣，激发他们亲身体验旅游产品的愿望，具有较强的吸引力和感染力，所以它还具有一定的呼唤功能。

一、英汉旅游文本的文体特点

英汉旅游文本具有各自的文体特色及其风格差异。贾文波（2004：109—117）认为，汉语旅游宣传材料大多重言辞的华美，多用四言八句，多仰仗辞藻的渲染而非物象的明晰展示，因而"文采浓郁"。究其原因，汉语旅游宣传材料的写作历来受汉语古典山水诗词及山水游记类散文作品如《水经注》《桃花源记》

及《徐霞客游记》等的影响，行文讲求工整，声律讲求对仗，文意讲求对比，追求音形意美以及诗情画意的效果。

英文的旅游宣传材料则大多风格简约，结构严谨而不复杂，行文用字简洁明了，表达直观通俗，注重信息的准确和语言的实用，景物描写多用客观的具体罗列来传达实实在在的景物之美，力求忠实再现自然，让读者有一个印象。

二、英汉旅游文本具有许多文化信息

旅游文本会涉及许多风土人情、历史典故、民间传说等，具有较浓厚的文化色彩。有许多文化负载类信息。汉语属于汉藏语系，英语属于英欧语系，两者的语言文化存在着比较大的差异。因此，在汉英语言翻译中，存在许多文化缺省，需要在翻译中进行信息调整和弥补。

三、商务英语旅游文本的翻译方法

商务英语旅游文本翻译的技巧如表 6-1 所示。

表 6-1　商务英语旅游文本的翻译方法

商务英语旅游文本的翻译方法		具体阐释
直译法		如果旅游英语原文中包含很多实质性信息，且没有太多特殊的文化内容，在翻译时就可以采用直译法，这样不仅便于读者理解，还能使读者感受到信息的全面性。
转译法	转译为副词	英语中表示时间时，多用名词或名词性短语，如 one moment 和 the next，用以引出相继发生的连串动作。译文将这两个词分别译为汉语中的副词"刚刚"和"忽然间"，这样翻译可以使前后发生的动作显得更加连贯，同时也符合汉语的表达习惯。
	转译为名词	在翻译英语旅游文本时，可以将英语中的一些形容词、副词和由名词派生的动词转译为汉语的名词。
	转译为形容词	在翻译英语旅游文本时，可将原文中某些形容词派生的名词，以及一些作宾语或表语的抽象名词转译为汉语的形容词。
	转译为动词	动词在汉语中使用的频率要高于其在英语中使用的频率，在汉语中若干个动词并列使用的结构十分常见。因此，在翻译英语旅游文本时，可以将英文中的名词、介词、形容词和副词转译为汉语的动词。

续表

商务英语旅游 文本的翻译方法	具体阐释
拆译法	在语言结构方面英汉语言存在着显著的差异,所以翻译英语旅游文本时常采用拆译法,即将英文中的立体复合结构按照汉语的行文方式拆开来译,将其一整句话拆分成若干个短句,按汉语事理顺序平行铺排。
增译法	如果采用直译法不能使译文与原文产生相等的效果,此时可以考虑采用增译法,即按译入语的行文习惯适当增加词语,将原文的内涵意义传达出来,从而增强译文的修辞效果,使之更符合译文读者的阅读习惯。例如: Venice invites idleness and strolling. Its silence is restful and its sundials are inscribed with the words:Horas non mumero nisi serenas(I count only the happy hours)(Venice,English World) 威尼斯是人们休闲解闷、闲庭信步的好去处,她宁静从容,闲适悠然,连城中的日晷上都刻着这样的铭文:"只计幸福时光"。 这样的译文意义更明确,也更为汉语读者喜闻乐见。如果将原文中的 invites idleness and strolling. Its silence is restful 直译为"邀请悠闲和散步,安宁是静止的",显然是不合逻辑的。为了填补逻辑语义上的缺失,译文应增添恰当的词汇。

第五节　基于功能翻译的其他商务翻译实践类型

一、科技翻译

在过去的 500 年里,人类先后发生了两次科学革命和三次技术革命。第一次科技革命是 16—17 世纪的近代物理学诞生,第二次是 18 世纪中后期的蒸汽机和机械革命,第三次是 19 世纪中后期的电气和运输革命,第四次是 20 世纪初的相对论和量子论革命,第五次是 20 世纪中后期的电子和信息革命,第六次科技革命正向我们走来。人类从马车时代到蒸汽机车时代走了将近三千年,这一周期不能不说是漫长而艰难的。从此,随着交通方式的改变,科技革命的周期大大缩短,人类文明发展的脚步大大加快了。从发明到应用,电磁波通信用了 26 年,集成电路用了 7 年,激光只用了 1 年,[①] 而到了信息时代,科技革命发生了质和

---

① 孙鸿仁.信息时代与翻译实践 [J].中国科技翻译,2001 (3).

量的飞跃，信息急增骤长，知识更新加快，科技成果转化周期缩短，人类无时不在享受着科技文明带来的实惠。

信息时代，科技文献在不断增长，信息的及时传送和处理技术已变成社会的生产力、竞争力和成功的关键，以大量消耗人力、物力、财力为特征的全译方法已不再适应科技翻译的发展，一种全新的基于读者的直接需求、适应信息时代需求的翻译——非常规翻译手段显示出勃勃生机。

我国应用翻译领域的著名学者方梦之教授认为，科技翻译不是全译，而是根据需要对源文摘译、选译、综述、编译或评述等，也就是用各种不同的译文形式来满足不同读者的需求。为此，他总结了德国功能派理论对科技翻译的指导意义：

科技翻译的方法和策略必须由译文的预期目的来决定。根据预期的译文功能，决定保留哪些源文成分或改写哪些成分，其原则是根据委托人的要求，译者在分析源文的基础上，使译文在译语语境中"具有意义"，并达到语篇类型和功能一致的得体性。科技翻译的常用形式有选译、摘要、综述、编译等，这些形式过去往往不入翻译研究的"正道"。功能目的论为一切违反"正统"的翻译实践提供了理论依据，引起人们对传统上不提倡，但从译文功能角度来看有时是必要的翻译形式的重视。

德国学者提出的功能目的论（Skopos theory）对扩大科技翻译研究、重新评价科技翻译的形式和方法具有重要意义。科技翻译作品，有的直接变成生产力，有的转化为科学研究的手段或条件，有的成为科技或行政决策的依据，涉及各行各业，其翻译量是天文数字。[①]

科技翻译在语言、手法上仍需遵循目标语的表现规律。科技英语多采用叠床架屋、虚词铰接的方式构建语篇，所以层层包孕的长句非常多。在翻译中如果一味地固守源文的语言形式，轻则违背读者的阅读习惯和反应，重则致使译文拗口难懂、晦涩难解，这些都只会妨碍源文信息内容完整准确地传递，阻碍文本目的和功能的实现。[②] 因此，译文表现形式需遵循汉语读者的思维规律，译者应在理解源文内容的基础上，根据汉语的表达习惯对原句结构加以解构，做适当的调整，化整为零，然后再依照源文的逻辑关系将源文信息纳入汉语的语法框架之中，这样的译文既流畅可读，又与源文意义契合对应。

科技翻译的方法和策略必须由译文的预期目的来决定。根据预期的译文功

---

① 方梦之. 我国科技翻译研究 50 年 [J]. 外国语言文学研究，2003（1）.
② 罗建华. 从功能翻译理论视角看思维方式对科技文本英译汉的影响 [J]. 外国语文，2011（6）.

能，决定保留哪些源文成分或改写哪些成分，其原则是根据委托人的要求，译者在分析源文的基础上，使译文在译语语境中"具有意义"，并达到语篇类型和功能一致的得体性。科技翻译的常用形式有选译、摘要、综述、编译等，这些形式过去往往不入翻译研究的"正道"。功能目的论为一切违反"正统"的翻译实践提供了理论依据，引起人们对一些传统上不提倡，但从译文功能角度来看有时是必要的翻译形式。

"信、达、雅"是一切翻译工作的标准。然而，由于其翻译的对象不同，科技翻译不同于一般文学等内容的翻译，它在上述标准的前提下又有自己的特点和准则。科技翻译，一般是指内容涉及各门科学或专门技术的文字的翻译。科技翻译之所以不同于其他翻译，是由科技文献的语言特点决定的．科技文献是叙述事理的，往往其逻辑性强、结构严密、术语繁多。因此，从事科技文献翻译工作时，除了要做到信、达、雅的要求外，还要做到下列几点。

（1）从事科技文献翻译工作时，切记要做到一步一个脚印，清清楚楚，不能让译文含含糊糊、模棱两可。

（2）科技文献本身就具有逻辑性强的特点，因为很多是推理性文章，上下文之间具有紧密的联系和逻辑关系。

（3）科技文献的翻译不像文学翻译，不讲究用词华丽，而讲究用词简练。能用一个词确切表达的，不用两个词。

二、政治文献翻译

"政治文献翻译"原来局限于将马列著作译成汉语，将我国老一辈党和国家领导人的著作、讲话翻译成世界主要语言。现在重心转为中央重要文献的翻译，将之译成英语、法语、德语、俄语和西班牙语，如党的全国代表大会文件、全国人民代表大会文件，包括政府工作报告、计划报告、财政报告、答记者问等。全国人民代表大会下设法律委员会，拥有自己的翻译机构，它每年都将全国人民代表大会通过的法律翻译出版。其目的是向外宣传党和国家的方针、路线、政策，介绍我国改革开放的成就，让世界了解中国，让中国走向世界，使中国赢得更高的国际地位，为中国的发展创造良好的舆论环境。中央文献翻译工作是一项严肃的政治任务，要求译者有良好的思想品德、文化素质、工作态度和外文修养。翻译工作中的错误可能会造成严重的政治性后果，因而容不得半点马虎和疏漏。中央文献包含国家的大政方针和宏观经济政策，翻译原则是译者掌握文献的精神，用简洁的英文完全正确地传达源文的意思，正确表达中央文献的意思是最基本的标准。因此，这类政治性和政策性很强的翻译是任何其他团体和个人不能替代的，它要求译者具有高度的政治敏锐性和长期从事此类文献翻译的经验。中央文献无论是领袖著作还是领导人讲话和重要会议文件，无不渗透着马克思主义的立场、观点、方法，必须具备一定的政治理论水平才能把握译文的准确性和稳妥性。[①] 长期从事政治文献翻译的外交部资深翻译家程镇球曾以"政治文章的翻译要讲政治"为题，认为政治文献的翻译不是一般意义的"信"能做到的，因为政治文章涉及国家大政方针、基本政策等，稍一疏忽，后果严重。必须紧扣源文，不得任意增删，不能随意解释和发挥，有时源文的词序也要注意，不要轻易颠倒，避免犯政治性错误。甚至一些小零件也不应放过，汉语里没有冠词，译成英语时用不用冠词也大有讲究。[②]

但是，在确保"意义准确，语气恰当"的前提下，还应该确保译文被读者理解，两者缺一不可，否则无法实现翻译功能。对于国内固有的观念、政策术语、政治术语，既要准确反映其内涵，又要运用外籍读者能够接受的、能够理解的语言形式，这种要求最能考验译者的政治水准和外语能力。很多政治术语在国内已形成固定的、简洁的表述方式，如果直译，有的外国人可能不知道要表达什么意思，如"三下乡""三讲教育""八荣八耻""高考移民""普九工程"等，这类词语的翻译仍具有一定的柔性，在确保意义正确、语言地道的情况下，允许译者根据上下文对其表现形式有一定的变通。

三、法规和商务翻译

法规和商务活动中的合同属于一种语言体裁，严肃、庄重，规约了当事人的权利、责任和义务，可以归并同一议题。

中华人民共和国各项法律和章程，联合国和国际性事务机构的法规条文，由国家专门翻译机构负责。国际贸易中通用的商法，如跟单信用证、跟单托收、仲裁条款、托运条款有专门机构负责，且这些专门机构负有解释之责。另外，许多在华机构、公司需要了解相关的外部环境，会针对性、选择性地翻译所在地的法律、法规、章程。外资为了有效地管理企业，必然"建章立制""约法三章"，以文件或公告形式公示，如杜邦公司，其管理所用的语言具有很强的规约性，用之于日常生产、安全和职工言行的管理，翻译好这些规约性语言能对国内企业管理

---

① 贾毓玲. 对中央文献翻译的几点思考 [J]. 中国翻译，2011 (1).
② 程镇球. 政治文章的翻译要讲政治 [J]. 中国翻译，2003 (3).

提供诸多借鉴。

在对外商务活动中，商业函件是外销员直接处理，很少找人翻译，如果有人介入，反而会造成诸多不便。英语就是他们的工作语言，为了提高办事效率，他们或者根本不去翻译。一个合格的外销员应具备英语交流能力、中英书面文字处理能力，这样足以应付日常的外贸工作，加之他们熟悉国际业务，对询盘、发盘、订立合同、开立信用证等轻车熟路。除了商务合同中相应的套语可以重复利用外，所经营行业的专业表述也是他们非常熟悉的。

在商务活动中，与翻译最为密切的莫过于商务合同。合同是双方权利与义务的书面表达。国际贸易合同是一式两份或一式多份的双语文本、多语文本。一种语言是另一种语言的意思的真实表达，它所涉及的文书包括法律、条约、协定、契约、合同、章程、条例、保证书、判决书、招标书等。今天在不断增长的国际经贸往来中，以合同为中心展开的商务活动，都离不开英语起草的契约，购销合同、技术转让合同、工程承包合同、合作合资生产合同、项目标书、确认书，以及在执行合同过程中与其他部门发生经济关系而产生的次生合同，如运输部门签发的海运提单、银行开立的信用证、商检部门出具的商检证书、保险公司开出的保险单等，这些都是一种契约语言。为了使读者在解读时不产生偏差、误解，除了准确、忠实地翻译原文外，利用目的语契约语言习惯非常重要。

不少人认为，将原文结构全部或部分复制，可以体现合同的严肃性、逻辑的严密性，避免产生歧义，但是，这样做往往会造成汉语结构生涩、语言风格怪异，缺少应有的关联，一长串，阅读起来费时费力，让人窒息，难以理解，反而造成歧义与误解。

不同语言的合同有自身的风格特点。英语合同仍体现形合的特点，结构盘根错节，长句套短句，时有语序异常，不同于普通英语的排序。受词往往是一个繁复的名词子句或者一长串的名词结构。虽"节外生枝、不嫌其烦"，倒也错落有致。用词方面正式、级别高，古语词、拉丁语汇、同义结构时而出现，以显示合同的庄重、严肃和精密。因其格式固定、性质和作用相同，契约语言在长期的实践过程中逐步形成了自身的语言习惯。例如，约首对当事人的称呼、序言、本文、约尾、合同文字效力、正本份数、附件效力及双方签字都有一些比较统一的说法，所以合同文本中有大量的"程式化"语言。

汉语契约式语言也有它自身的行文特点，很多语句也有"程式化"倾向，如禁止性规范中的"不得"字句，与之相近的有不准、不许、不能等，如"未经检验合格，不得装运"。如果加以利用，会为合同翻译带来很好的表达效果，使合同既充分反映原文的内容、意义，又符合汉语的行文和阅读习惯，译文能更好地发挥它的功能。法律文体语义特征具体阐释如下。

（一）法律术语的"单义性"特征

它是指一个法律术语在某个法系或法律体系中只表示一个法律概念。比如：在中国法律中"住所"和"居所"，"定金"和"订金"，"被告"和"被告人"的区别。具体来说，住所是指自然人生活和进行民事活动的中心处所，在中国法律中，"住所"是公民长期居住的场所。依据有重要的法律意义，故有学者称住所是法律关系的中心地。居所是自然人居住的处所，通常指自然人为特定目的暂时居住的处所，凡公民的居住场所均可称为居所。

定金，是指合同当事人为了确保合同的履行，依据法律规定或者当事人双方的约定，由当事人一方在合同订立时或者订立后履行前，按照合同标的额的一定比例（不超过 20%），预先给付对方当事人的金钱或其替代物。它是作为债权担保的一定数额的货币，签合同时，对定金必须以书面形式进行约定，同时还应约定定金的数额和交付期限。

而订金在法律上是不明确的，也是不规范的，在审判实践中一般被视为预付款，即使认定为一种履约保证，这种保证也是单方的，它只对给付方形成约束，即给付方对收受方的保证。若收受方违约，只能退回原订金，得不到双倍返还。

可见定金和订金虽只一字之差，但其所产生的法律后果是不一样的，订金不能产生定金所有的四种法律效果，更不能适用定金罚则。

被告人是指被指控涉嫌犯罪并由检察机关向人民法院提起公诉或自诉人提起自诉的刑事当事人；被告则是被诉侵犯原告的民事权益争议而被人民法院通知应诉的人。由此可见，"被告人"和"被告"是完全不同的两个概念，首先，"被告人"是刑事概念，属于刑事诉讼的范畴，"被告"是民事概念，属于民事诉讼范畴。

（二）对义词的采用

对义词是指词语的意义相互矛盾、相互对立，即词语所表达的概念在逻辑上具有一种矛盾或对立的关系的词。如：The seller and the buyer；debtor and creditor；offeror and offeree；plaintiff and defendant；licensor and licensee.

（三）类义词的并列特征

它指词类且语义上有着某种联系的一组词，这些词常通过"and"或"or"

等连词组合在一起，用来表示类似但不同的含义。如：term，condition，warranty；responsibility or obligation。

（1）The Contractor shall take all reasonable steps to protect the environment and to limit damage and nuisance to people and property.

对公众和财产造成损害和妨害。

（2）The Contractor shall ensure that emissions, surface discharges and effluent from the Contractor's activities...

气体排放、地面排水及排污等。

（四）常用并列修饰定语

Neither the Company nor the Purchaser shall in any event be requested to take any steps which would require any admission of guilt or liability relating to matters connected with the claim in question or which would affect the future conduct of the business of the Purchaser.

（五）动词的名词化

It appears that the admission for the prosecution of a conviction of a person other than the accused under...

（六）副词条件限定特征

任何法律规则均由假定条件、行为方式和法律后果三部分构成。在法律规则中，从语法结构上看，假定条件往往是以副词、副词短语、状语从句的形式出现的。这些表示条件的连词或介词短语引导，例如"if and only if"，"if"，"unless"，"unless and until"，"wherever"，"whenever"，"provided that"，"to the extent that"，"in case of"和"in the event of"。

四、工业和建设项目翻译

工业建设项目的翻译是指企业在建设、设备引进、安装、运行、维修，以及大型土建项目中发生的翻译活动，涉及口译、笔译，以及与外方的交流沟通。在很多情形中，译者行使的职责如同办公室主任之类，外方的日常生活所需所求都包括在内。

一些企业与外方建立业务往来，有很大的翻译量。由于没有设立外贸公司或情报翻译室，遇到大件设备引进，需要外请翻译人员处理对外事宜，如起草函件、商务合同，外出购买设备、陪同外方安装、调试设备及善后保养等。外请翻译可以在委托单位常住几个月，一两年时间不等。翻译人员的工作不单是文字工作，他需熟悉委托单位的生产经营状况，掌握所需设备的性能、生产能力及零部件名称和委托单位的实际需求，以便更好地与外方交流。承担此种任务需要精心准备，与委托人及时沟通，熟悉本行业务，才能顺利完成任务。在实际操作中，很多译员往往临时接到任务就仓促上阵，不做前期准备。结果在工作中连猜带蒙，翻译质量大打折扣。

　　快速发展的经济为翻译人员提供了广阔的空间。在大型企业，翻译的工作量是惊人的。比如，大亚湾核电站全套引进价值 40 亿美元的核能发电设备。据估计，这家核电站第一期工程资料有 50 万～70 万页，如果以重量来计算，资料达100 多吨，译成汉字达 4 亿字。投资巨大的上海宝钢第一期工程的翻译资料可装载重三吨的卡车 100 辆，译成汉字约 2.75 亿字。就翻译人员数量来看，宝钢集团有限公司、中国石化上海石油化工有限公司（组成的一部分原名为上海石油化工股份有限公司）等单位都曾经超过 400 人。实际上，稍具规模的涉外企业都会配备专职情报翻译人员。很多大型的建设项目需要成百的译员从事合同、可行性报告、技术资料、图纸等一系列文件翻译，有时候还需要为外国专家配备众多的口译人员。[①] 工地上有大批的外籍专家需要与中方工作人员沟通，这种翻译是大规模的集团作战，是一种有组织的大规模的工程现场翻译，除翻译人员需要事先了解工程业务外，还需要及时沟通中外双方出现的问题。另外，对工地上成百的翻译队伍来说，翻译负责人的组织协调能力十分重要。

　　在工程建设翻译中，还有一种现象值得我们注意。例如，一宗技术资料翻译，委托人可能将之委托给一个翻译公司，或者高校的某个教师，受托人由于时间仓促或其他原因，又把资料分成若干份转托给其他人。这时第一受托人的责任本应相当重大，按正常的操作程序，在交托第二人之前，他应在资料中选择那些反复出现的术语和格式，召集研讨，商定统一的译法和编排格式，在第二受托人交来译稿之后，又需对各译稿进行认真的审校，以免出现同一术语有多种译法、同一种格式出现多种编排方式现象，还需审校各译稿中是否有语法错误、语言是否地道、意义是否清楚，如果问题严重，退回重译等各项指标统一后才能交付文印。因此，第一受托人不但要有高超的双语能力，还要有高度的责任心和组织能

---

①　陈亦明，曾剑平.翻译与经济建设［J］.企业经济，2002（12）.

力。如果第一受托人没有按照这种程序规范来操作，任凭第二受托人各显神通，那将带来非常不利的后果。

五、新闻翻译

新闻翻译属于跨文化信息传播，绝不只是一般意义上的文字翻译，需要将信息重塑、编辑、合成和转型，以方便读者理解和接受。[①] "一个新闻文本的转换过程的任何阶段不可能是传统意义上的翻译。更有可能的是，新闻文本的翻译会采用各种不同的方法，包括摘要、解释、增删，为适用目的语文化习俗而进行的改编以及用报社的特殊风格进行的改写等。换言之，新闻报道所经历的是一系列文本的转换，这些转换的策略全部是同化策略。不管一个文本是如何产生、产生于何处，其目的都是以他们的语言方式为一批特定的读者呈现那个文本。关于译者自由的争论在这样一个语境中没有任何意义。"[②] 翻译只是新闻编辑中的一个因素、一个环节，新闻翻译以"编"和"述"为主，"译"是"编"的基础和前提，"述"是"编"的结果，"述"就是改变源新闻稿的叙述风格和口吻，将语言形式归化为目的语，确保稿件简明扼要、通顺流畅。某种新闻事件往往十分复杂，有多种新闻来源，仅靠一则报道，带有主观性和片面性，因此，报刊、电视新闻对国外的报道会综合各种新闻来源，加工整理，形成一个连贯的、自然的、无任何翻译痕迹的语篇。如果编译者对某一新闻事件没有铺垫，不掌握相关报道、相关的背景和知识，对目的语语体不具敏锐的感悟力，仅凭新闻稿中的文字翻译，就无法交代前因后果，语言无法简洁顺畅。即使是某一则报道，译者也不会全译，仍然通过编辑的方式，根据自身的判断，变易标题和导语，删除多余信息，增加背景知识，重排段落顺序等。不同的文体习惯意味着大量的改写，调整为国内读者习用的语体风格，"在某些语境中，读者期待新闻报道包含有直接引语，从而传递更多的真实意向。这是英国的一种标准惯例，大报小报都习惯采用。而在欧洲其他国家，用直接引语则被认为是媒体失语，所以文中引语多用转述代替。如意大利的新闻报道好用夸张，这同英国媒体的冷嘲热讽和轻描淡写形成强烈对照，再如法国报刊喜欢篇首来一段论证充分、讲解透彻的评述，而英美报纸则喜欢在文章开始藏而不露，最后给你一个有分量的结论，这两种风格也完

---

① 朱天文．美国新 N.N-N 中汉英翻译采用的策略和方法［J］．上海科技翻译，2003（3）．

② 余也鲁．从"传理"论新闻翻译//中国翻译工作者协会《翻译通讯》编辑部编．翻译研究论文集（1949—1983）［C］．北京．外语教学与研究出版社，1984.

全不同。"①

"还有政治、权力、文化等多重因素，需要在新的背景下重新编辑、改写、再包装，翻译只是这个复杂过程的一部分。"原新闻撰稿人总会从自身的角度、从他所处国家的意识形态、价值观念，描述和评论新闻事件，而编译者所服务的新闻机构不能不受制于一个国的主流意识形态，所以一个国家的意识形态客观上要求新闻报刊在报道世界新闻事件的同时，必须符合主流政治所需的舆论导向，就连美国这样声称"人权""自由"的国家，新闻报刊对一国所采取的态度取向也基本由国家的主流政治所控制。如美国发行量最大的《时代周刊》（Time）和颇具影响的《新闻周刊》（Newsweek）基本成了美国政府利用的工具和喉舌。由于受到美国政治制度、意识形态和价值观等因素的影响，导致美国新闻周刊在编辑策略上带有明显的倾向性，对中国报道和美国报道的态度明显不同。有关中国的负面报道数量大大超过了正面报道，主要集中在人权、天灾人祸、动乱、不同政见者、"中国威胁论"，即使有正面报道，也主要集中在朝着他们所赞许的经济改革，正在接受他们所谓的民主观、价值观，而对中国人民在中国共产党领导下所取得的建设成就及人民生活的大幅度提高却视而不见。译者在翻译国外报刊对中国政府和人民带有偏见的评价时，应该予以舍弃或作淡化处理，或者作出评价。

新闻翻译者可以是一个人，也可以是一群人组成的翻译组。在电讯的选择方面，有与电讯编辑几乎相同的运作规律。他们每天收到的外电与选译的比例非常大，他们需要依据自己的经验和读者预期来做价值判断和取舍。新闻翻译者的工作好比"消化机能"，把"外界输入的食物加以揉碎、选择，重新组合成新的成分，由肠壁吸收，成为血液，一方面将不利于人体的废物排出。"在互联网时代，民众要求新闻及时、准确、快捷，这意味着分配给编译者的时间极其有限，对源文字斟句酌的可能性大为减少，他们的注意力更多地放在怎样创造性地运用新闻语言，以读者和观众期待的风格来传递新闻上。

新闻语言的运与人们的生活方式有着十分密切的关系，而生活方式使人们对信息的选择、接受逐渐"快餐化"，新闻正逐步进入"读题时代"②。一条好的新闻标题以其简洁、醒目、趣味的表达方式来吸引读者的眼球，快速准确地传递信息，可见标题在新闻传播过程中地位极其重要。

---

① 苏珊·巴斯内特著. 把消息带回家：同化策略与异化策略//辜正坤，史忠义. 国际翻译学新探[M]. 曹明伦译. 天津：百花文艺出版社，2006：202.
② 冯庆华，张健. 报刊语言翻译[M]. 北京：高等教育出版社，2008：66.

例 1：How to remember Koxinga.

译文：如何纪念国姓爷。

在 2012 年 7 月的《经济学人》上，报道了有关中国第一艘航空母舰开始海试航行，引发了人们对新名称的关注。

第一次交际过程：作者—源语读者。

正文内容提供以下关键信息：2012 marks the 350th anniversary since that breakaway kingdom was founded；by Zheng Chenggong, who is better known outside China as Koxinga; Koxinga remains a controversial figure in China; Taiwan and Japan; Japan has always treated him as a greatnative warrior; textbooks remember Koxinga as a patriotic Chinese hero. "How to remember Koxinga" 激活了源语读者的语境假设：国姓爷是个值得纪念的历史人物；不同国家对国姓爷评价不同。将以上假设与标题正文语境结合获得了语境效果：不同立场对国姓爷的纪念方式不同。

第二次交际过程：作者—译者。

面对英语标题，译者找到的语境假设有：人们都以什么方式纪念郑成功？是否纪念郑成功的方式都一样？将以上语境假设和源文标题正文语境结合获得语境效果：郑成功有多个历史形象，立场不同郑成功的历史形象也不同。

第三次交际过程：译者—译语读者。

译者根据得到的语境效果生成译文标题，为译文读者提供语境效果近似源语读者获得的语境效果，此译文恰当。

六、影视传媒翻译

"影视传媒翻译"依附于网络、电视媒体，以文字闪现于屏幕下方得以实现。由于受时空的限制，只能瞬间闪现，所以译文需简洁、通俗、易解。在图像主宰文化的时代，这一翻译活动昭示出勃勃生机。国内诸多电视媒体，如中央台的新闻频道（13 频道）的国际新闻、中文国际频道（4 频道）的中国文化类节目、教科频道（10 频道）国外人物类、动物类节目。有的是人物独白或对白的画外音，有的是所有的汉语和对应的译文在屏幕下方显示，有的是先前购买版权，制作后播放，这些都涉及翻译。目前，网民在线观看或下载观看国外影视片已成为一种风尚，其影响范围之广，有替代书面阅读的趋势。由此，字幕翻译成为一大主流翻译活动，是传统的文学翻译无法企及的。尽管如此，翻译界的研究兴趣十分淡漠，"译制片受众（观众）的数量远远超过翻译文学作品受众（读者）的数量，但与之相反，翻译界对影视翻译的重视却远不如文学翻译。反映在大学里有关课程之开放、学术刊物上有关论文之发表、学术团体中有关组织之建设等方面，均与影视翻译的社会作用不相称。"[1]

改革开放以后，我国曾进入一个"译制片"时代，由电影制片厂、电视台购进版权，以翻译、配音为主加以重新制作。这种翻译的难度超出一般的文字翻译，它需要文字在为演员配音时符合银幕人物的口型、语气、体姿，译文和源文长度必须一致，译者在翻译时将每一句的中文字翻译得跟外文句子的音节基本相吻合。如果外文短而中文长，则观众看到演员的嘴巴不动而仍能听到说话的声音，就会产生滑稽难堪的效果。在文化单调的年代译制片受过热捧，但是今天我回过头看，其缺点也是显而易见的，制作周期长，从引进到面世往往要一两年时间。最主要的是，一些译制片的语言呆板，口语化不浓，缺乏生活气息，过重的外国腔，配音装腔作势，让观众感到不自在，影响了影片的情调、人物个性、观赏效果。

到了网络发达的年代，传统译制片再没有那么走俏了。一种新的翻译群体和翻译现象——"网络字幕组"的中英文对照应运而生，得到了新生代的青睐。百度百科对字幕组的定义是：将外国影片配上本国字幕的爱好者团体，属于一种民间自发的个人团体组织。通常情况下，从引进到翻译完成一部外国影视资料，要经过一系列严格的流程，且都得经过主管部门审查。这意味着一部好的影视作品与观众见面时，早已不是"新鲜货"了。

字幕组成员普遍年轻，喜欢使用流行语言，作品颇具时代感。以美剧为例，很多网友认为，字幕组的翻译不像专业的翻译那么生硬，诸如"给力""神马""浮云"等网络热词层出不穷。简单的一句"你懂的"，就能博得网友们的会心一笑。字幕组的出现，促进了海外精品节目在互联网上的流行。最早关注字幕组的《纽约时报》称他们为"打破文化屏蔽的人"。更多的时候，网友称他们为"网络时代的知识布道者"。字幕组成员在现实生活中的角色各不相同：既有"80后"，也有一些"70后"，甚至"60后"，相当一部分人是学生，包括海外留学生，不乏来自哈佛等世界名校者，还有的是公司白领、公务员，他们没有固定的办公地点，居住地遍布全国甚至世界各地。他们大部分人互相之间不曾谋面，仅通过网络联系。他们加入字幕组的动机也各不相同：有的人是希望提高自己的外语水平，有的人是为了展示自己的才华，有的人是为了第一时间看到心仪的视频节目，还有的人甚至是为了"以这种方式向自己崇拜的演员致敬"。[2]

字幕组把握了大众文化的脉搏，以几乎与欧美网络大片同步上网的速度，最

①　钱绍昌. 影视翻译——翻译园地中愈来愈重要的领域 [J]. 中国翻译，2000（1）.
②　何珺. 字幕组，不计回报的文化使者 [J]. 视野，2011（14）.

大限度地满足了影迷追求"新、奇、异"的心理。他们能造就如此庞大的群体，无疑是翻译架起了通向这一娱乐文化的桥梁。因此，其翻译手法值得我们探究。

追求娱乐性、感官享受、刺激、虚妄、超脱、空灵是当今大众文化的普遍特性，这一点与欧美大片的精神是吻合的。字幕语言必须以此为着力点，时髦新潮、口语化、生活化、直截了当、通俗易懂，这一切必须以加入中国本土语言元素和流行元素为前提。

把 oh my god 译成"额滴神呀"只能算是小儿科。在字幕组的娱乐精神下，任何英文的流行用语都能被精准地转换成中文的流行用语。所以大家看片儿时总能发现字幕中出现"爆菊""雷人""杯具"之类非常"本土"的网络流行语。实际上大多数翻译的文本并不是翻译得多么好，但他们出于对美剧的热爱，通常翻译出来的成品更加生活化和自然化，甚至还会根据中国国情使用一些我们熟悉的成语，如"三人行，必有我师""谋事在人，成事在天"。那么遇到 what is done cannot be undone 这样的句子，翻译成"生米煮成了熟饭"就不足为奇了。同时节省影视的空间和时间，又能符合大众的口味。

七、公司名称翻译

在经济全球化语境下，我国政府"走出去战略"对实力雄厚且具有创新扩张目标的公司或企业（下文统称"公司"）提出了做好、做强、做大的全球化战略考量，这些公司面临的一个重要问题就是公司名称翻译或重命名，以符合国际通行标准。在跨文化语境下，理想的公司译名有益于树立良好的公司形象，能激起消费者的认同感，有利于大众传播，有助于公司产品顺利进入目标市场；不成功的译名会直接影响公司形象，甚至导致惨痛的经济损失。目前，我国沪深资本市场上上市的 A 股、B 股、中小板、创业板和新三板公司近 5 000 家，其中不乏成长型和扩张型公司，也有不少具有全球化扩张潜质的公司。本部分内容旨在针对知名企业公司英汉语名称结构、构词、意义、语言特征及其规律进行分析的基础上，从目的—顺应论视角探讨公司名称翻译原则范畴，为我国公司全球化战略的重要组成部分——企业名称翻译或重命名提供有益的参考。

（一）公司名称的特点及翻译研究现状

公司名称是一种区别性的显著标示，通常以语言文字为主要表现形式，具有符号性、区别性、指向性、商号性、形象性、文化性、价值性、竞争性等综合功能，甚至影响企业的发展兴衰。故公司经营者深刻认识到它在市场经济中的意义，成功的公司无一例外地精心设计其名称，作为公司形象管理的重要部分。作为识别经济主体的主要样式，公司名称实际上是指商号，只有商号才是企业名称中的形象要素，是可用名称专用权加以保护的东西。公司商号还荷载着企业资信及其产品的市场竞争力等信息，这就使其成为商誉的载体而具有财产价值。其次，它还体现其文化品位，沉淀着特定时代、地域、群体文化心态及其商业追求，具有潜在的文化价值，故著名商号是可以进行价值评估的重要无形资产。然而我国许多公司忽视自己的商号，在市场竞争的叱咤风云中留下了诸多遗憾。众多中国货在国外被沦为廉价品代名词的严酷现实，有不少就是因为没有将公司商号合理地翻译成外文，或者译名缺乏审美价值或大众接受度值酿成的苦果，故公司译名成为了急需解决的问题。目前，已有一些学者注意到这一需求，开展了相关的研究。杨建生通过对我国"公司""有限责任公司"和"股份有限公司"英译的混乱现象做了探讨；[①] 周素文结合实用翻译美学有关理论，指出在商标词的翻译中要顾及对原商标词的审美以及对译名的审美；[②] 陈东通过对索尼（Sony）公司名称翻译个案分析，提出公司名称翻译不应囿于传统意义上的音译、意译或音译结合的方式。[③] 纵观我国公司名称翻译的研究，存在问题有三：①研究内容深度与效度有限，有的作者仅根据几个典型案例，凭自己的感性认识总结出一些对策，缺乏有深度的、具体可操作的策略和方法；②研究方法和视角较简单，研究者大多采用文献综述法或单一翻译学视角，未能结合消费心理学、语用学、统计学等进行交叉学科研究，尤其缺乏可描述和可阐释的实证性研究；③研究范围和对象具有局限性，大部分研究只是讨论了公司名称的部分内容，如"公司""集团"或品牌部分，缺乏对公司名称全面系统的分析，尤其是对区别性名称翻译研究不足。

（二）"目的—顺应"理论的阐释机制与应用理据

公司名称翻译是一种跨语言文化的市场化选择适应性行为，其目的是为了使公司名称在异域语言文化语境中能获得消费大众的喜闻乐见，易读、易懂、易记，易于广泛传播。为了更好地审视公司名称翻译，我们整合德国功能目的论和语言顺应论等相关理论，探讨应对性翻译原则范畴的建构。所谓目的论是指翻译

---

① 杨建生．"公司"、"有限责任公司"、"股份有限公司"的英译 [J]．中国科技翻译，2001（1）．

② 周素文．从翻译美学角度谈中文商标词的英译 [J]．上海科技翻译，2003（3）．

③ 陈东．全球视角下的公司名称翻译——从索尼公司名称得到的启示 [J]．吉林省教育学报（学科版），2008（12）．

行为往往取决于翻译目的，不同的目的对语言选择具有不同的制约性，目的论对语言顺应论具有互补性的解释作用。语言顺应论是关于人类语言交际的行为和认知理论，它主要探讨语言的产出问题。人类为了生存和生活需要从事包括社会交往在内的社会实践，其社交活动主要通过使用语言进行，而语言使用是"一个经常不断的，有意无意的，受语言内或语言外因素左右的语言选择过程"，或是"语言使用者在交际中作出种种恰当的选择"的商讨性行为。维索尔伦指出了语言选择的三个特征：

（1）变异性（variability），指语言具有一系列可供选择的可能性；

（2）商讨性（negotiability），即语言选择具有相当的灵活性，并不按某种特定的程式或关系进行；

（3）顺应性（adaptability），指语言使用者从可供选择的各种语言项目中做出符合交际需要的选择，从而使语言交际得以顺利进行的特征。

语言顺应论的核心是其动态性，即语境与语言结构互动从而动态地生成话语意义，语言选择必须积极顺应具体语境和语言结构。不管是口头话语还是书面语篇，语言使用者都应有意识地将交际对象的接受能力考虑在内，才能成功地传达自己的意图。顺应过程中的意识过程的强弱（salience of adaptation processes），直接影响到交际效果。"顺应论"包括语境关系顺应和语言结构顺应两方面，二者构成了言语交际中的语言和非语言因素的总和。语言语境指语言在使用过程中根据语境因素选择的各种语言手段；交际语境由语言使用者、物理世界、社交世界和心理世界组成。交际语境的需求在语言语境中都能得到一定程度的体现。交际语境顺应性理论对翻译理据具有很强的解释力，对翻译实践也具有指导意义。在译者选择语言过程中，其理据大多源于不同语言或语境因素，受到社会习俗、价值观、信仰、语言规约等影响，即若要使译名为受众普遍接受，就必须顺应目的语的语言特点和语境要求。探讨理想译名产生过程，目的—顺应论综合了其中一系列制约因素，最基本的当然是语言因素，其次是目的语社会文化和审美心理因素等，二者相互作用，彼此顺应。故在公司译名产生过程中，我们首先必须了解目的语的语言制约因素，但并非是要涵盖目的语全部的语言特征。因此，我们通过对《财富》世界500强和中国上市公司百强公司名称的语言结构及其音、形、意的统一进行统计分析，析出其关联性和差异性语言特点，从目的—顺应论视角解析企业名称翻译效度，以便从宏、微观层面为公司名称翻译实践研究提供原则范畴化理论认识和方法论指导。

（三）企业名称翻译的"目的—顺应"原则范畴

由于公司提供的产品和服务涉及社会生活的各个方面，与大众的日常生活息息相关；从消费心理学看，消费者对公司名称的认知通常感性多于理性，译者应充分把握不同社会文化语境中消费者的情感偏好和审美倾向，在语言形式的选择上应力求音意、形意、义意的高度统一，使其顺应本地市场化倾向。任何类型的文本翻译研究都可从理论范畴化体系上予以建构。同样，研究公司名称翻译也可以从理论原则范畴化角度进行拓展，不应满足于几个抽象或孤立的概念，而应采用从上至下和由下而上的归纳、概括与演绎的研究方法，建构一系列相互制约、相互联系、相互阐释的次范畴原则，如目的—需求论原则、价值论原则、策略论原则、辅助性准则、可操作性规则等。原则范畴化建构又分别对应于经验模块和理论模块，并通过在实践感性—理论感性—实践理性—理论理性的深化与拓展性研究基础上，形成翻译理论与实践紧密结合的技术理论范畴。

1. 音意形式顺应性

音节是英文语音的主要方面之一。据统计，财富世界 500 强公司名称的区别性名称含有 2～3 和 5～7 个字母所占比例具有显著性区别。这点在很多知名中国公司的译名中也得到体现，比如"中石化"（Sinopec）、"联想电脑"（Lenovo）、"天津物资"（TEWOO）、"广东粤电"（Yudean）、"华菱钢铁"（Valin）、"海信家电"（HISENSE）等。众多译者或公司选择译名时都顺应了英文公司名称的这一特点。在英语发音上，唇齿音的音强要大于双唇音，故最近中国著名房地产公司"万科"对外公布了该公司名称的国际化通用译名形式，无疑顺应了英语的这种语音特征：VANKE，并非简单地沿用汉语拼音：WANKE。英语辅音 V 的音带振动较强，音节 Van 发音较 Wan 省力，更易于发声，语音上近似于"万科"的发声。

汉语语音特点主要体现于音强和声调，译者在翻译英文公司名称时应根据其产品或服务特点，选择音强不同的中文译名，以符合汉语审美要求，有利于公司形象传播。如表现阳刚豪放风格，可采用开口度大，发音响亮的字词，像"GE"（通用电气）、"Johnson&Johnson"（强生制药）等；若表现阴柔婉转风格，则可选择开口度小，发音细弱字词，如"辉瑞制药"（Pfizer）、"雀巢食品"（Nestle）等。中文公司名称音调上的抑扬美主要是根据汉语语音平仄特点排列产生。一般说来，平声（文中以"—"标示）读起来语调平缓，仄声（以"｜"标示）曲折沉重，若几个音节都是一个声调，就显得呆板平直，缺乏变化。在翻译国外企业名称时，要特别避免仄声相连或平声相连；尤其在翻译多字的企业名称时，平仄协调就显得非常重要，如"Exxon Mobil"（埃克森美孚（—｜—｜）、"Wal-MartStores"（沃尔玛商店（‖—）、"Carrefour"（家乐福（—‖））等。

在音译有些国外公司名称时，策略原则上还应兼顾音意、形意、义意的统一，在语音形式的谐音上既要顺应中国消费者的心理喜好，最好还要能反映公司商业或服务性特征，或凸显其利益互惠暗示性以及情感—形象凸显性。如法国连锁超市"Carrefour"译为"家乐福"，而非"加乐夫"，前者达到音与意的高度统一，将"为千家万户带来价格实惠、祈福康乐"的寓意诉诸于形象感性的汉语字词：家—乐—福，使本地消费者获得积极的情感体验；再如美国百货公司"Safeway"的音译名"西夫韦"使汉语消费者不能从名称上识别其商业特征，也不能获得形象和情感体验，若将其译为"喜互惠"，则能产生商业特征提示性和形象—情感凸显性，体现出"商家薄利多销和顾客多购多实惠而皆大欢喜"之寓意；另如，美国财富500强公司 Kroger 的音译名为"克罗格"，该译名不能使消费者直观感性地认识到公司的商业性质，若译为"客络客"则能在音、形、意三方面兼顾，既谐音英语语音形式，反映连锁超市的商业性质，又能暗示出"顾客络绎不绝光顾本公司"和"本公司深受消费者的青睐"的语用含义。

2. 词汇形意顺应性

对世界财富500强公司中前100名公司的区别性名称的统计显示，有47家选择的区别性名称中含有5～7个字母，体现出了英文公司名称简练、易于记忆的特点。由于全球化的需要，很多中国公司很早就开始了国际化的过程，这一过程始于名称的英译，其力求简洁精练、易于记忆的策略在很多知名中国公司的英译名中得到印证，比如：

海信家电 Hisense 康佳电子 Konka 美的电器 Midea 格兰仕 Galanz

创维电子 Skyworth 西怜电器 Serene 乐华彩电 Rowa 科龙电器 Kelon

高路华集团 Conrowa 中国联通 Unicom

然而，也有许多中国公司在国际化过程中并没有顺应英文公司名称的这一词汇特征。仍有许多企业为了追求简便，习惯使用中文拼音来作为所谓的"英译名"。由于中文的特殊性，名称的简单转换通常会导致冗长而难以拼读和记忆，如第六章中所讨论的广东大型鞋材公司"新濠泮"官网的译名是"Xinhaopan"（9个字母）。这在企业进入国际市场过程中可能会造成一定的障碍和阻力，如"洛阳市科硕钨钼材料厂"最开始译为"Luoyang Keshuo Tungsten&Molybdenum Material Factory"，冗长累赘，不易记忆传播。后经学者建议改译为"Keshuo Materials, Luoyang, China"。之

后 "Keshuo Materials" 受到客户和市场的欢迎，广为流传。根据英语构形特点，我们建议将 "Xinhaopan" 改译为 "XinHaop"（7 字母），大写 H，语音近似中文发声，易读易记，视觉突出，易于为英语受众所接受。

吴汉江和曹炜专门对汉语商标做过抽样调查（抽样 1025 条），发现商标语言的词汇以双音节为主，占 61.76% 强（633 条），三音节次之 25.95%（266）。①同样，根据对中国"最具潜力百强上市企业"名称字数以及结构的统计，绝大多数中文上市企业名称以四个汉字的形式出现，结构为"区别性名称十描述性名称"，可见其核心"区别性名称"主要为两个汉字。这也是汉语企业名称的显著词汇特点之一。我们在汉译外文企业名称时应该满足中文受众的语言审美习惯，尽量避免译为多字结构，宜多采用双字或者三字词语，以便有利于公司形象宣传。较经典的实例如 Hewlett-Packard（惠普），此名称是两名创办人威廉·休利特（W Hewlett）和戴维·帕卡德（D. Packard）的姓名联称，其中译名在大陆曾长期沿用音译名：休利特—帕卡德企业，后逐渐被港台的译名"惠普"所代替。此译名析取两个汉字的辅音 h 和 p，分别对应于英语词首字母辅音，再运用简化规则略去后面音节，根据"互惠提示性"准则在汉语中选取"惠普"二字，音律优美（｜—），音节简短且寓意美好（惠益普及）。我们称此种译法为"首字母析取十音—意凸显综合法"。同样，有些英文公司名称若直译，就仅有单一汉字。为了顺应中文公司名称词汇特点，译者将其扩充为两个汉字，如 Wrigley（箭牌糖果）以及 Royal Dutch Shell（荷兰皇家壳牌石油公司）等。

3. 字词义意的顺应性

公司名称是企业的重要身份标识，其名称常产生形象联想意义，故译者在翻译公司名称时通常不是简单的语码转换，在选词择义上应力求创造出一定极美好的联想意义。虽然很多中国公司用其拼音作为英译名，但不能在目的语市场传递任何积极联想意义，但也有很多企业采用灵活的译法，追求字词语音的近似及其语义的含意或联想意义的凸显性。如"华添商务发展有限公司"的译名为"Witeam Business Development Co.，Ltd."。在构形上，"witeam"容易让客户产生积极联想：awit team（才智团队）；在语音上，"witeam"与"Huatian"有点近似，保持了公司名称发声上的统一。此外，其联想意义与其业务密切关联：对于一家商务咨询公司而言，才智和团队是其最大的竞争力。类似的实例还有"百联集团 Brilliance Group""广百股份有限公司 Guandbuy Co.，Ltd."等。吴汉江和

① 吴汉江，曹炜. 商标语言［M］. 上海：中文大辞典出版社，2005：78－83.

曹炜对汉语商标的调查显示商标语言的词汇中自由词占主导地位，占总数的66.8390（685个），可以说明企业名称中的自由词数量不会太少。① 这样的自由词汇语义常荷载深刻的含义，如联想义、象征义等，或暗示企业文化或产品或服务性质和特点。故很多世界500强企业在选择其中文译名时都将其中文译名的联想和象征意义考虑在内，使其更能符合中国市场的特点。如 AXA—安盛、BMW—宝马、Allstate—好事达保险、Wells Fargo—富国银行等。

八、论文摘要翻译

论文摘要翻译的目的是论文作者希望其论文进入国外检索系统，便于同行交流并与国际接轨。目前国内科技人员比较认同的国外检索系统包括四种：美国的SCI（*Science Citation Index*《科学引文索引》）、EI（*Engineering Index*《工程索引》）、CA（*Chemical Abstracts*《化学文摘》）、英国的 SA（*Science Abstract*《科学文摘》）。SCl 涵盖了生命科学（1ife science，约 1350 种刊物），临床医学（Clinical Medicine，约 990 种刊物），农学、生物和环境科学（Agriculture，Biology and Environmental Sciences，约 950 种刊物），物理、化学和地球科学（Physical，Chemical and Earth Sciences，约 900 种刊物），工程、计算机和技术科学（Engineeriner，Computer and Technology，约 1030 种刊物）等多种学科。EI主要涵盖工程技术的各个领域，如动力、电工、电子、冶金、采矿、机械、材料、仪器仪表、化工、石油、轻工、土建、交通运输等，收录了世界上 50 多个国家、20 多种语言的出版物。SA 侧重于收录物理、电技术、电子学、计算机及自动控制等方面的文献。论文能否进入检索，摘要非常关键，因此，摘要也成为当今翻译活动的一项内容。

摘要既是出自论文，即论文的高度浓缩，又不依附于论文的独立短文、概要类短文，它本身具有自明性、独立性和完整性。直接为非汉语国外读者服务和为科技情报人员及计算机检索系统提供客观的、准确的且与一次文献基本等量的关键和主要信息。

自然科学类论文摘要的规范合理结构应包含研究的"内容、目的、方法、结果或结论"四要素。要写好此类摘要，必须回答好以下几个问题：①论文的目的或要解决的问题（What do I want to do?）；②解决问题的方法及过程（How do I do it?）；③主要结果及结论（What results do I get and what conclusions can I

---

① 吴汉江，曹炜. 商标语言 [M]. 上海：中文大辞典出版社，2005：78—83.

draw?）；④本文的创新、独到之处（What is new and original in this paper?）。

规范的社会科学类论文摘要应包含：①论证的缘由或问题的背景；②探讨的内容；③作者的观点（论点）；④论点的理据（论据）；⑤结论。其中，②和③是必选项，并且用一些文体标记将其串并，如"本文研究了/对……进行了探讨，在……方面进行论述，（作者）认为/提出……"等格式。但是一些摘要交付译者时，根本没有摘要的规范。按照汉语思维，有的写成一个导言型，有的写成一个感悟型，有的写成一个评语型，有的摘要虽然有摘要的结构，但包含一些有损于摘要完整性、自明性的主观性较强的描述、评论、推测语句。这就给翻译留下巨大的调整和改写空间，译者有必要根据英语摘要的规范，采取删节、补充、精简、归并、重组等非常规翻译手段。对于符合要求的摘要，也要注意英语套语的使用。[①]

九、学术写作中的翻译

科研写作表现为论文撰写。在学术论文写作过程中，也会发生一种翻译现象。撰写者需要引用或者转述别人的观点，综述某一领域的研究现状等，在此我们权且称为"学术研究中的翻译"。随着科研人员的增多、科研质量要求的提高，这一翻译现象越来越突出，成为当今翻译活动的一个重要内容。从关系人角度看，此种翻译呈现出它自身的特点：论文作者、译者和译文使用者往往是三位一体的关系。翻译过程非常符合目的法则，具有明显的倾向性：①搜索国外文献，从众多文献中选定对自己论题或课题研究有用的文献；②阅读文献，选定对论题、课题论述有用的段落；③开始翻译，但并不是全盘照译，插入论文中。可以引用原话，这时需要逐句照译，译文可以有明显的外国味儿，对于社会科学而言，很多犀利的思想、新颖的观点就隐含于这种外国腔调的语言中；可以采用转述的方式，抓住原作思想的精髓，用本国语言习用的方式流畅地表述；也可以从源文中析出观点加以评述和阐释，同样，其语言比引述式翻译更加流畅。总之，哪种方式有利于论点的展开，就采用哪种。除了"字当句对"的"引译"之外，它更多地浓缩了各种非常规手段，编译、译述、阐释、浓缩、综合都可以包含于其中，而对某一段落全译只是其中的一种手段而已。但是，此种翻译现象很少有人论及。

科研人员通过翻译为己所用，就决定了这种翻译具有很强的目的性。一般来

① 周红民. 论文标题和摘要翻译小议 [J]. 南京晓庄学院学报，2006（4）.

说，研究人员具备专业基础，有明确的研究方向，熟悉学科术语及发展动态，加上有一定的外语基础，对外国文献中的学科原理、术语、科研方法及其论述中的内在逻辑等的把握比外行人精准得多，所以最适合此种翻译的人还是论文撰写者自己。

十、公示语翻译

公示语是公开和面对公众的告示、提示、警示等，它呈现的形态为与公众的生活、生产、生命、生态等休戚相关的文字及图形信息。凡向公众公开，涉及食、宿、行、购等行为需求的公示文字和图形等都在公示语的范畴内。[①] 公示语是影响范围甚广、关涉日常生活方方面面的实用性语言，公示语翻译无小事。

公示语翻译应遵循简洁、易懂、规范、醒目、方便原则，可以采用借用、参照、自创等手段。但是，国内公示语译文可谓乱象丛生，有的是单词串，有的则是满篇中式英语，非但不能提供准确的生活信息，反而令人惊怵，有碍观瞻，"快修传统相机、数码相机"被翻译成"Fix Repaire Camera"，"一次性用品"竟被译成了"a time sex thing"。

因此，公示语翻译以外的工作相当重要。它指的是公示语主管部门需要规范翻译行为。翻译之前，需要征询专家意见，找到并委托给具有翻译能力的人，确保译文质量。在制作和安放阶段，可以委托译者现场监督和检查，一些乱象往往出现在这两个环节，因为制作和安放人员不是英语专家，有可能漏掉某个字母，把单词顺序弄错，也可能用了某种特殊材料，在搬运和安放时，丢掉某个字母或单词。当然翻译质量仍是主要问题。

（一）公示语的内涵阐述

这些年来，特别是 2005 年北京第二外语学院在研讨会前首次公开语言翻译，公示语这个词语与标志语、标语、标识语、标示语、标记语、标牌语、牌示语、揭示语以及警示语等术语共生共用，并且公共语言的定义不统一。国际标志委员会主席 Barry Gray 的定义为"The signal from a simple way to find or information about the tag of the complex communication information"，国内学者阐释的较有代表性的公示语概念主要包括：

定义一：公示语——公开和面对公众，告知、指示、显示、警告、标志与生

① 王颖，吕和发. 公示语汉英翻译［M］. 北京：中国对外翻译出版公司，2007：13－14.

活和生产，生活和生态专业密切相关的文字和图形信息。

定义二：英语中有 public signs 一语，其中文翻译比较混乱，有公示语、标语、手语、揭示、警告等。这是一种特殊的风格，在公共场所常见，或用几句话，或使用简洁的图形解决方案，或文字和图形组合，对受众提出一些要求或引起一些关注。

定义三：公示语是一种给特定的人来观看，以达到某种交际目的的特殊风格。

定义四：公示语在公共场所显示文字，包括标志、广告、产品规格、旅行指南、社会宣传、通知等。

定义五：公示语是在公共场所对公众的公共信息内容的语言，它包括标志、口号、公告等线索。

定义六：公共语言是指文字，在公共场所展示，供公众观看，以达到特定风格的交际目的。

定义七：将以语言显示在文字中，在公共场所展示已提供字母的功能和完整的说明。具体而言，路标、广告、商品说明书、旅游指南、社会宣传、告示等都是公示语。

（二）英汉公示语的语言特点

由于中英文属于不同语言的家庭，英语公共语言性质表现出许多不同的语言特征。《现代实用英语例解》总结英文标志的五大特点：通常使用所有大写字母，不添加标点符号；字符通常很少，至少只有一个字；语言精简，常用名词，动词或名词短语；有时使用祈使句；有时采用十分正式的文体。北竹和单爱民指出，英语公共语言广泛使用名词、动词、言语名词、短语和缩写、文本和符号的组合、现在时态、命令句、规范和标准词汇，以及一些局部色彩词强大的，形成公共英语独特的语言风格。戴宗显和吕和发更是具体地总结了英文标语的十种语言风格：第一是使用名词；第二是使用动词，言语名词；第三是使用单词和短语；第四，使用缩写；第五禁用不常见的单词必须严格；第六是文字和图形符号共享；第七是使用现在时态；第八是使用命令句；第九是规范和标准词汇；第十是简洁的话，准确的表达。丁衡祁则认为英语公共语言特征可以总结为 5C，即 Concise（简洁）、Consistent（统一）、Conventional（规范）、Convenient（方便）、Conspicuous（醒目）。刘美岩和胡毅认为英语公示语的特点是简洁、明了、正式、规范。中文公示语也有其本身的特点，主要是体现文字浅显的意义，文本的合约，风格相关。根据风格，语言主要有简洁、规约和互文性的特点，打算意动和"追求力量"的特点。

形式服务于内容、目的和功能。把握英汉公示语的语言特点，有助于译者在翻译过程中有针对性地结合翻译生态环境中的相关要素就词汇选用、话语逻辑建构以及表达形式等进行选择，从而服务于符合目的语表达规范且可读性强的有效交际译文的产出。

（三）公示语翻译原则

1. 传意性原则

一定的符号形式在人类的帮助下，通过媒体、信息传播给在不同的空间或时间的对象，以实现理解的意义称为沟通的行为或活动——传意。使用翻译聊天再现源语言信息的基本任务是翻译，翻译的人让读者同样获得原来的读者感受。要遵循传意性的原则，保证准确复制中国的语言和文化等信息，为了避免语义错误或含糊不清，才能保证翻译的实际效用。例如，"Be careful Fire"，或"No Smoking and Firing"，或"No Burning"，或"Mind the fires"和"Keep from the fire"，准确表义应该为"No Smoking or Baked Flame"。海南岛的"天涯海角"已被翻译成"The End of the World"，而一些城市公交车外面的车厢"先下后上，文明乘车"就相应翻译了"After first under on, do riding with civility"或"Down First, Up Second"，更让外国朋友莫名其妙了。可见，如果公示语汉英翻译违背了传意性原则，对应的英文表达不能正确而完整地传达信息，有效交际便无法实现。

2. 互文性原则

互文性是法国的符号学和文本分析师克里斯蒂·伊娃用文字创作的，英语为intertextuality。强调文本和文本之间的相互作用是指利益相关者，渗透，转移等。作为语篇的一个基本特征，互文性指的是在产生彼此交叉各种语料库的过程中的话语，文本和其他文本之间的相互影响，相互联系，以及复杂，异质的胜利。翻译与原文之间广泛存在的互文性，不考虑语篇中的互文性，就不可能对语篇进行透彻的理解，也就不可能准确地翻译为目的语。

语言要顺应交际的需要，翻译要在文本、文化、语言和思维等多个方面展开达到互文性的转换。由于英语使用者是英译公示语的交际对象，在表达上要符合英语的文化特征和语用习惯。在英译汉语公示语的时候要遵循互文性原则，中心是英语读者，借鉴英语公示语的表达规范，参照公示语特定的文本形式和语言特点，保证翻译文本的可接受性与可读性。中国对外翻译出版张晶晶副译审指出：

"公共语言翻译错误归根结底是翻译者在翻译过程中没有观众，即外国人到中国访问中心位置，不是他们对翻译的思考和观点的习惯，而是从中国人的角度和翻译思维的角度"。如"油漆未干"应译为"Wet Paint"。翻译为"油漆很湿"，虽然没有语法错误，但不符合互文性原则，因为这种表达方式不符合英语读写与英语公共语言表达和线性思维习惯。"请勿吸烟"也根据中文思想的形式错误地翻译成"No Smoking Please"的。虽然在汉语中"请勿吸烟"是一种礼貌用语，但是其意图是对一种不道德的行为约束，属于限制性公示语。在英文中对意图的表达是直接且明确的"No Smoking"。"No Smoking Please"中的"Please"是表达"请求"的礼貌用语，而"No"是一种强调否定的，说是严格禁止的，用"请求"的言语方式表达不允许的命令，显然是违背了互文性的原则。

3. 简洁性原则

文以简洁为贵。语言简洁明了、正式规范是英语公式语的特点。使用很多动词用英语公共语言、短语、名词、动态名词、首字母缩略词、文字、组合等标志，以便看起来简洁。英汉公示语中显著的语言特征就是间接性。至此，汉语的公示语也要遵循这一原则，直接展示提示、指示、限制或是强制的功能，从而达到有效的目的。公交车上常见的"老、弱、病、残、孕专座"译为"Please offer your seats to the seniors, children, pregnant women, the sick and the disabled. Thank you."然而基于简洁性的要求，不妨译为"Courtesy Seats"或者"Priority Seats"。正是公示语表述简洁性的要求，"Only People with special cards giving them permission are allowed to fish here."应该表达为"Fishing: Permit Holders Only"，"You can be taken to court and made to pay￡100 for dropping rubbish."应该表达为"Penalty for Dropping Liter - Up to￡100 Fine"。"司机一滴酒，亲人两行泪"可以译为"When a man mixes drink with drive, he is likely to bring tears to his wife."，改译为"Drink and Drive Costs Your Life"更为合适。英国某公园的告示"Any person leaving litter about instead of putting it in this basket will be liable to a fine of￡5."可以简洁译为"废物入筐，违者罚款五镑"。

（四）公示语翻译实践

1. 旅游公示语

随着经济和文化全球化，旅游业发展也迎来了黄金时期而成为现代社会的朝阳产业，具有带动和促进众多行业发展的功能和作用。世界旅游组织预测，到

2020 年，中国将成为世界上最大的旅游目的地和第四大旅游来源国。近年来，风景名胜游、文化游、探险游、休闲游、生态游等蓬勃发展，现代旅游活动的食（food and beverage service）、住（accommodation）、行（transport）、游（traveling）、购（shopping）、娱（entertainment）构成的产业链组成的现代旅游活动有所增加，产业链条也日臻完善。促进旅游业发展的重要保障是开拓涉外旅游市场，所以旅游的环境显得十分重要，旅游翻译的重要性也是可想而知。

（1）旅游外宣文本与翻译。

在旅游宣传方面，文本更多属于感染（appeal-focused text），具有指导功能，信息功能和描述功能。整合适应选择度较高的成果翻译应该注重译文生态，凸显其在译语生态环境中应该体现出的文本风格和多种功能倾向读者的阅读期待。分析和研究译语国家的旅游文官平行文本是提高该类文本翻译质量的有效方法。不同文化交际中相似的语篇类型就是平行文本。文本外部限制和文本内容限制了文本构建和分析的原理。文本构成了基本元素，包括开始、订单、文本的结构、单元的文本和结尾。

就文本结构而言，英汉文本均以线性的推进方式为主。在文本单位层面，英汉文本都以句子为基本文本单位，但英语文本以单句或复合句为主，力图以较简洁的词语和句子结构提供尽可能多的信息。

基于参照文本，英语景区外宣文本不但包括了景点或景观信息，同时还提供了户外休闲、博物馆以及食宿等相关信息，以尽可能全面地提供食、住、行、游、购、娱等综合信息。而汉语景区的文本内容仅仅局限于景观信息。因此，汉语景区的外宣文本就必须适当地采用补译以保证文本的互文性并顺应英语读者的阅读期待。

平行文本是保证译本互文性和提高译本可接受性的有效方法。同一景区多个汉语文本的信息重复现象较为严重，导致了英译文本中的信息重复和信息冗余。这就涉及同一主题文本之间的互补性问题。

基于生态翻译的重点是从语言，文化和传播层面的维度来检验公共语言翻译质量，笔者注意语言沟通和沟通的有效性（因为很少有访客注意到文化维度），主张凸显旅游注意事项，因为游客须知在一定程度上，具有旅游协约功能。

（2）旅游广告翻译。

现代旅游已经成为当今世界经济中最大的经济体，旅游经济的发展使旅游广告在旅游推广方面越来越重要。旅游广告服务于旅游商，为的是向旅游者宣传推销产品。旅游广告英语词汇，句法和修辞具有一定的特点。

就词法而言，广告中大量使用第一和第二人称以突出广告的劝诱意图并缩短交际双方的距离；大量使用描述性形容词以体现情感色彩并激发旅游者的旅游期待；大量使用行为动词和一般现在时态以及主动语态以促成读者做出积极反应。例如：

New Hawaii. 全新的夏威夷。

Kodiak Alaska's moat mystical isle-Kodiak Island. 科帝克，阿拉斯加最种秘的岛屿。

Visit Malaysia（Ministry of Culture and Tourism of Malaysia）到马来西亚一游。

在句法层面，广告语句力求结构简单以凸显强调功能，简单句和祈使句及省略句使用频繁。例如：

Britain. It's time.（Ministry of Tourism of UK）旅游英国，正当其时。

Yes, the Philippines. Now!（Ministry of Tourism of the Philippines）是的，菲律宾群岛。现在！

Discover Bermuda's beautiful little secret - Bermuda Island. 发现百慕大岛美丽的小秘密——百慕大岛旅游。

City of Gold（Ministry of Tourism of Melbourne）黄金之都

在修辞方面，英语广告大量采用重复、对比、韵格和比喻等以强化广告的宣传效应、客观性、可读性和表达功能。例如：

The wonder down under.（Ministry of Tourism of Aus-tralia）天下奇观。

参照英语旅游广告的词法、句法和修辞特点为汉语旅游外宣广告的翻译提供了有益借鉴。与此同时，翻译人员要充分考虑中西文化和文化差异，期待读者的愿景，高度重视广告宣传和读者的关注。

2. 交通公式语

从事客货运输以及通过行业转移的语言是交通运输，属于国民经济第三产业。交通运输分为铁路运输、公路运输、水运、航空运输和管道运输五种形式，邮电分为电信与邮政两个方面。一般交通可分为陆路运输、空运和海运。陆路运输：在运输的地面上行走；航空运输：在航空运输中运输；海上运输：以海运方式运输。交通标志是具有文字或图形符号的具体信息，用于管理交通和安全，列车运行规范。其中包括：禁止标识、警告标识、指示标识等，都具有法令的性质，不论行人与车辆都必须遵守。交通公示语翻译在规范交通行为以及提供信息服务等方面起着至关重要的作用。

在高速交通标志翻译中，一些翻译没有统一的表达方式：认知度，翻译不准确、不强等，这对安全的直接威胁，影响着国家形象。根据高速路交通公示语本身的特点与功能，翻译的文本要保证信息的全部正确，表述的简洁规范，实现有效的交际作用。

翻译不准确是指公示语英汉表达语义上出现偏差或缺失甚至于错误，造成信息不对等。如"严禁酒后驾驶"是高速公路上常用的公示语之一，沪宁高速上出现的三种译文分别是 Don't drive while drinking（不要边开车边喝酒）、Driving when drink forbidden（严禁喝酒时开车）和 Don't drive and drink（严禁边喝酒边开车），而京港澳高速和连霍高速等更多地使用 No Drunken Driving 这一表述，但英语中没有 Drunken Driving 这样的表达习惯。

以上四种英文表达的语意与汉语意思大相径庭，使得该公示语的强制性示意功能荡然无存。

表达各种同样声明的翻译也严重影响了公共语言规范。如"严禁疲劳驾驶"的译文，在京港澳高速和遂渝高速上分别为 No Driving When Tired 和 Do Not Drive Tiredly，沪宁高速上是 Driving when fatigued forbidden，另外还有 Don't Drive Tired, Don't Drive in Fatigue, Tiredness kills, take a break 和 Stay alert，stay alive 等多种译法。这种一语多译的混乱现象同时也污损着高速公路文化，严重损害国家的国际形象。

视认性不强是指公示语英译不够简洁。高速公路交通公示语多以英汉两种语言书写于空间有限的标示牌上，良好的视认性是其显著特点，而简洁醒目是保证视认比的重要前提，否则极有可能因为表达的不简洁而影响驾驶人的注意力，引起交通事故；而国内许多高速公路交通标志难以符合要求。如现用的"驾驶中请勿使用手机"英译为 DON'T USE CELL PHONES WHEN DRIVING，就不如 NO PHONING WHILE DRIVING 简洁明了。

高速公路的交通公示语拥有信息指示功能以及有限制、提示、强制等功能，以保证行车道路安全，所以英文的表达要简洁、互文、达意。在遵循互文性、间接性、传意性原则的同时，还要灵活地运用仿译、借译等方法进行翻译。模仿以现有的英语公共语言翻译为模型，使翻译更接近正宗的英语；借译是在翻译的时候参考已有的规范的英语公示语，是汉语公示语在英译时的首选方法。传意性、简洁性、互文性的翻译原则，再借助仿译、借译等方法，在为高速路交通公示语英译提供理论指导帮助的同时，也可以用来评测翻译的质量。

十一、商标翻译

商标就是商品的标记或记号，有的由文字单独构成，有的由图形单独构成，有的由图形和文字组合构成。在国际化趋势下，好的商标能够帮助产品更加有效地占有国外市场。国内已经有学者对商标翻译的问题进行了一系列的研究。在语言特点方面，朱凡（2002）等指出商标除一般语言符号意义外，还有显著性、专用性、联想性；翻译技巧层面，陈振东（2005）等将商标翻译方法总结为：意译、音意合译、形译、缩写等。彭石玉（2001）等就翻译策略提出"商标翻译需要一种既可存留个体特点，又可形成整体文化优势的翻译转化策略"。商标翻译涉及语言、地域文化、消费心理和审美价值等诸多因素，许多学者分别从不同的角度，如功能理论、对等理论、符号学、经济语言学、接受美学等进行研究。

（一）商标翻译的目的及方法

笔者以目的论为基础，对商标翻译的指导思路和方法进行了重新界定。在翻译过程中，译者主要追求两种目的：一种是追求商标的名人效应。有些商标由人名或地名构成，人名一般是该产品的创始人或某位名人，地名则多是该产品的原产地。这种情况下，为了突出其名人效应，译者应采取音译法。音译就是要保留源语言的发音，用目的语中相同或相似发音的字词来命名。另一种是追求商标的美感效应。正所谓爱美之心，人皆有之，大部分商品被命名时都赋予美感，让消费者容易接受。译者也应尽力发掘这些美感，并表达出来。一般可以分为三种美感：音美、意美、音意结合美。译者可以采用直译、音译和意译。直译就是不仅要传达原文的内容，还尽可能保留原文的形式。意译即保留源语言的内容但是不保留它的形式，运用目的语读者熟悉的意象来取代源语言的意象。

1. 追求名人效应

以人名和地名作为商标的情况在中西方都很常见，这些人名或地名都是独一无二的，我们无法在目的语中找到对等物，采取音译的话，就能保留其名人效应，如：Lincoln（林肯轿车），在汽车工业界，这是一个非常著名的品牌，它是以美国总统 Abraham Lincoln 的名字来命名的。众所周知，林肯是一位正直善良的总统，以他的名字来命名轿车，给人的感觉是这种轿车质量可靠，值得信赖。再如：Levi's，李维斯；Mila Arman，米拉阿曼；Nino Ferletti，尼诺凡尔赛；Li Ning，李宁；Dongpo，东坡酒。大多数情况下，采用音译可以达到名人效应，但是也有例外，如 Colgate（高露洁牙膏），该商标来自公司创始人的姓（William Colgate）。然而，他仅仅是公司的创始人，并不像林肯、李宁那样全世界闻名，如果采用音译，译为"酷给特"，不仅读起来不顺口，而且也显示不出商品的特色，不会激起中国消费者的购买欲。依据功能派理论，任何翻译行为都是有目的的。商标翻译的目的就是让商标吸引人，最终促进消费。为了实现这一目的，译者需要综合考虑消费者的心理、商品特点及文化差异，找到一个最佳结合点。现在的译名"高露洁"非常成功，一看到这个商标，就会让人感觉到清新和纯洁，正好符合牙膏的性质。在欧美商品中，我们会发现有相当一部分商品是以希腊或罗马神话中的人物来命名的。这些神话故事世代相传，构成了文化的一部分。依据功能派理论，翻译是一种跨文化的交际，译者必须发挥创造力来化解文化差异。如某一化妆品"Venus"，在西方神话里，Venus 是美丽女神，译成中文时，可以译为"维纳斯"或"美丽女神"，对于化妆品而言，这两个名字都很合适，但是在中国神话里美丽女神是"嫦娥"，为了避免误解，采用"维纳斯"。以地名来命名商品的情况在中国比较常见，但在西方不太多。这些地方可以是名胜古迹，如泰山酒（Taishan），也可能是商品的原产地，如伊利乳品（YiLi）、宝丰酒（Baofeng）。对于这些地名，我们无法在目的语中找到对等物，所以通常用音译。像泰山这样的名胜古迹在世界上也是很有名的，直接音译可以达到名人效应，给消费者留下深刻印象。

2. 追求美感效应

语言是人类对客观世界的反映，不同地区、不同种族的人对世界的反映是相同的。虽然英语和汉语属于不同的语系，有着不同的语音、语法和书写形式，但它们也有共同之处。趋美性就是语言的共同点之一。商标本身也具有美感，这样才能吸引消费者。如果商标本身象征着邪恶或读起来别扭，那么就不能达到促销的目的。依据功能派理论，译者有责任发挥主动性和创造力，利用各种翻译手段来体现出商标中蕴含的美感。总体看来，商标翻译要实现的美感有三种：音美、意美和音意结合之美。

（1）音美。

有些原始商标没有实际意义，仅仅是新造出来的词，译者可以用音译的方式来保留原文的语音之美，如 Siemens（西门子）电器。

有的原始商标具有实际含义，但如果按它的本意来翻译的话，异国消费者会感到奇怪，甚至引起误解。为了达到促销的目的，译者有自由去选择，使译文符合目的语国家消费者的心理和审美观，激发消费者的购买欲。这种情况下，放弃商标的原义，运用音译的方法，取其谐音，令商标听起来响亮、易记，达到音美的效果。如 Citizen（西铁城手表），Citizen 本义为公民，如果直接译为"公民牌手表"，让人感觉很普通，体现不出产品的特色。依据功能派理论，译文必须在目的语国家的文化氛围中被接受才能达到翻译的目的。译者依据 Citizen 发音译为"西铁城"。在中文里"铁"代表着坚固、永久，暗示了产品的质量优异，经久耐用。另外一个例子：红豆服装，在中国是一个驰名商标，红豆在中文里不仅仅指一种植物，而且象征着美好的爱情。这种品牌的服装穿在身上令人感到温馨、舒适。然而在西方文化里，红豆（jumby bean）仅是一种植物而已，没有其他隐含意思。若直译为 jumby bean 读起来既不响亮，也不压韵。最终译为 Ho-Do，取其音美，读起来简洁、响亮，并有一种异国风味。再如：立白（Liby 洗涤用品）、Maxwell（麦斯威尔咖啡）等。

（2）意美。

有些商标本身含有深远的含义，能够引起消费者的兴趣和想象力。此时采用直译的方法，把商标的本意翻译出来即可。如永久牌自行车是中国自行车行业的老牌子，使用"永久"作为商标，暗指该车质量好，经久耐用。自行车是一种交通工具，人们首先看重的是性能和质量，其次才是外观。直译为 Forever，也具有同样的暗示效果。

直译可以完全反映出商品的内涵及其特色，但是要注意中西方文化的差异。如"白猫"牌洗洁精，在中国文化里，猫是一种可爱的小动物。但是在西方文化里，猫被认为是邪恶的象征。若译为 White Cat，在欧美市场估计不会太欢迎。笔者建议译为 Lucky Cat 或取其谐音 Buy More。其他例子如：英雄（Hero 钢笔）、Playboy（花花公子服装）。

（3）音意结合之美。

语言是人类大脑对客观世界的反映。当我们说到鸽子的时候，会联想到和平；说到花骨朵，会联想到儿童；说到下雪，会联想到纯洁与宁静。有的商标原文并没有深刻的含义，发音也毫无特色，但是根据其发音采用联想等方法，同时结合商品本身特性，则可以创造出十分具有美感的译文，有利于吸引异国消费者。

比如著名轿车的品牌 Benz，该商标是企业经营者的姓。但 Benz 并不像 Lincoln（林肯）或李宁那样世界闻名，若音译为梅塞迪斯-本茨。则不会吸引消费者的目光。译者根据产品的特点结合发音，最终译为"奔驰"。首先，"奔驰"在发音上与 Benz 相似，其次"奔驰"意思是飞速驰骋，用它来代表汽车是非常形象的，暗示了汽车质量优异，速度极快，正好符合汽车的特点。再如化妆品牌

Revlon，本身没有特别的含义。在翻译时，就需要找一些暗示美丽、芳香的词汇来体现商品的特色。李白有一首诗"云想衣裳花想容，春风拂槛露华浓。"最后三个字"露华浓"发音与 Revlon 相似，并且诗句描绘了美丽的风景，用它来代表化妆品能给人带来美感。再如：Sprite（雪碧饮料）、荣事达（Royalstar 电器）等。

（二）商标翻译的文化、交际维度

1. 文化维

商标翻译中不乏一些文化词（culture-loaded words），在翻译这些词汇的时候，译者必须具有一定的文化意识和调研精神。首先，译者必须熟知源语和目的语两种文化，对文化差异有充分的认识。例如：

国内一些产品品牌喜欢用"金鸡"作为商标，例如，金鸡鞋油、金鸡闹钟等，其中金鸡牌闹钟最初的译文是"Gold Cock"。而在英语文化中"Cock"一词可以指人身体中的某个器官，不适合用于商标翻译。因此建议改译为"Gold Rooster"。此外，白象电池原译文为"White Elephant"，但是在英语文化中曾经有关于 White Elephant 负面的故事。故事讲的是很久以前有人为了讨好国王，特地送给国王一只白象，可是白象不但没什么用处，每天还需要吃大量的东西。慢慢地，"White Elephant"被用来指大而无用的东西。因此这个词用在商标的翻译中是不合适的，消费者肯定不希望自己买的电池和白象一样大而无用，所以译成"White Elephant"容易给顾客带来负面的联想，建议译为"Elephant"即可。

商标翻译不乏优秀翻译案例，译者在翻译这些商标的时候充分参照了两种语言中的文化因素。例如，著名国际品牌"Coca cola"的翻译中，译者立足中国市场的特点，迎合消费者喜欢喜庆的心理，将原文译成"可口可乐"。同样饮料"Seven-up"如果直接按照字面进行翻译，就不能把蕴含在数字"七"中的文化因素翻译出来。"七"在英语文化中是一个幸运的数字，译者在翻译时选取了中国文化中相应的一个词"喜"来表述，这样既迎合了中国消费者喜欢喜庆吉利的特点，又能够将源语的文化有效传达。又如，中国本土的运动品牌"红双喜"，"红色"在英语文化中表示愤怒与血腥，如果按照原文进行翻译，很可能不能引起读者的购买兴趣。译者根据具体情况在翻译时做减译的处理，最后译成"Double Happiness"。这种减译的处理没有减少原来中文中的文化意义，而且使译文更加简洁明了，方便记忆和朗读。

2. 交际维

从交际维来看，商标的基本交际功能是区别同类商品，向顾客提供公司和产品的相关信息。商标翻译的过程中，交际维度的功能与广告极其相似，能够起到呼唤作用，引起消费者的消费行动。商标的翻译中，交际维度的功能是非常重要的，因此译者在翻译过程中，应该采用较好的策略，在保证交际维功能优先的同时，兼顾语言维度和文化维度的因素。例如，韩国餐具品牌"Lock&Lock"，产品的特征就在于能够锁紧容器口，食物和饮料不容易流出，这也是产品吸引顾客之处。译者翻译为了突出产品的优点和特点，从而吸引顾客购买，特地选择了"扣"这个字，表现容器容易锁紧的特点。此外，"乐扣"在发音上也与原文相近，起到了很好的交际效果。通过这种方式，译者很好地将产品的优点译出，从而促进购买者采取购买的行为。

依据功能派理论，在进行商标翻译时，译者的目的就是要创造出一个吸引人的译名来刺激消费者的购买欲。依据产品的特点，译者必须选择合适的方法及恰当的词汇来进行翻译，最终实现促销。在具体实践中译者还要充分了解中西方文化差异，避免使用禁忌的词汇。

以上各类翻译活动都体现了功能翻译的特征。政治文献为政治服务，需要意义精确、易懂易解；科技信息如潮，需要根据实际需要有选择性地翻译；论文摘要翻译，因为中文摘要不符合英语摘要规范，英译文要重新整合；合约翻译要套用目标语"程式化"语言，更能表达合同精神等。要么体现为使用者着想，要么照顾到语言以外的各种因素。很多种类的翻译，如果照源文翻译或者全译已经失去意义。尽管如此，译者的双语能力、双文化能力仍旧是基本功夫，否则，编辑、加工、整理等工作无从谈起。功能法则所实施的这些手段，对译者的要求绝不会比传统翻译方式所要求的少，反而更多。译者除了要有坚实的双语基础、宽广的知识面以外，还需要有良好的分析能力、研判能力、综合能力、文字整合能力。

在实践中运用功能法则可以避免翻译的盲目性。施行功能法则是根据社会需求、市场需求和委托人需求进行的有针对性的翻译活动，由此翻译资源能得以充分合理利用，避免人力、物力、财力的浪费。

参考文献

［1］陈娟．商务英语翻译实训教程［M］．北京：电子工业出版社，2017.

［2］董晓波．商务英语翻译［M］．北京：对外经贸大学出版社，2017.

［3］陈功江．校训：大学个性化之彰显［D］．武汉：华中师范大学，2009.

［4］陈明瑶，卢彩虹．新闻英语——语体与翻译研究［M］．北京：国防工业出版社，2006.

［5］陈明瑶，卢彩虹．语体与翻译研究［M］．北京：国防工业出版社，2006.

［6］陈吴皓．从语篇分析角度探讨中文商业广告的英译策略［D］．广东外语外贸大学，2007.

［7］李波阳．商务英语汉英翻译教程［M］．北京：中国商务出版社，2005.

［8］曾利沙．商务翻译探究［M］．北京：外语教学与研究出版社，2016.

［9］彭漪涟．逻辑范畴论［M］．上海：华东师范大学出版社，2000.

［10］范仲英．实用翻译教程［M］．北京：外语放学与研究出版社，1994.

［11］宿荣江，文化与翻译［M］．北京：中国社会出版社，2009.

［12］武锐．翻译理论探索［M］．南京：东南大学出版社，2010.

［13］魏海波．实用英语翻译［M］．武汉：武汉理工大学出版社，2009.

［14］祖毅．中国翻译简史："五四"以前部分［M］．北京：中国对外翻译公司，2001.

［15］方梦之．翻译新论与实践［M］．青岛：青岛出版社，2002.

［16］张美芳．翻译研究的功能途径［M］．上海：上海外语教育出版社，2006.

［17］范勇．功能主义视角下的中国高校英文网页中的翻译问题研究［M］．北京：科学出版社，2009.

［18］王颖，吕和发．公示语汉英翻译［M］．北京：中国对外翻译出版公司，2007.

［19］克里斯汀·诺德．目的性行为——析功能翻译理论［M］．上海：上海外语教育出版社，2001.

［20］Christiane N. 译有所为——功能翻译理论阐释［M］．张美芳，王克非

译．北京：外语教学与研究出版社，2005.

　　［21］卞建华．传承与超越：功能主义翻译目的论研究［M］．北京：中国社会科学出版社，2008.

　　［22］陈功江．精神符号与个性彰显——民国时期知名大学校训研究［M］．武汉：华中科技大学出版社，2011.

　　［23］Catford，J. C. A Linguistic Theory of Translation ［M］．London：Oxford University Press，1965.

　　［24］Cruse，D. A. Lexical Semantics ［M］．Cambridge：Cambridge University Press，1986.

　　［25］Firth，J. B. The Treatment of Language in General Linguistics ［M］．London: The Medial Press，1959.

　　［26］Michael，C. Translation and Globalization ［M］．New York：Routledge press，2003.

　　［27］Nord, Christiane. Translating as a Purposeful Activity: Functionalist Appoaches Explained ［M］．Shanghai：Shanghai Foreign Language Education Press，2001.

　　［28］曾利沙．应用翻译学理论逻辑范畴拓展方法论——兼论译学理论创新的认识论和价值论［J］．上海翻译，2013（3）.

　　［29］丁晓超．生态翻译学视角下《泊秦淮》的几种译本［J］．文教资料，2009（11）.

　　［30］张美芳．功能加忠诚——介评克里斯汀·诺德的功能翻译理论［J］．外国语，2005（1）.

　　［31］周红民．论翻译审美和文艺审美的异同［J］．金陵科技学院学报，2008（3）.

　　［32］王正良，马琰．译者主体性的多维度构建与博弈［J］．外语教学，2010（5）.

　　［33］邓李肇．生态翻译学视域下的电影对白翻译［J］．电影文学，2011（5）.

　　［34］胡庚申．从术语看译论——翻译适应选择论概观［J］．上海翻译，2008（5）.

　　［35］孙鸿仁．信息时代与翻译实践［J］．中国科技翻译，2001（3）.

　　［36］罗建华．从功能翻译理论视角看思维方式对科技文本英译汉的影响［J］．外国语文，2011（6）.